# E-SPORTS

Introduction to E-Sports Industry

# 电子竞技产业概论

段　鹏　等◎著

中国传媒大学出版社
·北京·

图书在版编目(CIP)数据

电子竞技产业概论 / 段鹏等著. -- 北京 : 中国传媒大学出版社, 2022.9
ISBN 978-7-5657-3287-4

Ⅰ. ①电… Ⅱ. ①段… Ⅲ. ①电子游戏—运动竞赛—体育产业—概论 Ⅳ. ①G898.3

中国版本图书馆 CIP 数据核字(2022)第 173780 号

**电子竞技产业概论**
DIANZI JINGJI CHANYE GAILUN

**著　　者**　段　鹏　张易加　王筱卉　季　彬　宋　芹
**责任编辑**　于水莲
**封面设计**　拓美设计
**责任印制**　阳金洲

**出版发行**　中国传媒大学出版社
**社　　址**　北京市朝阳区定福庄东街 1 号　　**邮　　编**　100024
**电　　话**　86-10-65450528　65450532　　**传　　真**　65779405
**网　　址**　http://cucp.cuc.edu.cn
**经　　销**　全国新华书店

**印　　刷**　艺堂印刷(天津)有限公司
**开　　本**　787mm×1092mm　1/16
**印　　张**　14.5
**字　　数**　265 千字
**版　　次**　2022 年 9 月第 1 版
**印　　次**　2022 年 9 月第 1 次印刷

**书　　号**　ISBN 978-7-5657-3287-4/G · 3287　　**定　　价**　58.00 元

**本社法律顾问: 北京嘉润律师事务所　郭建平**

# 前言

FORWARD

电子竞技运动（Electronic Sports，E-Sports）是一项集科技、体育、文化、社交等元素于一体的拥有独特商业和用户价值的数字文娱类竞技项目。电子竞技在21世纪迅速崛起，渐已成为拥有巨大社会文化价值和产业创新空间的新兴竞技类体育项目。后疫情时代，传统体育项目面临较大规模的赛事停摆、经营困难、品牌贬值等问题，给整体产业发展带来了一定阻力，相对而言，电子竞技产业却呈现强势增长趋势。尤其近期，《王者荣耀亚运版本》等八个电竞项目被纳入2022年杭州亚运会竞赛项目，这是电竞继2018年成为雅加达亚运会表演项目后，再次作为亚运会正式竞赛项目出现在公众视野中，亦是对电竞竞技规则公平性、价值引导正向性及国内国际影响力的综合认可。

一方面，随着电竞用户规模不断扩大，用户圈层不断外展，线上市场占比大幅提升，为电竞产业集聚了大量用户势能；此外，5G等新技术进步也为电竞产业创新发展提供了更多机遇。另一方面，作为信息技术重新参与组合人类社会活动的新型文化现象，电竞文化彰显了亚文化现象的丰富性和多元文化空间的重要性，对提升国民竞技精神、益智能力、美学接受等均产生了正向价值引领的作用和意义。截至2021年12月，全国共有23个省市区出台电竞行业支持性政策，显示出目前我国电竞相关政策发展正处于加快推进阶段。

本书拟从本体形式及应用实践分析两个层面出发，旨在通过对国内外电竞产业发展概况、特征及趋势进行综述、案例及专题性研究，直面电竞产业职业化程度不足、商业价值被低估、生态规则不够完善等三大产业发展痛点，剖析其中存在的关键问题，进而探索新时期新阶段中国电竞产业发展路径，全方位多视角展开电竞产业研究图景，挖掘并提升中国电竞社会正向价值的国际传播力。

本书在文献梳理部分，借鉴了国内外学者及业界同人公开发表的论著、数据及相关观点，在此致以真挚的感谢和深深的敬意。特别是，腾讯互娱天美电竞中心所提供了有关电竞行业的数据及《王者荣耀》案例的一手材料，以及王秋阳、薛宇涵、闫伯维、邱新然、武师宇、常新宇等六位科研助理、博士研究生、硕士研究生同学为本书收集了大量的文献，完成了访谈和文字整理，在此一并致以由衷的感谢。本书旨在引导读者多向度思考，锻炼跨学科思维，提升电竞传媒专业素养，使读者获得必要的观察判断能力、价值分析能力及实践应用能力，故本书既可作为高等教育院校基础课和专业课教材、电竞研究者的科研用书，也可作为电竞爱好者的参考用书。由于电子竞技产业的发展日新月异，且自身研究视域有限，书中难免有错漏之处，敬请读者诸君批评指正。

段　鹏

2022年9月于中国传媒大学明德楼

# 目录

CONTENTS

第一章

# 何谓电子竞技？

**【本章学习要点】**

1.了解电子竞技的发展历程。

2.掌握电子竞技的基本特点和分类方法。

3.对电子竞技前沿技术和发展理念有一定认识。

作为近年来快速发展的一大竞技类体育项目，“电子竞技”正在深刻地影响着我们的生活。这一新兴事物到底该被如何定义？它和竞技体育之间存在怎样的关系？电子竞技如何做到娱乐性和竞技性的辩证统一？我们将通过对电子竞技内涵和外延的深入挖掘，进一步感受电子竞技的不同属性特征，并且试图寻找电子竞技运动的未来发展方向。

# 第一节　理解电竞的内涵

## 一、竞技体育入场

### 1. 竞技体育的历史发展沿革

国际竞技体育协会（ICSPE）将竞技体育定义为“凡是含有游戏属性并与他人进行竞争以及向自然障碍进行挑战的运动都是竞技运动”[①]。自竞技体育被纳入公众视野以来，“游戏”一词就和竞技体育联系在了一起。德国学者笛姆（K.Diem）认为游戏就是广义的竞技体育，而有组织的身体性游戏就是狭义的竞技体育。[②]当然，此处的“游戏”并非我们在本书中描绘的电子竞技，电子竞技是一种伴随科技发展，依托新技术手段而产生的虚拟化交互形式。而美国学者托马斯（C.E.Thomas）认为竞技运动和游戏有交集，但不是包含与被包含的关系，即竞技体育具有游戏的要素，但是在规则、组织性和结果的评价等方面均超出了“游戏”范畴。

尽管中国古代就有以投壶、蹴鞠为代表的竞技运动雏形，但我国竞技体育的概念兴起要晚于欧洲和美国。在我国，竞技体育的概念最早由谷世权和过家兴在1979年出版的《体育是一门综合科学》一书中提出：竞技体育是探索运动训练科学性和规律性，不断提升各项运动技术水平和成绩，创造世界纪录，争夺比赛胜利的体育分支。作为全国体育高校通用教材，《体育理论》于1981年出版并将竞技体育定义为“是为最大限度发挥个人或集体的运动能力，争取优异成绩而进行的运动训练和竞赛”。

除了以上通识类定义之外，随着竞技体育的发展演进，我国众多体育学者也在不断完善和补充对竞技体育相关概念的阐释。曾担任中国体育发展战略研究会委员的徐本力教授认为竞技体育是在全面发展身体，最大限度地挖掘和发挥人的体力、

① 金村嘉雄.新修体育大词典［M］.东京：不味堂出版社，1986.
② 笛姆.竞技运动的本质与基础［M］.福冈孝行，译.北京：中国政法大学出版社，1992.

心理、智力等方面潜力的基础上，以攀登运动技术高峰和创造优异成绩为目的的一种活动过程。①除了对概念的学术性探讨外，兼具运动员、教练员、体育学者身份的田麦久教授于2006年提出，“竞技体育是以体育竞赛为主要特征，以创造优异运动成绩并夺取比赛优胜为主要目标的社会体育活动”②。由此可以看出竞技体育的概念在我国是不断发展变化的，这一演进过程凝聚着几代体育人共同的汗水和愿景。

图1-1　传统竞技体育的标志——奥运五环

在了解竞技体育的概念缘起后，我们将聚焦电子竞技这一新兴的热门竞技体育分支。“电子竞技”实际上是指“电子竞技运动”，其对应的英文是Electronic Sports（E-Sports）。电子竞技在我国被正式认定为竞技体育项目是在2003年11月18日中国数字体育互动平台启动仪式上，彼时的中华全国体育总会副主席、中国奥委会副主席、国家体育总局新闻发言人何慧娴宣布，国家体育总局已经正式批准，将电子竞技运动列为第99个体育项目。此举对于竞技体育范畴的拓展和电子竞技发展方向的明确有着深刻的影响。2008年正值北京奥运会带来全民体育的热潮，国家体育总局对我国现有的体育项目进行调整，电子竞技被重新定义为第78号体育运动项目，与此同时电子竞技运动被定义为，“以信息技术为核心，以软硬件设备为媒介，在信息技术创造的虚拟环境中、在体育竞赛规则下进行的对抗性益智电子游戏运动”。这次对电子竞技的概念细化考虑了当时互联网技术的发展水平，对之后电子竞技作为竞技体育项目的竞赛化历程有着极大的推动作用。该政策还进一步明确了电子竞技运动作为一项体育运动，与其他体育运动项目一样，可以锻炼和提高参与者的思维能力、反应能力、协调能力、意志力和团队精神，以及对现代信息技术社会的适应能力，促进人

① 徐本力.运动训练学［M］.济南：山东教育出版社，1990.
② 田麦久.运动训练学［M］.北京：高等教育出版社，2006.

的全面发展和提升。[①]这一定性为电子竞技在我国的发展做出了指导性的官方推进，也被认为是“电子竞技体育运动说”的官方定论，在此之前，由于其娱乐性和竞技性的混杂，电子竞技一直没有得到概念性的划归。从时间跨度上来看电子竞技的概念化过程，2003和2008年的两次官方界定都是极为重要的时间节点，电子竞技正式在竞技体育中占据一个独立门类，这不仅为相关的学术研究提供了类目化的合法性依据，而且有助于增强广大电子竞技从业者和爱好者的身份及职业认同感。

### 2. 竞技体育的内涵和外延

竞技体育的内涵由“竞技”和“运动”两部分组成，其中“运动”在《现代汉语词典（第七版）》中有五种解释，从电子竞技运动的实际运行出发，“运动”五种解释中广义的“政治、文化、生产等方面有组织、有目的而声势较大的群众性活动”和狭义的“体育活动”最为贴切。电子竞技就是通过电子技术手段推出了新的竞技体育实践方式和交互模式。而“竞技体育”中的“竞技”可以直译为“体育竞赛”，当然这是狭义的现实体现。《辞海》中更是将“竞技运动”和“竞技体育”完全等同，在目前的概念区分中“体育”和“运动”更多被认为是并列结构中体量相当的部分，不做特别化的区分，都被视为“最大限度地挖掘和发挥人体运动的潜能，显示个人和团体的体育运动实力，以创造优异成绩、战胜对手为目的的人体运动，是具有竞赛特点和较高技术要求的运动项目的通称”。

之所以将电子竞技自然而然地划分到竞技体育当中，是因为体育的概念和电子竞技的核心概念重合部分较多，以竞技体育的概念延伸来解释电子竞技有着天然的优势。又或者说如果给“电子竞技”补全其名为“电子竞技运动”，这样就更加容易理解了。虽然电子竞技运动与传统体育运动在时间和空间的双重就维度上有着不小的差别，但其核心内涵都包含着“动作”“竞争”等元素，而且将电子竞技划归到竞技体育中也有利于相关学科知识的引用和延展。从电子竞技研究者学科背景来看，以体育学领域居多，最为显著的一个案例就是《电子竞技运动概论》作为目前公认的最权威的行业概论性著作之一，其中开宗明义提出“电子竞技是以信息技术为核心的各种软、硬件作为器械或者是设备，在其营造的虚拟环境中，按照统一的竞赛规则为提高成绩而进行的体育游戏活动，对人的思维、反应和协调等能力具有一定锻炼作用”。

---

① 宋天华，罗萍.试析电子竞技与竞技体育的异同［J］.军事体育进修学院学报，2006（3）：96.

该著作还提出电子竞技和传统体育运动的标志性差别是新技术手段的应用，技术手段的差别并不影响其背后的人文含义，电子竞技应该属于数字体育的范畴，是“体验体育”的有机组成部分。[①]

近些年围绕电子竞技是偏向于“体育说”还是“游戏说”的问题，专家学者仍然众说纷纭。认同电子竞技归类于体育运动学的学者，其观点主要集中在两个核心元素上：一是电子，二是竞技。“电子”是方式和手段，规定了这项体育运动的实施范围与开展条件，这与篮球比赛需要篮球馆、足球比赛依赖足球场、射击比赛依托枪支、赛车比赛离不开汽车等一样，是体育运动正常进行所需的空间要件；“竞技”是指竞赛、比赛，强调了这是一项人与人之间的对抗活动，这也是现代体育比赛的最基本特征。[②]

当然，随着电子竞技在种类和形式上的不断发展，这一直接的划分也面临着一些争议，比如在运动载体方面，竞技运动发生在现实世界，电子竞技发生在虚拟世界，这一发生环境的变化直接影响了该运动发生的现实条件性；在运动时间方面，竞技运动有明显的时效性，而电子竞技的随意性较强，对于多数受众体验来说，其娱乐属性大于竞技属性，竞技属性只是保障其运行的规则；在运动保障方面，竞技运动主要依赖身体功能行为，而电子竞技更依赖科学技术，技能与技术有着本质的差别。因此研究界存在内部分歧，特别是围绕电子竞技中“竞技”是否占主导的争执始终没有定论。

实际上，拥有更多跨学科背景的研究学者更倾向于支持电子竞技游戏说。他们认为电子竞技中的“游戏”元素可以根据时间脉络进行二次划分，在电子游戏产生之初，电子竞技游戏就已经存在，早在20世纪80年代的日本任天堂红白机时代，电子竞技游戏就已登堂入室，成为用户陶冶情操、释放压力、锻炼反应和智慧的生活消遣之选择。而之所以突出电子游戏的竞技性特征则依赖于传统的博弈形式和博弈论的学科发展，典型案例就是1996和1997年俄罗斯国际象棋世界冠军卡斯帕罗夫和计算机“深蓝”之间展开的两次国际象棋“人机大战”，这一竞技行为被很多人认为是开创了电子竞技的先河。[③]当然，后续也有很多学者讨论单人机互动的游戏模式，即单机不互联的形式是否还属于电子竞技的范畴。

---

① 李宗浩，李柏，王健.电子竞技运动概论［M］.北京：人民体育出版社，2005：7-8.

② 陈东.中国电子竞技产业发展研究（1996-2015年）［D］.济南：山东大学，2015.

③ 赵军.电子竞技发展趋势研判［J］.体育文化导刊，2014（1）：104.

图1-2　博弈论最早在棋类游戏中被发现和讨论

“游戏”一词在《现代汉语词典（第七版）》中有两种解释：一是指“娱乐活动，如捉迷藏、猜灯谜等。某些非正式比赛项目的体育活动如康乐球等也叫游戏”；二是指“玩耍”。在《辞海》中游戏则被认为是一种文化娱乐形式，“分为发展智力的游戏和发展体力的游戏，前者包括文字游戏、图画游戏、数字游戏等，被习惯称为智力游戏；后者包括活动性游戏和非竞赛性体育活动，另外还有电子游戏和网络游戏”。在了解游戏这一基础概念之后，对应电子竞技的特点和形式可以发现，电子竞技源于电子游戏，但是其形式和内容之丰富又超越了最初的电子游戏，随着3D建模、虚拟现实、元宇宙等技术的发展又会不断拓宽其边界、丰富其内涵。所以如果把电子游戏认为是“利用电子技术进行的游戏”，那么电子竞技就会被放在游戏的历史性传承、延续及发展的坐标上。然而，游戏学研究中亦表达了电子竞技正在随着技术发展从基础的游戏属性过渡到占比更大的竞技属性。

持“电竞游戏说”观点的研究学者将研究落脚于社会实验和现实预判。他们从电子竞技的非体育运动性出发，继而论证电子竞技应该回归游戏内容本体的观点。他们强调电子竞技属于游戏的范畴，是因为这是人们利用十指进行生活、学习、工作、娱乐和交流的工具之一，也是人类对新时代的生物性适应。游戏的发展历史是单个人（无意识玩耍）到社会人（简单的人与人交流），再到虚拟人（人与机器之间的互动），进而到真实人（高级的人与人之间互动）的交际演变，终极目标是让人们在娱乐中愉悦身心，得到精神上的享受。[1]但是作为一个新兴的领域门类，特别是鉴于电子竞技和青少年成长的相关话题讨论，持游戏说论点的学者群体也有不少受众支持。

① 杨芳.电子竞技应回归游戏的本质［J］.山东体育学院学报，2005（1）：35.

### 3. 竞技体育的特性

竞技体育包含项目多、历史发展脉络长、受时间地点条件限制大，因此想要概括其特性并不简单。本书没有从竞技体育的具体分类和项目入手归纳特点，而更多是从基础元素和文化历史的角度，从内容和表现形式方面概括出如下基本特征：

（1）竞争性

竞争性来源于竞技体育中的“竞”字，竞技是万物的天性，在达尔文的进化论中人类的演进都遵循物竞天择的规律，因此竞争其实不仅是某个领域的专属，而是整个世界和人类文明发展演进的固有规律。而竞技体育更是将竞争这个元素体现得淋漓尽致。因为竞技体育有胜负之分，胜负之中必定包含着博弈，而博弈的外在体现就是竞争。曹湘君在《体育概论》一书中指出竞技体育“具有激烈的对抗性和竞赛性，它总是包含着身体的努力（包括体力和智力），没有这个特征，就不称其为体育”。因此竞争可以说是竞技体育中最基础也是最根本的元素，判断一种人类活动是否为竞技体育的标准之一就是是否包含竞争元素，当然这里的竞争既包括与他人的较量，也包括自我的超越。最微观的竞技体育主体可以是个人，而最宏观的竞技体育可以扩展至国家之间的竞争。因此，在长期的世界发展格局中，竞技体育都被认为是一个国家综合国力的重要体现，无论是奥林匹克范畴中的全球性体育赛事，还是以洲际、项目划分的区域性竞技体育赛事，很大程度上都与外交、综合国力、价值输出等内容紧密相关。

（2）超越性

正如奥林匹克精神中“更高、更快、更强、更团结”的要求，竞技体育中对力量、速度和高度的追求，体现了人类不断挑战身体极限并在挑战中感知人与自然关系的人类发展过程。竞技体育的魅力所在，就是在超越他人、超越自我和激发潜能的过程中，实现自我身体极限的突破，以及人类对人与自然、自然与生命关系的探索。随着运动技术的不断革新、训练手段的科学化、场地器材设备的高科技化等，这些硬件条件无疑为“更高、更快、更强、更团结”提供了前提和保障。无论是传统田径项目，还是以球类运动为代表的集体项目等等，随着时代发展和技术进步，都在不断突破原有的运动纪录。除了技术的力量，竞技体育参与者也会通过自我认知、心理调节、完善训练方法等实现自身主体超越性的追求。谈及技术的力量，电子竞技是表现最为直接的体育项目。技术进步不仅带来了优质的运动表现，还在潜移默化中影响着电子竞技的整体发展进程，这一点将在后文有关电子竞技的特性部分进行详述。

图1-3　奥林匹克格言也能反映竞技体育特性

（3）公平性

竞技体育的竞争性是基于公平性才得以实现的，竞技体育的公平性既体现在其规则和运行方式的客观公正上，同时其奖励和惩罚也是按照竞赛标准进行分配的，因此基本上达到了程序公平、结果公平、分配公平的整体状态。公平竞争是竞技体育的追求，公正是实现公平的基础，公正与规则紧密联系在一起，规则的公正性和制约性是竞技体育维护公平的前提。竞技体育在明确而正式的规则范围内进行，这些规则既是历史的依据又具有国际的标准，其活动内容、竞赛形式和结果被社会所承认。[①]在公平性的把握过程中，技术也发挥着越来越重要的作用。奖惩制度也是保障竞技体育公平性的重要部分，奖励主要体现在对竞技成绩的嘉奖，包括金银铜奖牌、赛事奖金、相关福利等。而惩罚既包括对违反竞赛规则的惩罚，也包括对违反体育道德、竞赛公平性秩序的惩罚，例如对兴奋剂使用的严厉打击。在世界体坛中相关的奖惩案例不计其数，随着制度的不断完善，对反公正的打击力度也在不断加强，目的就是要维护竞技体育的公平性。

而电子竞技对公平性的维护也体现得尤为明显，一方面，电子竞技内部规则设计会对其参与者的平等权益进行维护，另一方面，电子竞技目前的商业化程度较高，还处在新兴上升阶段，相关从业人员的劳动回报处于较为可观的状态，这也在另一种意义上对电子竞技的产业发展正当性进行了佐证。

（4）功利性

尽管运动本身只是一种身体活动，不具有功利性的价值，但在竞赛化、组织化、社会化之后所表现出来的商业化、政治化等功利价值却充斥在竞技运动的各方面。参与竞技运动的不同主体表现出强弱不同的功利性，功利性是竞技体育区别于学校

① 张会君.浅谈竞技体育的基本特征［J］.科技信息，2009（9）：782–784.

体育和大众体育等类型的一个重要标志。学校体育的主要目的是教育，大众体育的主要目标是健身和娱乐，而竞技比赛活动首先通过规则来确定比赛各方的胜负和名次的先后，优胜方将获得物质和精神奖励，并在社会知名度上得到回报。竞技体育的功利性主要表现在：国家通过竞技体育来提升国家形象，扩大国家影响力，提高世界知名度和地位，这是国家竞技体育的出发点和目的。为此，国家奖励那些取得优异成绩的运动员和教练员。参加竞技竞赛的人往往肩负着一个组织团体或国家民族的寄托，竞赛的目的超出了运动活动本身的竞争，而是在政治、经济、文化和科学技术等方面综合较量，竞赛的取胜使这个团体、组织或国家扬眉吐气，常常引起激烈的反响，从而激发起更加强烈的竞争愿望。另一方面，市场经济社会的发展，导致竞技体育的职业化、商业化，赋予了竞技体育以“物”的价值，具有一定的商业性质。商业化拓宽了竞技体育的资金来源，提高了运动员的收入，客观上导致竞技体育的功利性更加突出。

#### 4. 竞技体育的发展现状

中国电子竞技产业经历了探索期、发展期、增长期和爆发期四个主要阶段：

（1）探索期（1998—2007年）：中国电竞在争议中入场

欧美国家的电子竞技在20世纪70年代是由玩家自发组织游戏赛事，其游戏公会成为现代电竞俱乐部的雏形。中国电子竞技起步较晚，且主要受到20世纪90年代末华裔和留学生的影响。1996年中国电子竞技萌芽，一些华裔和中国留学生将电子游戏引入国内，电竞游戏中自带的局域网对战功能让中国最早“触网”的一代发现了其中的竞技乐趣。1997年电竞玩家开始成立游戏组织，国内初级意义上的电子竞技战队由此形成。1998年国内出现了非官方形式的电竞赛事，但规模相当有限，尚不足以形成产业。2003年，电子竞技成为国家体育总局确认的第99个正式体育项目，这成为电子竞技在国内获得更大发展的关键契机，也奠定了中国电子竞技体育化的发展和管理走向。2004年广电总局发布《关于禁止播出电脑网络游戏类节目的通知》，这对游戏类电视节目来讲是一记重创，已获得一定规模和影响力的央视体育频道《电子竞技世界》被叫停。但总体而言，这一阶段中国电子竞技从无到有，最早的一批职业选手开始出现，初级层次的地方性电子竞技俱乐部也在局部地区成立，国内电竞赛事初具形态。

（2）发展期（2008—2012年）：游戏产品的休闲类转型

为迎接2009年世界电子竞技大赛（World Cyber Games，WCG），成都于2008年在第十一届运动会上将电子竞技正式列为比赛项目，同年12月29日国家体育总局整理合并现有体育项目，将电子竞技重新定义为中国第78个体育运动项目，至此，电子竞技被正式纳入体育竞技的范畴。2009年国家体育总局信息中心成立电子竞技项目部，国家对电子竞技行业的指导和监管力度明显提升。但互联网经济毕竟是世纪初国内产业领域的“新事物”，面对新生且复杂的互联网业态，国内监管部门的监管服务意识和配套政策设施尚且有待完善，管理部门之间存在权责不明、交叉管理的现象，电子竞技面临着“约束”与“扶持”相并行的两难局面。

（3）增长期（2013—2017年）：电竞产业链向纵深延展

电子竞技国内发展的第三阶段由国内地方政府主动举办电子竞技国际赛事开启。2013年国家体育总局宣布正式设立中国电子竞技国家队，2014年WCG停办，由中国银川市政府主办的世界电子竞技大赛（World Cyber Arena，WCA）作为WCG的继承者，主动填补相应的赛事空白。此后在各类国际大赛中，以EDG、Newbee、QG等为代表的国内新型电子竞技俱乐部相继涌现，中国电子竞技产业打开了新局面。随着PC、移动设备和数字技术应用的发展，我国电子竞技进入快速增长阶段，加速布局的产业政策和快速入场的电竞直播成为这一阶段电子竞技产业的重要特点。一方面，国家于2015年正式发布《电子竞技赛事管理暂行规定》，首次在官方层面为电子竞技产业发展明确了支持和规范政策，随后在《体育产业发展“十三五”规划》和《文化部“十三五”时期文化产业发展规划》中多次针对电子竞技发展提出相应要求。另一方面，各大垂类与综合类直播平台涉足电子竞技产业，“电子竞技+电商”“电子竞技+KOL”“电子竞技+版权运营”等产业形式进一步延长了电子竞技产业链，围绕电竞赛事、电竞明星等打造的电子竞技产业生态在深度和广度上进一步拓展，电子竞技所涉产业形态进一步多元化。2016年我国发布的《关于做好2017年高等职业学校拟招生专业申报工作的通知》将“电子竞技运动与管理”纳入高等职业学校增补专业，以中国传媒大学为代表的国内高校开始了对电子竞技专业教育的探索，为国内电子竞技产业储备技术研发、运营管理等方面的人才，推动了我国电子竞技产业进入爆发式增长阶段。

图1-4　EDG俱乐部在2021年英雄联盟全球总决赛夺冠

（4）爆发期（2018年至今）：新端口新技术实现产业助推

得益于智能手机的普及和多样化电子竞技设备的研发推广，电子竞技迎来了街机端、PC端、移动端等多端口共同繁荣的时代，为用户扩容和产品更新创造了条件，游戏产品借此将接入方式扩充到多个端口，比如热门游戏《绝地求生》既有手游端的多款逃杀游戏，又引领PC端的全民吃鸡潮流，成功打造了联动多端口的游戏IP体系。随着国内游戏厂商主导下的赛事体系日益健全，LPL成长为国内最成功的电子竞技赛事之一，而以KPL、CFM等赛事为代表的《王者荣耀》《穿越火线》等游戏产品同步借势、与赛事相互加持，成为国内头部、甚至国际知名的游戏品牌。在2018年英雄联盟MSI季中邀请赛中，中国电竞俱乐部RNG战队获得世界冠军，此后中国俱乐部在国际赛场表现优异，接连夺冠，掀起了全国电竞爱好者狂欢，昭示着中国电子竞技产业发展爆发期的到来。

一般而言，传统的电子竞技游戏指的是在统一且明晰的比赛竞技规则下进行的人与人之间的对战类单机游戏，在竞赛内容、电竞文化等多个方面呈现出一定的连贯性和延续性特点。目前，新兴电子竞技游戏更多指向以游戏内容为核心的比赛竞技内容（如《王者荣耀》《英雄联盟》《绝地求生》等游戏内容），并基于某一特定的游戏平台（如网易和腾讯等游戏代理平台），在统一竞赛规则下进行的人与人之间的对战类网络游戏。当前，全球游戏市场上的电子游戏内容种类很多。一般来说，大部分的电子游戏都可以成为电子竞技运动的竞赛内容。目前，国内流行的电子竞技游戏包括《穿越火线》《地下城与勇士》《刀塔》《王者荣耀》《英雄联盟》《绝地求生》等，以上述网络电子游戏为核心内容，由此衍生出的第一方电子竞技联赛成为电子竞技产业链的核心要素，其内容的好坏、质量的高低对于电竞产业的发展壮大起决定性作用，这也是在对电子竞技进行研究时，首先要直面电子游戏的重要原因。

### 5. 电子竞技的出发点和落脚点

（1）电子竞技的出发点

电子竞技之所以被划归为运动，主要是从其具备的竞技特性出发的，运动通常指一种涉及技巧和体力的活动，当被赋予一定组织规则后，运动则转变为体育运动。电子竞技包括“电子”和“竞技”两个基本组成要素，“电子”是电竞项目的实现手段和运行方式，即电竞项目是借助以现代科技为基础的软硬件设施实现和运行的，类似于传统体育运动项目的场地和器械。“竞技”则体现出比赛过程的对抗性以及比赛结果的不确定性。同时，电竞比赛时选手需要履行一定的游戏规则以及赛事规则。[①]因此，电子竞技既满足技巧和体力输出的要求，又受到内外部规则的限制，满足以上两个维度的要求可以说明电子竞技与体育运动同根同源，只是比赛时依赖的技术、所处的环境、呈现的方式不同。

电子竞技的内容设计中也包含了很多体育运动的元素，以目前我国部分主要电竞赛事为例，如多人在线竞技类赛事、第一人称射击类赛事、竞速类赛事、棋牌类赛事等，都或多或少融入了传统体育运动（类似射击、越野、棋牌等）内容，这既可以被认为是传统体育运动的电子化转型，也可被称为电子竞技的体育化趋向。这样的电子竞技类目划分有利于弘扬传统体育运动精神，使其在新的时代环境下拥有更强的生命力。过去围绕能否将电子竞技归属为体育运动的讨论一直存在争议，毕竟电子竞技所呈现的运动方式和传统体育项目大相径庭。当前，国际体育界已达成共识：将电子竞技正式纳入现代体育项目，由此，质疑声几乎消失不见。值得一提的是，2018年电子竞技首次进入雅加达亚运会作为表演项目进行比赛，2022年杭州亚运会中电子竞技还将作为正式比赛项目亮相。

虽然同源同根，但电子竞技与传统竞技体育之间存在明显区别，在定义上我们将电子竞技划归到体育运动中，但在实际运营、推广等方面应根据电子竞技的特殊性加以区别对待。电子竞技区别于竞技体育项目主要体现在三个方面：第一，电子竞技

---

① 刘娜.场域理论视阈下电竞赛事传播研究［D］.西安：西北大学，2021.

比赛的身体运动表征不突出，相较于田径、游泳、足篮排等传统项目，电子竞技比赛过程当中的身体外在变化小，呈现出来的画面效果主要停留在屏幕上，其观赏性主要集中在竞技人操作的电子虚拟形象上，这与传统体育项目的主体呈现有很大区别；第二，电子竞技比赛的游戏规则与运行方式的主导权归属于游戏研发商与项目运营商，游戏研发商设定规则和运行方式，而运营商提供竞技组织和对外传播，这不同于传统体育项目以全社会共同的文化财富所有为主，且传统体育运动的规则方式已基本定型，省去了项目研发的过程；第三，从动态角度来看，电子竞技比赛变化和发展较快，相较于传统体育运动其不稳定性较大，部分电子竞技内容存在争议，还会随着社会价值观引导和调控发生变化，而传统竞技体育项目已基本被社会大众认可和接受，不会发生较大变化。

随着相关产业的发展，电子竞技和传统竞技体育之间的界限已经逐步淡化，在这一融合演进的过程中，电子竞技也给传统体育发展带来了新的启发和思考。电子竞技的赛事商业化程度、产业化规模在一定程度上已经超越部分传统体育运动。如何做好二者的相互促进和正向影响非常重要，电子竞技作为新兴的体育运动项目，在体育化的过程中也展现出了其在商业化、科技性、娱乐性等方面的独特优势。传统体育运动在不断改变，数字化、信息化、智能化、趋势越发明显，传统体育也面临着新一轮商业契机。电子竞技和传统体育相互借鉴、相互促进才是进行分类和溯源的根本出发点。

（2）电子竞技的落脚点

在对电子竞技和竞技体育的关系进行一番讨论之后，我们还要将电子竞技和网络游戏进行概念区分。很多人认为电子竞技就是网络游戏，实则这种认识有失偏颇。探索网络游戏和电子竞技的关系，首先要从“游戏”这个最基础的概念入手。游戏是人们最古老的休闲娱乐方式之一，游戏特征可以被归纳为以下几点：①存在规则限制；②存在竞争和目标；③自愿参与；④以娱乐为目的；⑤与现实存在隔离；⑥团体协作行为。[①]基于“游戏”概念和形式，网络游戏是人们自愿参与、以娱乐为目的、存在竞争目标和规则限制的与现实有所区分的群体行为。而电子竞技则是当网络游戏的参与者不断增多并逐渐出现群体化特征，以游戏内部规则为基础但同时赋予了新的外部竞争规则，而展开比拼和对抗，这样的整体运行系统便是电子竞技。概括而

① 刘娜.场域理论视阈下电竞赛事传播研究［D］.西安：西北大学，2021.

言，电子竞技包含网络游戏的部分关键要素，并在加入了游戏外部规则后形成了新的运行系统。

除了从概念源头上区分二者的不同，亦要从其特征上进行区分，以便针对其不同特点进行差异化的方法及对策或路径介入。电子竞技和网络游戏实现目的不同，网络游戏主要满足玩家对娱乐性的追求，即参与者通过游戏内部的设计和规则感受虚拟化世界的乐趣，追求游戏体验是其落脚点。而电子竞技作为一种竞技类体育项目，侧重于游戏外部的竞技与对抗，即通过游戏这一电子载体来比拼竞技人之间的智识和体力，追求竞技结果是其落脚点。此外，二者运用的规则也不相同，网络游戏只以游戏内部规则为准，具有单向交互性，即人机互动；而电子竞技不仅遵循游戏内部规则，更遵照运动竞技开展的外部规则运行，不仅有人机互动，还有人与人之间的竞速、竞技、竞争较量，因此竞技性和娱乐性是电子竞技和网络游戏最主要的差别。

## 二、娱乐性与竞技性的博弈

### 1. 电子竞技的娱乐性

电子竞技的娱乐性主要体现在两个方面，一方面是其基于网络游戏本身的体验感，通过游戏设计使用户产生欲望、刺激、喜悦等情绪，以此达到愉悦身心的目的。另一方面是超脱于游戏内部环境，用户在电子竞技过程中产生与他人的竞争和对抗从而实现自我提升，尤其是出色的竞技表现会为参与者带来极大的满足感和成就感。近年来，随着泛娱乐化产业整体规模和影响力的进一步扩大，多种多样的娱乐形式在与电竞赛事深度结合后极大程度上增强了电子竞技的内容丰富性和竞技娱乐性。

随着经济社会的不断发展，大众的娱乐需求日益多样化，单一的电子竞技赛事内容已经无法满足大众多元化的需求，“泛”娱乐化成为电子竞技赛事突破瓶颈的必然路径。我国电竞内容制作及赛事运营平台在电子竞技赛事泛娱乐化上已经做出一些尝试。首先，在赛事内容上，腾讯邀请过诸多娱乐圈明星担任比赛解说、演出嘉宾或参与电竞比赛，通过跨界营销来提高电子竞技赛事关注度；其次，腾讯视频、爱奇艺等视频服务公司制作了如《王者出击》《终极高手》等由电子竞技职业选手和娱乐圈明星构成的综艺节目，让电子竞技职业选手“出圈”；最后，实力雄厚的电竞俱乐部以各自所在城市为依托，建立了集赛事观看、休闲娱乐、文化展示于一体的电子竞技赛事中心，打造独特的电竞文化，并将其融入城市文化，赋予城市发展新的活力。[①]

因此，电竞的娱乐性特征不仅停留在赛事本身，更多的是结合平台和用户生成的二次玩法、多次传播和IP化运营。特别是，近几年我国电竞战队在各大世界级赛事中成绩斐然，以IG、EDG为代表的多支电竞战队更是依靠其强大的竞技实力和出色的赛场表现赢得了广大电竞受众的追捧，一度在国内掀起电子竞技运动的狂欢盛况，这也在客观上为我国电竞产业整体发展带来了更多的可能性。

### 2. 电子竞技的竞技性

电子竞技的竞技性主要体现在“人机交互”和“人人竞争”两方面，其竞技属性甚至比部分传统竞技体育更为明显。竞技性是电子竞技与网络电子游戏区分开来的重要标志，并且游戏组织是否具有强烈的竞技性也将电子竞技和其他群体游戏方式区分开来。[②]电子游戏依靠新技术走向线上屏幕，而随着游戏爱好者群体扩大，当个人之间、群体之间从娱乐层面走向竞争层面，参与者都在追求更好的竞技表现时，自然也就产生了“电子竞技”这一运动形式，因此电子游戏的外在竞争化是其发展为电子竞技的重要标志。当电子游戏趋向电子竞技，其参与者也就从普通的游戏玩家身份转变为竞技者，即运动员。和传统体育项目的职业运动员一样，电子竞技人员要通过大量艰苦繁重的训练来提升自己的竞技水平，甚至要通过比赛获得的奖金来谋生，这是电竞选手这一新职业诞生的过程，也是电子竞技从兴趣爱好走向产业化、职业化的重要一步。[③]电子竞技成为具体人群赖以生存的职业后，电子竞技的竞赛规则也就成了行业运行的规则。与此同时，电子竞技对其从业者的体力和耐力也有着较高的要求，这一点是职业电竞选手区别于普通电子游戏爱好者的重要标志之一。

---

① 王宇翔，方永恒.泛娱乐背景下我国电子竞技赛事发展的困境及路径选择[J].辽宁体育科技，2021(43)：65-70.

② 陈东.中国电子竞技产业发展研究(1996-2015年)[D].济南：山东大学，2015.

③ 冯宇超.对电子竞技发展的初步探讨[J].浙江体育科学，2003(5)：49.

图1-5　电子竞技选手在比赛过程中的形态

电子竞技的竞技性突出展现在比赛过程中，参赛选手需要尽力发挥自己的智识和体力才能在竞争中占据上风。在这一过程中，观众不仅可以观看游戏的精彩画面，还可以通过见证选手之间体力和脑力的比拼来感受电子竞技运动的竞技性特征。除此之外，如果没有观众的积极参与，只是游戏玩家单纯进行内部对抗比赛，那电子竞技也就失去了应有的魅力，其产业变现能力与经济效益将会大打折扣，最终将不利于电竞产业的整体发展。[①]

IHS Technology报告显示，早在2013年电子竞技全球在线观战时长达到了24亿小时，其时长首超电视：就全球范围来说，中国是电子竞技视频的最大消费市场，美国和韩国分别排名第二位和第三位。另据市场调查机构SuperData与Newzoo于2014年4月联合公布的一份报告，2013年有超过7000万的观众观看了电子竞技比赛。其中，英雄联盟第三赛季世界总决赛的观众数量达到了3200万，超过了当年全美大学足球联赛系列碗冠军杯BCS、2013年NBA总决赛第七场、美国大学篮球联赛NCAA、美国职棒大联盟MLB等许多大型传统体育比赛。此外，英雄联盟第三赛季世界总决赛的同时观看人数达850万，创下了单个电竞赛事中观众数量最多的纪录。当时约有18,000位观众出席比赛现场，门票在仅仅一个小时内便销售一空。正如HIS数字媒体研究高级主管Dan Cryan所言，“观看电子竞技视频正在从一项小众的消费活动向多受众、全球性、宽平台的大众娱乐现象转变”。[②]

① 陈东.中国电子竞技产业发展研究（1996–2015年）[D].济南：山东大学，2015.
② 陈东.中国电子竞技产业发展研究（1996–2015年）[D].济南：山东大学，2015.

图1-6　电子竞技赛事现场的火爆气氛

### 3. 电子竞技娱乐性和竞技性的对立和统一

电子竞技的娱乐性和竞技性既有对立也有统一，对立主要体现在网络游戏自身愉悦身心的属性和竞技体育自身竞争比拼的要求，而统一则体现在两个方面，一是电子竞技的发展过程基于游戏的娱乐性开始，在融合了竞技体育的竞技性后形成了该运动门类。二是在电子竞技的运行过程中，娱乐性和竞技性并不是分裂的，竞争带来的悬念和刺激增强了其娱乐属性，娱乐的基础因素也使得竞争充满看点和期待，这是一个自然融合的过程。

其实，若回归到电竞作为一种竞技类体育项目来看，任何一项体育赛事本身就兼具着娱乐性和竞技性特征，这是一个问题的两个方面。本质上“娱乐”是一个中性词，与“竞技”并不冲突，一个运动项目或体育赛事可以从多角度展开娱乐性挖掘，例如画面呈现方式、转播解说方式、规则环节设定等。竞技性为娱乐性服务的特征较为明显，在传统体育赛事中通过竞技手段达到的结果、赢得的荣誉和胜利，以及对这些积极因素的追求，皆是游戏娱乐性的体现。因此，通过竞技性来开拓娱乐功能、通过娱乐性来促进竞技效果是平衡电竞赛事中二者关系的最佳途径。

电子竞技的娱乐性和竞技性除了对立统一关系之外，还会在特定情况下发生置换。因为参与者竞技水平和经验技术的不同与差距，有时会牺牲绝对竞技性来换取娱乐性。这种情况主要出现在两种形势下：一是为了达成水平相当的竞技效果，会为参与者划分和匹配相同竞技水平的玩家，以达成较好的竞技体验；二是会根据选手水平进行级别区分或者以地区范围来分层比拼。这样的方式一定程度上增强了相对竞技性来保障用户参与和观看的体验感。而在电子竞技的赛事运营执行中，部分娱乐性较强的游戏功能或者环节流程设置也会在职业赛事中被剔除，以保障赛事进行中竞技性和专业性的绝对地位。

## 第二节　理解电竞的外延

在了解电子竞技的内涵后，我们还要通过分类的方式对电子竞技做外延的探索。总的来说，电子竞技的具体类目繁杂多样，较为广泛认可的分类方式是将电竞分为虚拟化和虚构化两种。虚拟化是指现实当中实际存在的、仅是利用数字体育网络平台将其虚拟化的竞技体育运动。虚构化的电子竞技运动是指并不存在现实场景的竞技体育运动项目，完全利用数字网络平台虚构游戏场景的竞技体育运动项目。[①]

举例来讲，当前最热门的《英雄联盟》《王者荣耀》等这一种类属于虚构化电竞游戏，而虚拟化电竞游戏多数较为传统，其带给用户的感知冲击力受现实场景的制约略逊于虚构化电竞游戏，且虚构化电竞项目拥有更强的发挥空间和竞技能力的量化表现。考虑到传播度、竞技性、观赏性等因素，未来电子竞技发展方向应该更靠近虚构化竞技项目。

虚拟化和虚构化主要是从该竞技项目的游戏场景内容进行区分的，如果具体到竞技项目的形式类型，通常会把电子竞技划分为四类，即以《星际争霸》等为代表的即时战略游戏、以《街霸》等为代表的格斗类游戏、以《反恐精英》等为代表的第一人称射击类游戏和以《英雄联盟》等为代表的多人连线竞技类游戏。[②]相对而言，用虚拟化和虚构化来将电子竞技项目进行分类，对于电子竞技的开发研究比较有利，而本书重点呈现的分类方法更倾向于将电子竞技项目按照单向性和综合性、对战性和休闲类这两种类型板块进行划分，这样的划分方法更能助益于电子竞技传播效果、产业发展、受众群体的研究。

---

① 李宗浩，王健，李柏.电子竞技运动的概念，分类及其发展脉络研究［J］.天津体育学院学报，2004（1）：1–3.

② 李友强，张业安.具身认知视角下电子竞技的演进态势、概念属性及发展取向［J］.成都体育学院学报，2009（5）：51–57.

## 一、单向性vs综合性

从内容结构的角度，电子竞技项目可划分为单向性和综合性两大类别，区分单向性和综合性主要从内容题材和技能投入两方面来看。单向性即该竞技项目中只包含单一的内容题材和单线的技能投入，最突出的是传统体育题材下的电子竞技项目，包括棋牌对战、足篮虚拟比赛等内容，这些竞技项目围绕围棋、篮球、足球等单一内容题材展开，并且参与者在人机交互的过程当中只需要单线技能投入，即操控虚拟主体进行传统体育运动再现，这是单向性电子竞技项目的特点。综合性即该竞技项目中存在有多元内容题材或者是多角度的技能投入，包括当下以《英雄联盟》《王者荣耀》为代表的电子竞技赛事热门项目。综合性电子竞技项目的游戏内容更为丰富、技能投入要求更高、视觉效果更有突破性。综合性电子竞技项目更利于表现体育竞技中的团队作用和组合性运动，因此综合类电竞项目被认为是我们研究电竞赛事发展的重点。

在对电子竞技项目进行具体分类的过程中，单向性和综合性只是概括性的区分，想要针对不同内容类型的电子竞技项目展开探索，还要按照内容类型对其做具体种类的划分。本书根据此前相关文献研究将电子竞技项目分为：动作游戏（ACT）、冒险游戏（AVG）、角色扮演游戏（RPG）、策略游戏（SLG）、体育游戏（SPG）、模拟经营游戏（SIM）、益智游戏（PUZ）、竞速游戏（RAC）、桌面游戏（TAB）九大类。例如在动作游戏中还有更为具体的门类，即第一人称射击类游戏、格斗游戏等。[①]综观这九类电子竞技项目，其中体育游戏、竞速游戏、桌面游戏这些属于单向性电竞项目，而角色扮演游戏、策略游戏、模拟经营游戏、益智游戏这些由于自身内容类型较丰富，属于综合性电竞项目。虽然不能简单划一地将这些类别的电子竞技项目归纳到单向性和综合性中，但通过这一行业规律也可以引导电子竞技的项目发展。

此前我们在讨论电子竞技娱乐性和竞技性关系时，多次提到电子竞技两种特性之间的对立统一关系，其实如果以单向性和综合性的分类方法来看电子竞技的娱乐性和竞技性，可以发现，单向性电子竞技项目主要满足的是娱乐性和基础竞技性的要求，而综合性电子竞技项目在满足娱乐性的同时，对于竞技性的要求高于单向性电子竞技项目，更加强调参与选手的综合技术能力以及团队配合水平，对于参与该项目的选手的团队合作能力要求较高，在“更高、更快、更强”要求的基础上，加入了“更团

① 何威.电子竞技的相关概念与类型分析[J].体育文化导刊，2004(5)：13.

结”的要求。因此，综合性电子竞技项目更能体现电子竞技娱乐性和竞争性的统一关系，当选手被要求以更综合的运动表现参与其中，并且形成了团队组合关系，同时参与选手之间的竞争关系不断升级的时候，其项目的娱乐属性也被发挥到最大，这也是近年来电子竞技产业发展迅速、收获一众电竞爱好者热情支持的主要原因。

## 二、对战类vs休闲类

除了前文提及的分类方法之外，还可以通过电子竞技项目的运行方式将其分为对战类电子竞技和休闲类电子竞技。对战类电子竞技项目由于竞技属性较强，是电子竞技赛事中占大多数的种类，也是我们研究讨论的重点。对战类电子竞技项目也被称为经典电子竞技项目，是电子游戏向竞技化方向发展最早期的成果，并且延续至今仍然拥有非常强大的生命力。

结合游戏项目自身的内容特点，可以将对战类电子竞技分为第一人称射击类游戏、格斗类游戏、即时战略游戏和体育类游戏。其中，与以往的游戏不同，第一人称射击类游戏更具特点，“第一人称”电子竞技的基本形态以游戏参与者的主观视角为主，游戏参与者不是宏观地控制虚拟角色展开游戏，而是以一种身临其境的方式来立体感受游戏带来的丰富体验，游戏画面所呈现的就是第一人称主体能看到的场景。这类游戏实景感强，游戏体验更好。这类游戏多为虚拟化和单项性电子竞技项目，之所以能在世界范围内受到热捧，主要原因是调动了用户对射击情境的想象，并且在相关主题电影电视作品的影响下，用户抱有心理认同感，参与其中能有很好的减压娱乐效果。同时，射击类游戏本身延续了传统体育射击项目的竞争属性，天然地将电竞的娱乐性和竞技性融为一体，这也是第一人称射击类游戏被广泛接受的重要原因之一。①

举例而言，1981年，Muse Software公司推出的《德军总部》系列游戏被称为第一人称射击类游戏的奠基之作，至今已经发展了五代，并推出了手机版本。《守望先锋》在第一人称射击类游戏中影响较大，它于2016年5月全球上市，开发公司是著名游戏制作商暴雪娱乐（Blizzard），2016年获得TGA年度最佳游戏奖，2017年获得TGA最佳持续运营奖。性格鲜明的人物、华丽的技能、优秀的地图设计与战术深度，使其成

① 何慧娴.让数字演绎体育无限精彩——电子竞技运动及在中国的发展［J］.体育文化导刊，2004（8）：3-7.

为第一人称射击类游戏中受众最广的一款。

格斗类游戏从字面上不难理解，是以动作对抗为核心内容的电子竞技项目，格斗本身就有刺激、冲突和对抗的特点，加之电子特效的运用将使其具有天然的视觉欣赏价值。格斗类游戏通常分为两个以上阵营，相互作战，格斗技巧的引入是一大亮点。该类游戏具有明显的动作游戏特征，是动作类游戏的重要分支。格斗类游戏始于20世纪80年代，《功夫》游戏的推出对于格斗类游戏的发展具有开创性意义，游戏中很多技巧规定、游戏规则对于目前的游戏形态仍具有较大的影响。《拳皇》系列集合了《饿狼传说》《龙虎之拳》以及《超能力战士》多款格斗类游戏中的经典角色和特点，同时进行了一定程度的原创和故事融合。其操作简单，动作流畅，是格斗类游戏的经典之作。随着时代的发展，虽然格斗类游戏交互形式较为基础简单，在核心设计上没有变革式的突破，但3D技术、VR技术正在向电子竞技领域渗透，格斗类游戏与新技术深度结合，可以进一步激发其在视觉效果、操作体感上的优势。凭借其自身强烈的体验感和技术加持，格斗类游戏也是21世纪电竞游戏版图的重要组成部分。这也给予了游戏设计开发和电竞产业发展一定的启示，并不是所有的电子竞技项目都要向综合类、虚构化的方向靠拢和转型，如果能不断提升自身效果，同样可以收获用户的肯定和青睐。

即时战略游戏简称RTS，此类游戏是即时进行的，而不是策略游戏多见的回合制，玩家需要根据游戏情况、战队特点等信息即时调整战略，以取得对战（游戏）的胜利，玩家在游戏中多扮演将军，进行调兵遣将的宏观操作。区别于第一人称射击类游戏和格斗类游戏对个人技能操作的高要求，即时战略游戏需要的是参与者审时度势，对形势作出预判、选择和操作，因此对于选手体力和脑力的双重要求较高。同时，观众在观看该类游戏的过程中，会出现对选手操作行为的猜测、解释、评价，选手与观众之间的隐性互动增多，观看者的投入程度较高，对选手个人也会产生更多的评价和情感。《星际争霸》和《魔兽争霸》系列皆是即时战略游戏中的经典作品。《魔兽争霸》于1994年面世，在《魔兽争霸》取得成功之后，其制作公司暴雪娱乐以《魔兽争霸》为引擎，于1998年推出了即时战略游戏《星际争霸》，亦获成功，在全球范围内具有极高的流行度。即时战略游戏无论是在赛事转播过程中，还是在赛事之外的社交媒体平台上都拥有较高的关注度和较强的讨论度，是电竞产业深入受众群体的重要类型途径。

体育类游戏包括NBA 2K、FIFA实况足球等大众耳熟能详的产品，该种游戏是以体育项目为基础，加以游戏效果和互动设计构建出来，受众群体量很大程度上取决于现实世界中该体育项目的受众群体量。特别是足球、篮球这些团队型体育项目转化成电子游戏的版本较为成功，同时这些游戏也会随着NBA、世界杯、奥运会等大型体育赛事热点而连动起来，总体来看向虚构化电子竞技赛事的转化效果一般，未来还需要更多的融合与探索。

从逻辑学的角度来说，目前学界关于电竞的分类方法是在作为电竞内容载体的电子游戏分类基础上进行的再划分。也有学者质疑这种再划分是否有必要，以及目前的再划分是否符合逻辑学关于划分规则的要求。随着电竞的发展和理论研究的深入，作为电竞基本问题的概念界定与划分的讨论将会持续。电竞以游戏的内容作为载体，但并非所有的游戏内容都能成为电竞的载体。比如，开心消消乐、推箱子、连连看、贪吃蛇、密室游戏等电子游戏就不能作为严格意义上的电竞载体。①这一点此前我们在对电子竞技概念进行划定的时候已经有过详细论证，此处只是提醒大家在理解电子竞技分类这一概念外延的过程中要谨记其特性。除了上述分类方式，依据不同的分类标准电子竞技还有不同的分类方式，在此不做赘述。上述分类是学术研究和应用实践研究分析中最常用的分类方式，也在一定程度上体现了电子竞技运动的特点。

## 第三节　相关概念解读

电子竞技是网络信息时代的产物，也是科技高速发展的衍生品。②一般来说，电子竞技运动相关产业的核心要素是游戏与内容，同时也包括上下游的硬件提供商、游戏软件开发商、运营商、网络服务商等，共同构成了电子竞技这一庞大的产业体系。当前对于电子竞技概念的讨论，多是围绕电子竞技运动所依赖的社会文化经济现象所展开，毕竟电竞产业是文化产业的一个重要门类。从狭义上来讲，电子竞技产业指的是电子竞技核心圈层内的电子竞技创作行业，其中包括产品的内容创作、规模化生产、竞赛运营和管理等。具体而言，一个电子竞技游戏的开发要联合游戏情节创作、画面制作、动画等领域，同时电子竞技赛事也需要特定的传播和运营。而从广义上来

① 郭琴.电子竞技几个基本问题的理论综述——概念、分类及其与游戏和体育的关系［J］.广州体育学院学报，2021（6）：32–36.

② 何培奕.中国电子竞技产业的现状和发展研究［D］.上海：上海外国语大学，2013.

讲，电子竞技产业除了上述已经提到的内容，还包括与电子竞技相关联的“文化工业”活动[①]，产业研究学者一般将其概括为电子竞技新闻出版业、电子竞技影视业、电子竞技网络生态行业层次，并将数字文化研究视角正式纳入电子竞技研究范畴。

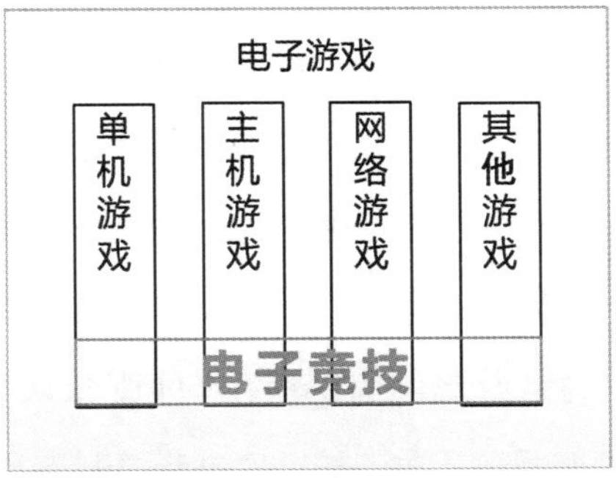


图1-7

## 一、电竞游戏

### 1. 游戏与电子游戏

游戏是人类历史上最古老、最平常又极其重要的活动之一，至今已得到众多研究学者多维度和多角度的关注与研究。在《电子竞技的相关概念与类型分析》一文中，何威指出自由（free）参与的自愿行为、以愉悦（fun）为目的、目标（goal）与竞争（contest）的存在、规则（rule）的存在、与现实相对隔离的时空、共同经验与共同体是游戏的六个本质特征，也是游戏区别于其他人类活动的关键所在。上述特征是通过对自柏拉图以来，包括康德、席勒、麦克卢汉等在内的学者们关于游戏的观点和思想进行研究总结得出的。故而，游戏被定义为“人们以愉悦为首要目的，自由、自愿参与的一种具备一定规划、存在一定目标和竞争的活动，此类活动在一定程度上是与日常生活隔离的，能够让活动的参与者拥有一定的共同经验甚至会形成某种共同体”[②]。电子游戏是游戏的一个分类，同样具有游戏的六个本质特征，与此同时，电子游戏又有其独有的特点：虚拟的环境、身体的缺席和人工智能的加入。一般情况下，我们认为电子竞技是在“电子游戏”基础上所形成的概念。

① 陈东.中国电子竞技产业发展研究（1996–2015 年）[D].济南：山东大学，2015.
② 何威.电子竞技的相关概念与类型分析[J].体育文化导刊，2004（5）：11–13.

### 2.电子竞技与网络游戏

电子竞技最简单的理解就是电子游戏比赛。传统的电子竞技游戏指的是在统一且明细的比赛竞技规则下进行的人与人之间的对战类单机游戏，在包括竞赛内容、电竞文化等多个方面具有一定的连贯性，同时也体现出一定的延续性特点。有学者认为现代新兴电子竞技概念更多指的是以游戏核心内容为比赛竞技内容，在统一竞赛规则下进行的人与人之间的对战类网络游戏。[①] 网络游戏就是以电脑为操作平台，在电脑游戏软件信息技术营造的虚拟环境中进行的人与电脑之间的游戏运动。[②]

很多人将电子竞技和网络游戏混为一谈，这种概念认知方法并不准确，两者既有区别，也有联系。两者的主要联系在于其呈现过程是相互作用的，电子竞技以网络游戏为载体，而网络游戏的社会化表现方式是电子竞技比赛。电子竞技运动是人与人、团队与团队之间的对抗，而网络游戏的参与对象往往是人与电脑中指定的虚拟物或人。参与主体的不同决定了两者的区别，人与人的对抗形成"竞技"概念，这也是电子竞技被划归为竞技体育的重要依据，而人机互动形成的是"交互"概念，这是网络游戏的明显特征。相比之下电子竞技更具人际真实性和媒介社会性，可以将其认为是目前网络游戏发展的最高形式。通过电子竞技，网络游戏经历着职业化和社会化的进程。由网络游戏向电子竞技的过渡与发展，正是一场职业化和社会化的电子游戏演变历程。

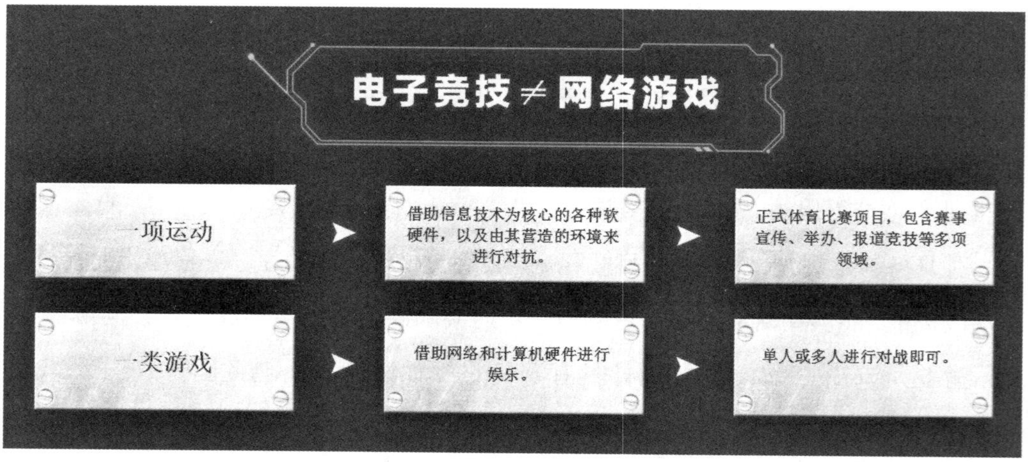


图1-8　学界对于电子竞技和网络游戏的概念区分

① 陈晨.我国电子竞技运动现状和发展的研究[D].徐州：中国矿业大学，2015.
② 马超，崔江.电子竞技与网络游戏的概念界定[J].四川教育学院学报，2009（3）：110–111.

而在电子竞技和游戏这一对相生相伴的事物中，持续演进变化的动力就是技术因素，新兴技术的发展帮助电子竞技突破了发展初期游戏场所和地域属性的限制，可以实现远程联合对战和实时更新，这为网络游戏的竞技化提供了有利的客观条件。

### 3. 电子竞技与电子游戏

一般来讲，我们认为电子竞技属于广义的电子游戏，这也是电子竞技与电子游戏之间存在的既定从属关系。现代意义上，电子竞技是从电子游戏中发展出来的竞技形态，电子游戏是电子竞技成型的基础之一，电子竞技是融合网络游戏、体育竞技等多方面因素形成的新的竞技形态，与电子游戏存在多方面的较大区别。根据国家体育总局的定义，电子竞技是“以信息技术为核心，以软硬件设备为媒介，在信息技术营造的虚拟环境中、在体育竞赛规则下进行的对抗性益智电子游戏运动”，竞技性和对抗性是它的基本属性和特征，电子竞技具有体育项目的一般特征。而电子游戏的核心功能是文化娱乐，一般被归类为文化创意类产业。

**【知识窗】**

**何谓文化创意产业**

根据《文化及相关产业统计指标体系框架》的界定，文化创意产业是指以新闻出版、广播影视、文化艺术为主的行业为文化产业核心层；以网络、游戏、休闲娱乐、经济代理、广告会展等为主的新兴文化服务业为文化产业外围层；以文化用品、设备及相关文化产品生产和销售为主的行业为文化产业相关层的产业体系。①

网络游戏着重强调文化艺术性和精神愉悦性，而电子竞技更强调对抗与竞技关系的建构。网络游戏参与者在被游戏制作者所建构的网络虚拟环境中体验并建立虚拟的社会关系，而虚拟社会中角色的快速成长和社会关系的迅速养成能够刺激人们的心理，使其对游戏产生依赖。

电子竞技虽然以电子游戏为基础，但更强调跳脱出游戏内部系统，在现实场景中建立社会关系，对抗和竞技是其基本特性，技巧发挥是获胜的关键因素。电子游戏围绕“过关升级”，可以无休止地进行下去。而电子竞技却不容易像网络游戏一样使

① 李强.文化产业统计的建立与发展［M］.北京：中国统计出版社，2014.

人沉迷在虚拟的世界中无法自拔，原因就在于电子竞技是在现实环境中进行的“人与人”之间的游戏内容竞技，每次竞技都有一定的时间限制和相应规则约束。[①]综上来看，电子游戏主要在于虚拟关系或场景的建立，而电子竞技运动是现实社会体育竞技关系的建立。

游戏元素在人类的社会生活实践中占有重要地位。“游戏”是电子竞技产业的核心元素，因此“游戏理论”也被广泛应用在电子竞技相关理论和实践研究中。以游戏为源衍生的博弈论对于竞技体育研究意义颇大，目前也被应用在电子竞技的相关研究中。博弈论又被称为对策论，是研究具有斗争或竞争性现象的理论和方法，我们所了解的“零和博弈”等词语均出自博弈论。该理论应用广泛，尤其在解决有关竞技、数学、经济等问题方面具有较好的效果，是现代数学和运筹学研究中的重要角度。博弈论（Game），其中文名称中的“博”“弈”来源于中国古代的象棋和围棋思想，旨在强调“博弈”对于游戏活动的重要性。就电竞赛事而言，比赛结果是未知的，即使一方在赛前已有完美的策略规划，仍需要在比赛过程中灵活调整。双方（多方）在竞技博弈的过程中相互制约、相互影响。博弈规则对参赛者具有普适性，并在一定程度上建构了竞技主题和竞技行为本身的意义。电子竞技中的游戏规则、赛制守则，都可以理解为博弈规则的一种。在进行电子竞技赛事的过程中，每一位参赛者都需要在既定的规则下开展比赛，规则是界限，突破界限的博弈是不被允许的。

从游戏到电子游戏再到电子竞技，这是一个概念包含的关系，电子竞技属于电子游戏的一种演化产物，而电子游戏抛开其技术手段又可以溯源至游戏，因此三者同根同源，有着相同的本质特征。同时，三者又存在着社会化的循环关系，当游戏发展至电子游戏，技术的进步带来了虚拟的空间环境和交互体验，但是人与人之间基于基础条件下的游戏却大大减少了，而当电子游戏发展至电子竞技，电竞选手之间的竞技过程又将交互体验重新拉回到了较高密度的形态。未来电子竞技的发展将结合更多的人工智能技术，融入“元宇宙”等虚拟时空、人物的概念，“人”这一因素的比重还会出现起伏变化，但毋庸置疑，无论发展到哪一阶段，永远都少不了“人”这一主要因素。因此，在做电子竞技相关研究时，以人为本是重要的考察视角，从人的角度出发对电子竞技的内容、形式、特性进行评估和改进是电子竞技自身发展的重要动力。

① 马超，崔江.电子竞技与网络游戏的概念界定［J］.四川教育学院学报，2009（3）：110-111.

## 二、竞技运动

电子竞技的体育属性具体呈现出对抗性和竞争性两种主要特征。竞技运动起源于游戏，并带有游戏的本质属性，该观点已经成为学界的共识。对此，日本体育学者今村浩明主张，“竞技运动在广义上与游戏同义，狭义上是游戏的众多形式之一”。电子竞技游戏中的对战双方最重要的参与目的就是在激烈的游戏对抗中取得胜利，人与人之间的竞争关系被游戏中的虚拟人物呈现出来，将原本只会出现在现实中的竞争转化为一种虚拟空间中的竞争，其竞技过程和结果所产生的影响却不仅局限于游戏中的虚拟人物。同时，对当前的电子竞技游戏进行分析可以发现，游戏参与者在对抗过程中需要掌握一定的规律和技巧，并需要在某些时刻挑战自身的能力极限。[①]

电子竞技对于技巧的较高追求，使得游戏参与者需要在竞赛以外的时间花费精力训练，通过大量且具备科学性的学习和实践来提高自身的竞技能力，而这也符合现代竞技运动的发展要求，在以往生产力和技术水平低下的人类生存环境中，竞技运动的核心更多是绝对的力量、速度、高度等发源于身体天赋上的比拼；随着现代社会的不断进步，技巧性、协调性、益智性等元素被更多引入竞技运动的项目设置和评判考量，而电子竞技中对于选手技巧性、脑体力并重等方面的要求恰恰切中这一发展趋势，其精神内涵也越来越被社会公众所认可，这也是电子竞技逐渐被竞技运动所容纳和概念化的关键原因。电子竞技在其发展早期饱受争议，有部分声音认为电子竞技缺少身体层面的竞技实践，是否应该将其作为竞技运动仍有待考证。随着电子竞技推出越来越广泛的竞技门类，争论的声音逐渐减少。除了学界对于竞技运动概念不断深入的探索和发展，越来越具备规模性、影响力的电子竞技赛事体系提升了电子竞技在竞技运动中的影响力，其中蕴含的竞技运动本身的身体元素、竞技元素和娱乐元素也让众多原本对其持怀疑态度的人看到了它的价值。电子竞技依靠自身特征优势不断丰富竞技运动的内涵意义，拓展其外延表现，从而逐渐成为竞技运动的重要组成部分。

电子竞技运动和传统竞技运动之间既有包容共通之处，也在彼此借鉴、相互促进。

首先，从起源和影响因素来看，电子竞技与传统体育竞技都是从游戏衍生出来的不同竞技形式，虽然电子竞技具有一定的娱乐性，但二者的目标均致力于参与者能

① 王惠斌.关于电子竞技问题的几点思考[J].决策探索，2004(11)：86.

力和素质的提高。[①]电子竞技是以信息技术为基础，在竞技模式、赛事运营和组织、赛事内容传播等方面融合了传统竞技体育形式的新型竞技形式。换句话说，就是电子游戏在保持自身特点的前提下，融合了传统体育的基本特征，逐渐衍生并发展出现代体育形式。因此，数字技术的发展在较大程度上影响着电子竞技的发展。比如互联网技术的诞生为电子竞技提供了技术基础，而互联网的迭代发展、移动技术的演进都会为电子竞技行业带来推动甚至是颠覆性的影响。近年来，5G技术的全球应用、AI智能技术的快速发展、虚拟现实技术下元宇宙的产生都对电子竞技产生了革命性的影响。未来，电子竞技内容形式的发展也会受到技术变革的引导。虽然电子竞技与体育竞技具有很大的相似性，但在某些方面电子竞技仍然保留着自身的特征。一方面，电子竞技赛事的进行和发展高度依赖信息技术，而生活中的一般体育竞技对于技术没有很强的依赖性，甚至可以摆脱技术条件的影响；另一方面，不同于一般体育竞技要求参赛者在身体机能、技巧等方面有较高的表现水平，电子竞技更多是对于游戏参与者团队协调、体能、智力等全面素质能力的要求。体育竞技主要依托于人的身体机能，电子竞技直接影响的是人的思维方式和生活方式。

竞赛规则方面，公平、统一、透明的竞赛规则是竞技体育共同的基本要求，电子竞技作为竞技体育的分支也是这样的竞赛规则下展开的。电子竞技对于竞赛规则的体现包括两部分：一是电子竞技本身的规则（即游戏规则），二是电子竞技赛事运行的规则，这样双重规则的限制使得电子竞技项目具有很强的竞技仪式性。体育竞技是个人能力与技巧的比拼，其基本特征在于竞技公平性，电子竞技同样需要参赛者花费大量的时间精力来训练提升竞技能力和技巧，以期在竞赛中获得更大优势，甚至需要更加复杂和多元化的竞技能力。而电子竞技的训练过程和传统的体育竞技项目也不尽相同，相比于传统田径、游泳、足篮排等项目对于训练场地环境的时空限制特性，电子竞技的训练过程主要依托于电子设备和网络条件，一定程度上可以减少场地、天气等因素的限制。传统体育竞技项目的专业运动员，可以从外型看出其具备的身体素质条件；然而电子竞技选手的竞技水平则很难从外型直接判断。

竞技内容方面，电子竞技运动本质是一项以身体操作为基础的活动，虽然其强化了竞技运动中对于思考判断的要求，但是最终呈现方式依旧需要身体操作，这一点是目前电子竞技运动和赛事中不可或缺的一部分。如果未来电子竞技运动去除了身

① 宋天华，罗萍.试析电子竞技与竞技体育的异同[J].军事体育进修学院学报，2006（3）：96-98.

体要求，单纯依靠思维和意念操控，那么竞技体育的概念框架也将发生整体变化，但要想达到这一步，势必需要科学技术颠覆式的进步，届时其他竞技运动项目也许同样会发生质变，这里可以留下想象的空间。

根据逻辑学的划分标准，可以把竞技运动划分成多种类型，而身体技能层面的竞技运动只是其中之一。只把竞技运动局限在挖掘人的运动潜力、追求人的生理极限的高水平的运动训练和比赛的观点是不妥的。这种观点不仅不能正确、客观地反映竞技运动的本质属性，还会直接威胁竞技运动本身的生存和发展。[①]因此，电子竞技运动的诞生和发展一定程度上也是对竞技运动的丰富和发展，电子竞技赋予了传统竞技运动更多的发展空间。在电子竞技运动中，人机关系、人与人之间的互动合作其实比传统竞技运动中个人对极限的挑战、人与人之间的竞技更加丰富。如何对待人机关系、如何最大化利用电子设备提升竞技表现，都是电子竞技运动相较于传统竞技项目的丰富之处。特别是在运动场景和装备方面，传统竞技体育大多需要专业的体育场馆作支撑，特别是如体操、游泳、冰雪项目对于场地要求较高，像足篮排这些在国内群众基础较好的运动虽然可以简化场地要求，但都需要基于一定的客观条件才可以开展。电子竞技运动的场地要求与之相比大相径庭，其中计算机（或移动设备）和网络是电子竞技运动开展的刚需。

受众参与方面，目前国内计算机、手机、无线网络普及率极高的情况下，电子竞技运动的开展相较于传统体育运动要容易得多。传统竞技运动对于辅助设备的要求大多体现在护具、训练工具、服装等方面，而电子竞技运动对辅助设备的需求主要是键盘鼠标或者移动终端的支架稳定器等，几乎不受服装、护具等因素的影响。同时，相比于传统竞技运动容易造成身体伤病，很多职业运动员受到伤病因素干扰，运动表现下降，电子竞技运动的直接身体性伤病几乎很难发生，但是屏幕辐射、久坐不动等习惯也会带来一些慢性身体疾病。

此外，电竞游戏产品本身具有广泛的用户基础，为项目选材和赛事传播提供了良好的基础。电竞人口的绝对数量优势也是目前我国在世界范围内的电子竞技赛事上表现优异的重要原因。电竞这一竞技项目的准入条件较低，可参与人群极为广泛，特别是青少年群体已然成为电竞用户的重要组成部分。因此，如何区分业余和专业、爱好和职业非常重要，这一点会在很大程度上影响青少年对于电子竞技项目的参与

① 周爱光.对竞技运动概念的再认识[J].中国体育科技，1999（6）：3.

和职业选择，甚至相关产业的具体分工。

在发展路径方面，电子竞技与体育竞技各具特点。二者都是社会文化发展到一定程度的产物。电子竞技的萌生要晚于传统体育竞技，其在赛事组织结构、赛事制度、传播方式等方面也在一定程度上受到传统体育竞技项目的影响。现今的电子竞技已经呈现出较高的职业化和商业化水平，形成了现代体育竞技中独特的一环。有研究学者将电子竞技归于现代体育和文化娱乐的交叉地带，称之为“后现代体育”，并将去中心化、多元取向和无边界状态界定为其融合发展后最重要的特点。发展至今，电子竞技与体育竞技一样，凭借着其强大的文化价值和商业价值成为社会经济的重要组成部分，并逐渐承担起了社会文化传播和创新的责任。与此同时需要注意的是，目前电竞行业的体育事业属性被格外强调，虽然未来的发展潜力巨大，但仍需要电竞运营商、从业者多方面的调整和努力。只有在发展过程中突出电竞的事业属性和社会价值，才符合国家和社会对电竞产业健康发展的要求。否则在过分追求商业利益的发展模式下，很难实现电子竞技与体育的真正融合，结果很有可能导致两者“分道扬镳”。

综上，在比较电子竞技运动和传统竞技体育项目时，既要看到其本质上的一致性，也要注意两者之间差异性的存在，不能在价值理念和发展方式上一概而论，只有通过共性找到促进彼此发展的共同经验，借助特性找到各自有针对性的发展策略，才真正有利于两者共同发展。随着时代的发展，电子竞技运动成为人们社交生活中的重要话题，是文化生活方式的重要组成部分，呈现出与主流文化融合发展的态势。移动电竞、VR电竞、“元宇宙”电竞等新兴电竞形式层出不穷。

当前，我国用手机上网的用户和互联网总体用户规模总数基本相当，这表明在我国手机已经成为互联网用户的必备产品，电子竞技向移动电动过渡的速度必将越来越快。伴随着移动互联时代的到来，以PC为主要竞技平台的传统电子竞技开始向以移动终端为核心的移动电竞阶段转移，并逐渐在游戏设置、赛事组织等方面向移动化发展。

随着移动互联网时代的到来，以手机为核心的移动终端设备成为市场发展的关键。电子竞技运营商也逐渐掌握了互联网发展的规律和倾向，呈现出更“贴合”的发展趋势，衍生出了“移动电子竞技”。之所以要称之为“移动电竞”，是为了与传统PC端和主机端的电子竞技有所区别。但不管是PC电竞和移动电竞，还是伴随着可穿戴设备的发展而逐渐普及的VR电竞，都符合电子竞技最基础的定义——“电子设备”、进行“智力对抗”、具有“团队精神”和“锻炼与提高能力”这几个必要条件。因此，“移动电竞”的概念可以在电子竞技的核心内容上延伸开来，被定义为以移动通信和互联网为载体，在统一的竞赛规则下进行的对抗性电子游戏运动。[①]

图1-9　移动电子竞技的现象级产品《王者荣耀》

“移动电子竞技”是移动互联网和移动智能终端不断发展的产物，是传统电子竞技与移动互联网络设备融合发展的结果。[②]从发展的过程来看，移动电竞在十年前便已初见端倪。在2012年的WCG比赛中，《神庙逃亡》《水果忍者》等移动端游戏（即手游）被列为电竞比赛的推广项目。这是电子竞技与移动互联结合的第一次试水，由于当时移动设备的普及还并不广泛，推广没有取得预期的效果。随后，电信在“EFUN 爱游戏”全国手游大赛中提出“微电子竞技”的概念，这就是“移动电子竞技”的概念雏形，强调移动游戏的竞技化。随着时代的发展，“微电子竞技”的概念逐渐拓展，从移动游戏的竞技化转变为电子竞技的移动化，逐渐形成以新型移动电子竞技游戏为核心的移动电竞产业。相较于传统竞技运动或者PC端电竞运动，使用移动设备开展电子竞技运动尚且处于探索阶段，主要因为移动设备的稳定性和可操作性相对弱于计算机，任何一项竞技运动的赛事化和职业化都要依托稳定和专业的设备条件，移动设备的网络环境、运行能力、处理速度等内在性能和外在接入情况将在很大程度上影响移动电竞赛事的开展。除了这些硬件设施，使用移动设备开展电子竞技运动从操作的仪式感和观赏的画面感来看也逊色于传统竞技运动和PC端呈现的电竞赛事，移动设备下的专业电子竞技赛事还有待进一步孵化和推广。

① 张璇，刘媛媛.传播学理论视域下的移动电子竞技研究——以《王者荣耀》为个案研究[J].传媒观察，2018（8）：51–59.

② 陈亮，于文谦.移动电子竞技发展研究[J].体育文化导刊，2017（4）：26–31.

此外，移动电竞摆脱了对鼠标和键盘等配套设施的限制，极大程度上降低了电子竞技的准入门槛，为更广泛的社会人群提供了电竞娱乐的选择。随着移动电子竞技项目在大众社会流行起来，其社交作用也在无限扩张。“电竞社交”也是近年来被广泛关注和研究的话题。虚拟环境令人们免除了传统面对面社交的尴尬，竞技过程中的合作与对抗也让参与者快速拉近关系，凝聚共识，增进理解，这也成为当代青年人社交的重要渠道之一。

在移动电子竞技发展如火如荼之时，VR电竞成为新的议题。三维游戏既是虚拟现实技术重要的应用方向之一，也为虚拟现实技术快速发展贡献了巨大的需求牵引作用。尽管存在众多的技术难题，虚拟现实技术在竞争激烈的游戏市场还是得到了越来越多的重视和应用。可以说，电脑游戏自产生以来，一直都在朝着虚拟现实的方向发展。从最初的文字MUD游戏，到二维游戏、三维游戏，再到网络三维游戏，游戏在保持其实时性和交互性的同时，逼真度和沉浸感在不断强化，随着三维技术的快速发展和软硬件技术的不断进步,在不远的将来，真正意义上的虚拟现实游戏必将为人类娱乐、教育和经济发展作出新的更大的贡献，而VR技术为这一发展提供了契机。[①]依托于VR设备的电子竞技运动具有更强的沉浸式感受，但由于VR设备的普及程度远不及移动电子设备，加之目前尚未开发出现象级VR电竞游戏项目，VR游戏还停留在研发初始阶段。

图1-10　VR游戏逐渐走入大众生活

① 温才健，曹克亮.VR技术三年内在游戏领域的发展前景分析[J].新丝路（下旬），2016（3）：56.

除了VR电竞之外，新技术手段的发展还为电子竞技运动带来了丰富的想象空间，如近年兴起的关于"元宇宙"的探索，电子竞技能否融入"元宇宙"这一虚实共生的数字化、智能化空间中获得进一步发展，这或许将给电子竞技产业带来创新和变革的机会。伴随着计算机图形技术、运算能力和网络速度的进步，早期电子游戏中粗糙而抽象的二维数字空间已经迭代为三维、可实时交互的数字虚拟空间。

**【案例窗】**

**《我的世界》**

游戏《我的世界》（*Minecraft*）地图面积是地球的7000倍，大约为3.6兆平方米，月活跃人数超过达1.5亿，购买量已经突破2亿人次，丹麦地理数据机构甚至在《我的世界》中使用了40亿个方块建造了1∶1的丹麦国家地理模型。[①]从以一个像素点的*Pong*，到像素风的《我的世界》，数字空间从一个4英尺（1.2m）的木柜起步，到如今达到远超人类真实世界的地理地图面积，短短半个世纪人类通过游戏到元宇宙，实践着虚拟空间的生产和数字疆域的开拓发展。[②]

当然，无论是对VR技术还是"元宇宙"的探索，电竞从业者和研究人员应继续把握其内在竞技性和娱乐性的双重属性，将电竞产业发展与电子游戏的技术发展区别开来。毕竟，电竞产业需要结合其产业发展来自我进步，如何提高其社会影响力、扩大其受众群体范围、获取更多的经济收益和社会效益依然是未来电子竞技发展的重点。

## 三、绿色电竞

在电子竞技文化的快速发展过程中出现了一些问题，比如外挂使用、黑客攻击这些不符合规则要求和道德标准的行为；再如电子竞技中的社会伦理、人格塑造等问题，这些问题的出现反映出"绿色电竞"正向价值倡导的必要性。"绿色电竞"是一

① 章戈浩.数字功夫:格斗游戏的姿态现象学[J].国际新闻界，2018（5）：27-39.

② 周逵.虚拟空间生产和数字地域的可供性：从电子游戏到元宇宙[J].福建师范大学学报（哲学社会科学版），2022（2）：84-95.

种发展理念，主要从文化安全、网络治理层面出发，指向健康文明、讲规则秩序、讲正向价值引领的电竞行为及环境，特别是对于青少年参与电子竞技运动有一定的引导和帮助作用。

我们可以从电子竞技项目和电子竞技参与者两个层面理解“绿色电竞”理念。

电子竞技项目层面，大部分亟待解决的问题主要出现在游戏内容设计方面，包括是否含有血腥暴力、是否区分不同年龄用户、是否有违背核心价值观的情节设计等，这些都需要游戏开发者和市场监管者一同关注和改进。

一方面，游戏开发者要从自身做起，以高标准严要求对游戏程序开发进行严格把关，以社会主义核心价值观引领自我创作，另一方面，相关监管部分和社会机制也应发挥作用，提高游戏设计开发和推广传播的门槛，建立建设游戏相关审核机制和内容开发行业规定。电子竞技运动的参与者多为青少年群体，缺少鉴别能力且极容易因内容影响心智发展，这就需要开发者和监督者将行业标准和要求提到更高的位置加以贯彻执行；另一部分问题出现在游戏的推广传播中，包括游戏的版权问题、游戏广告策略等，比如国内游戏开发商与国外游戏开发商之间的版权模糊问题、游戏开发商之间的恶性竞争等。版权问题不明晰，将带来游戏整体设计水平和用户体验感的下降。而游戏广告的传播策略也在近年来有不少争议，小到网络页面的弹窗式被迫接入，中到游戏广告中的暴力画面、性暗示成分，大到游戏广告在整个网络治理过程中出现的负面价值引导，在游戏的传播策略方面同样需要“绿色电竞”理念的介入。

电子竞技参与者也需要贯彻“绿色电竞”的发展理念。电竞参与者往往置身于虚拟世界中体验游戏情节设置带来的多方位感受，而为了保证视觉冲击力和画面表现力，一些电子竞技游戏作品往往会融入对抗、生死、金钱等因素来强化刺激感。“绿色电竞”强调参与者重视电子竞技中正向精神价值的部分，如团结协作、奋发向上、勇敢坚韧等精神品质，对虚拟世界的两个面向要能做到取其正面、弃其负面。除内在精神价值外，参与者的身体机能与健康也受到了广泛关注。“绿色电竞”要求以技术进步来减少竞技伤害，同时电子竞技开发商、参与者、赛事方应重视电子竞技运动参与者（包括观众）的身心健康。

电子竞技运动对于青少年身心发展是一把双刃剑，其中的积极作用需要“绿色电竞”的理念来推进落实。“绿色电竞”对于青少年参与者具有重要的教育指导作用，如果能利用好电子竞技这一潮流文化，不仅能为广大青少年提供更广泛的兴趣爱好选择，更能助力塑造青少年良好性格品质。

一方面，电子竞技运动可以培养青少年的团结协作精神、公平竞争意识。同时，电子竞技运动也能锻炼青少年灵活的头脑和开阔的思维。[①]"绿色电竞"理念要求电子竞技运动发挥引导青少年群体以正向姿态参与其中，并积极进行自我塑造。另一方面，对青少年在电子竞技运动上投入的时间精力应予以合理引导，特别是理性对待青少年对"电子竞技选手"的职业向往，同时行业也应提供更公开透明的信息以帮助青少年在职业和爱好选择上做出更准确的判断。

**【知识窗】**

**电子竞技职业选手的选拔**

从职业电子竞技选手的选拔来讲，由于我国现在还未形成一条完整的培养体系，职业选手一般是通过教练发掘、举荐、邀请方式进入职业圈。除此以外，游戏玩家可以通过业余比赛或者有价值的成就申请进入职业战队或者进入青训队接受训练和进一步选拔。无论通过哪一种方式，青少年想要成为职业选手的门槛都非常高。电子竞技产业在我国的发展体系不完善，即人才资源的培养途径和经验的匮乏（目前为止只有少数高校开展电子竞技专业且不成熟）、电子竞技选手的培养计划不够长远、战队教练的专业素养不够高（多是职业选手退役后当教练，而从正规体系培养出来的专业教练稀少）、职业电子竞技选手退役后的安置有问题。[②]

随着我国电竞产业发展步入快车道，一些相关企业也开始组建电竞联盟，力求梳理电竞产业和外延行业相生相息的产业生态环境，并积极倡导"绿色电竞"理念，致力于推动电竞赛事及电竞产业健康有序的发展。[③]

---

① 耿密.电子竞技对青少年的影响探析[J].中国青年研究，2009（10）：84–86.

② 唐兴华，张庆，李志诚.电子竞技对青少年儿童影响的探讨[J].青少年体育，2020（7）：43–46.

③ 以赛事为桥梁 倡导"绿色电竞"理念 电竞联盟助推行业健康有序发展[EB/OL].（2018–03–26）[2022–08–10].http://big5.china.com.cn/gate/big5/sports.china.com.cn/chanye/detail2_2018_03/26/915270.html.

与此同时，我国政府在着力营造一个良好的绿色电竞生态环境。2020年11月，由人民体育和中国下一代教育基金会联合打造的“青少年绿色电竞教育计划”在北京举行签约仪式。人民体育事业发展中心主任王嵩在该仪式上谈到，当前越来越多的青少年开始把电竞当作职业梦想和发展方向。但很多人对电竞的理解比较片面，“在这样的情况之下，我们想要打造一个绿色电竞教育计划，帮助电竞爱好者的父母们更专业地解决相应的问题，化解和孩子在电竞这件事上的矛盾”[①]。

图1-11　电子竞技对于青少年身心的双刃剑作用

## 【思考题】

1.为什么电子竞技可以被归纳在竞技体育的范畴之中？

2.电子竞技和电子游戏的关系是什么？

3.“绿色电竞”的实践方法有哪些？

## 【延伸阅读】

1.超竞教育，腾讯电竞. 电子竞技运动概论[M].北京：高等教育出版社，2019.

① “青少年绿色电竞教育计划”正式启动［EB/OL］.（2020-11-19）［2022-08-10］.https://sports.people.com.cn/n1/2020/1119/c420695-31936753.html.

2.孙博文.电子竞技赛事与运营[M].北京：清华大学出版社，2019.

3.直尚电竞.电子竞技心理学[M].北京：高等教育出版社，2019.

4.宋嘉.电子竞技概论[M].北京：机械工业出版社，2019.

5.张轩，巩晓亮.电子竞技新论[M].北京：电子工业出版社，2019.

# 第二章 电竞的产业化之路

**【本章学习要点】**

1.学习电竞产业模式基础理论。

2.了解中国、欧美、日韩电竞产业发展特征及趋势。

3.了解我国电竞产业内容流程。

通过上一章的学习，我们对于电子竞技的内涵及外延有了初步了解。本章我们将从电竞产业模式基础理论出发，通过对于中国、欧美、日韩多种电竞产业模式的发展现状异同点进行解析，从而思考不同电竞模式的未来发展趋势；通过论述我国电竞产业的基本内容流程，加深对于我国电竞上游、中游、下游以及内容题材等具体流程环节的理解。近年来，我国电竞持续迅猛发展，形成了完整成熟的产业链条以及良性循环的产业生态，同时也在不断推动电子竞技与传统文化共建传承。

# 第一节　电竞产业模式

## 一、产业模式基础理论

### 1. 电子竞技产业概念

（1）广义的电子竞技产业

电子竞技产业是为消费者提供电子竞技所需产品和服务的活动总和，以及与这些活动相关联的参与者集合，包括游戏的研发商、上游的硬件提供商、游戏在各地区的市场运营商、网络运营服务商、赛事赞助企业、下游的传播媒介和终端用户等。[①]

（2）狭义的电子竞技产业

无论是参考体育产业、游戏产业的相关理论，还是参考相关社会实践情况，体育产业和游戏产业本身在中国的发展还处于相对初级的阶段。依据国际广泛采用的三次产业分类法，体育产业和游戏产业作为第三产业，电子竞技产业属于体育产业与游戏产业的交叉产业，因此，电子竞技产业的基本内容只能限定在第三产业所包括的范围内，即向社会提供各种电子竞技服务的有关部门。[②]

### 2. 电子竞技产业模式相关概念

（1）电子竞技产业结构

电子竞技产业结构是指电子竞技产业部门之间，以及与其他各行业之间的关联方式。电子竞技产业结构主要关注：不同经济发展水平和电子竞技产业发展阶段所对应的电子竞技产业结构状态；电子竞技产业不同部门所占比例的变化；如何利用产业结构的演变规律来规划和调整产业部门结构，以推动电子竞技产业结构合理化。电

① 恒一，陈东.电子竞技产业分析［M］.南京：江苏人民出版社，2017：27.
② 恒一，陈东.电子竞技产业分析［M］.南京：江苏人民出版社，2017：27.

子竞技产业在这一领域研究的理论依据是产业结构理论。[①]

（2）电子竞技产业组织

电子竞技产业组织是指电子竞技产业内电子竞技产品或服务企业之间的市场关系和组织形态。在电子竞技产业组织领域，包含的概念主要集中于电子竞技产业内各企业间的市场关系，即同类企业间的垄断、竞争关系。根据关系的不同可划分为完全竞争型、完全垄断型、垄断竞争型和寡头垄断型等市场结构。[②]

（3）电子竞技产业政策

电子竞技产业政策主要涉及合理制定规划和引导电子竞技产业部门合理配置调和产业内部资源的相关政策。目前，对于日新月异的电子竞技产业来说，国家具体的相关政策体系尚待进一步完善，目前大部分以支持鼓励为主。政府颁布的相关政策，对于实现电子竞技产业持续健康发展，以及提供正确发展方向的指引有着举足轻重的作用。

（4）电子竞技产业生态

从生态学的相关理论视角出发，当前的产业生态系统主要由产业环境与产业生物群落两部分组成。产业环境指以产业为中心，集纳了关乎产业生产、存在和发展、制约和调控产业发展的环境影响因素。主要包含了产业相关政策、市场需求、经济情况等。其中，产业生物群落是产业生态系统的核心成分，是由相对于外来物种所形成的相互间存在交流沟通和物质交换的企业和组织种群，如客户、供应链、生产者、流通者等主体。[③]

## 二、国内国外比较分析

中国电子竞技产业的发展受到了欧美日韩等国家的深刻影响，是世界电子竞技产业体系的重要组成部分，即使相对来说起步较晚，但产值与规模增长速度极快，后来者居上，处于蓬勃的发展趋势中，未来将逐渐步入成熟发展阶段；同时，中国电子竞技发展扎根于中国本土化社会经济文化环境，也汲取着世界电子竞技产业的“养分”，处于一个兼容并济、多元开放的发展过程中。

中国电子竞技产业与欧美日韩相比有较大相似性，同时也在产业情况、产业模

① 恒一，陈东.电子竞技产业分析［M］.南京：江苏人民出版社，2017：27.
② 直尚电竞.电子竞技产业生态［M］.北京：高等教育出版社，2018：3.
③ 直尚电竞.电子竞技产业生态［M］.北京：高等教育出版社，2018：3.

式、产业环境、社会环境和产品内容等方面具备较大的独特性。

### 1. 产业情况比较分析

（1）中国

我国电子竞技发展主要由“政府+市场”联合推动，受到产业政策的引导与制约，呈现出从无监管模式到受限再到提倡与支持的变化，经历了一个从初始引进、社会抵制、政府支持到约束再到支持的发展过程。2003年11月18日，国家体育总局正式批准，将电子竞技列为第99个正式体育竞赛项，推动了中国电子竞技第一次发展。但随着广电总局对游戏类节目的政策把关，电子竞技发展又陷入了相对低潮的情势之中。2011年，国家体育总局将电子竞技改批为第78个正式体育竞赛项。直到2014年，游戏直播平台的出现使电子竞技再次成为热门关注点。近年来，政府越来越加强对于电子竞技发展的支持与鼓励，同时电子竞技赛事的奖金规模也在不断扩大。

近年来，随着电竞产业的快速发展，国家和各级政府也采取了一系列政策措施来推动电竞产业完善发展。例如：2016年9月，“电子竞技运动与管理”专业进入高等教育专业目录；2017年4月发布的《文化部“十三五”时期文化产业发展规划》提出推进游戏产业结构升级，推进网络游戏、电子游戏等游戏门类协调发展，促进移动游戏、电子竞技等新业态发展；2019年4月，电子竞技运营师、电子竞技员成为人社部正式公布的13个新职业之一；2019年6月，上海市出台了促进电竞产业健康发展20条意见，旨在将上海打造为“全球电竞之都”。除此之外，继2018年电子竞技运动以表演赛的形式登上雅加达亚运会后，在2022年的杭州亚运会上，电子竞技运动将作为正式比赛项目出现在奖牌榜上。随着政府的扶持和市场商业价值的大幅度提高，中国电子竞技对于社会经济发展的影响将逐步提升。

2021年12月，在上海市文化和旅游局、上海市体育局、上海市新闻出版局共同指导下，上海市电子竞技运动协会、毕马威企业咨询（中国）有限公司联合发布了《全球著名电竞城市产业发展指数指标体系设计与排行报告》。报告显示，2021年全球著名电竞城市综合排名中，洛杉矶、上海、首尔名列前三。“产、城、人”三大类指标中，综合评估排名第二的上海，在城市发展条件排名中高居第一，产业发展水平位居次席。[1]

① 2021年全球著名电竞城市排名出炉，上海第二！这份办赛指南太贴心→[EB/OL].（2021-12-23）[2022-08-10]. https: //baijiahao.baidu.com/s?id=1719903454756785295&wfr=spider&for=pc.

【知识窗】

中国电竞产业发展规模相关数据

中国音数协游戏工委发布的《2021年中国游戏产业报告》显示，2021年，中国电子竞技游戏市场实际销售收入1401.81亿元，比2020年增加了36.24亿元，同比增长2.65%；中国电子竞技游戏用户规模达4.89亿人，同比增长0.27%。报告预计，在“电竞入亚”和英雄联盟全球总决赛夺冠背景下，电竞行业在2022年或将迎来新一轮增长。

另据艾瑞咨询《2022年中国电竞行业研究报告》，2021年中国电竞市场规模约1673亿元，其中超过一半来自移动电竞游戏市场，该细分市场规模达883亿元。端游电竞市场占比最小，为21.8%。由赛事、直播、衍生品等环节构成的电竞生态市场占比25.4%，已经连续两年超过端游电竞市场。

电子竞技产品方面，头部移动游戏也是热门电竞开播内容。艾瑞咨询报告显示，2021年中国电竞游戏热门开播内容前8名游戏产品中，移动游戏产品就占据了五成位置：《王者荣耀》和《和平精英》分别位居第一和第二；端游产品中，《英雄联盟》《CS：GO》《穿越火线》均已发展运营为近十年的经典电竞产品，呈现出良好的发展势头。①

（2）欧美

电子竞技起源于北美，政府在无政策支持的同时也没有加以干预，欧美电子竞技产业的发展完全靠市场自身的发展动力推进。

美国的第一次电子竞技比赛于1972年在斯坦福大学举行，由于当年《太空入侵者》类游戏的受欢迎度较高，这一赛事受到了媒体的广泛关注。20世纪90年代，互联网技术快速发展，任天堂世界锦标赛在美国各地进行巡演，在此期间，美国成立了职业游戏玩家联盟（PGL），第一届职业锦标赛“星际争霸”顺利举办完成，此项赛事总共获得了微软、AMD、Nvidia等上市公司赞助的120多万美元。此外，传统的NBA联赛为了迎合电子竞技的良好发展态势所影响的市场走向，逐渐将赛事目标和形式引向了电竞形式，以2017—2018赛季NBA-2K电竞联赛等为例，正式推出了职业电竞联赛。

① RNG夺冠背后：中国电竞2022年或迎来新一轮增长［EB/OL］.（2022-06-11）［2022-08-10］. https://baijiahao.baidu.com/s?id=1735284597516320679&wfr=spider&for=pc.

除此之外，美国还成立了类似大联盟、篮球协会的电竞联盟，赞助商、广告商也将目标转向电子竞技比赛等。[①]

在PC和主机时代，欧洲诞生了许多优秀的游戏作品。比起发展势头迅猛、社会地位逐渐提高的亚洲电竞，欧洲电竞的发展历程则较为艰难。除北欧以外，欧洲大部分国家都错过了移动电竞游戏发展的最佳时期。作为《英雄联盟》《刀塔2》等众多赛事起源的欧洲，PC电竞在欧洲地区的影响力较为深远。虽然DG Connect（欧盟信息总司）和各国政府也试图扶持电竞产业，但收效甚微，而近年来电竞的猛烈发展让欧洲各国意识到需要更加注重适合欧洲人才发展的电竞产业。与此同时，2020年初始全球供应链危机出现，欧洲包括德国在内的几大经济支柱均陷入了结构性衰退，其逐渐下行低速的经济形势也给电竞产业造成了较大的消极影响。在双重冲击之下，欧洲电竞游戏行业却迎来了前所未有的历史机遇。

广泛的用户范围、完善的市场资源、紧密的政策扶持以及充沛的资本支持使得欧洲电竞行业在黄金时期大步发展。2020年2月，欧洲23个国家电竞协会和3个电竞相关组织在布鲁塞尔共同组建了欧洲电竞联合会（The European Esports Federation，EEF），旨在创建一个共同的，具有可持续性、包容性，健康和基于价值的电竞发展平台。

图2-1　欧洲电竞联合会

① 常任琪，薛建新.美国和韩国电子竞技产业发展及启示[J].体育成人教育学刊，2020，36（02）：56-59.

（3）日韩

虽然电子竞技起源于美国，但韩国是第一个让电子竞技实现职业化的国家。经过几十年的大力扶持，目前韩国在助力本国电竞产业成为全球性新兴产业的道路上不断前进。韩国成为引领全球电竞产业发展的先驱，前后创造了众多电子竞技领域的第一。现如今，网络游戏产值已经超过汽车制造业，成为韩国经济第三大支柱产业，电子竞技更是成为韩国国内除足球和棒球之外的第三大竞技运动。

1994年，韩国政府成立了文化产业政策局，研究和制定更加科学化、系统化的政策方针，并先后出台了《唱片录像带暨游戏制品法》《文化产业振兴基本法》等法律法规，以支持和保障游戏产业发展。1997年，一场亚洲金融危机导致韩元暴跌，整个韩国面临着严重的外债，韩国政府也面临着危机。面对窘境，韩国政府将着力点转移到文化产业方面，并对相关政策进行了多方面调整，韩国第三产业得以迅猛发展。在政府政策的支持下，韩国第三产业成功地实现了经济转型，同时为韩国电子竞技发展提供了所需的基础设施技术以及社会环境。1998年，韩国确立了文化立国战略，更是将发展文化产业上升到了"实现第二次建国"的高度，政府积极鼓励韩国游戏产业参加E3、ECTS等全球知名游戏展会，并在国家层面成立了"游戏综合支持中心"，于2000年在国家文化振兴院下设立了游戏学院。

此外，作为集文化、体育和旅游于一身的组织，韩国文化体育观光部设置了电竞主要机构，全称是韩国职业电子竞技协会（Korea E-sport Association，KeSPA），主要负责韩国电子竞技的全面运营，同时辅以管理KeSPA签约职业选手的比赛。KeSPA管理着韩国25个主要电竞游戏，包括《英雄联盟》《反恐精英》《星际争霸II》和《刀塔2》等。KeSPA在协助政府对韩国电子竞技产业进行监管的同时，也显著提高了电竞选手和俱乐部的商业收益。由KeSPA带头，韩国电子竞技产业逐渐形成了"协会+俱乐部+电视台"的模式。基于韩国电竞产业的发展潜质，韩国资本不断加大对于电竞产业的资金支持，其中包括Orion Corporate、SK电信（SK Telecom）、KT和三星（Samsung）。在韩国资本的支持下，韩国的游戏文化已经把电子竞技变成一个拥有世界上顶尖的电子竞技生态系统的组织结构。

日本作为早期萌芽出电子竞技的国家，主要依靠市场化路径发展。在从游戏大国向电子竞技大国转变的过程中，日本电子竞技仍长期处于萌芽成长状态。阻碍日本电竞发展最大的问题是国家政策：日本消费者厅出台的《景品表示法》规定，经营者为了促进商品销售而提供的金钱或物品都视为奖金，这笔奖金不得超过10万日元，而作为商品品类的电竞游戏同样处在《景品表示法》的管理范围之内，极为单薄的赛事奖金无法支撑庞大的电竞赛事。

**【案例窗】**

**早期日本游戏机的普及**

1983年任天堂推出了FC游戏机之后，日本游戏行业迎来了高速发展时期，世嘉、索尼等公司纷纷推出了自家的游戏机，日本本土的游戏开发商也将精力放在了家用机游戏的研发上。这致使日本的主流游戏主要通过专门的游戏硬件进行，适用场景多是家庭场景，一个人或者是与家人、朋友共同娱乐，竞技氛围相当薄弱。而主流的电竞游戏主要为PC游戏，日本的PC设备较为昂贵，购置PC设备的用户人数相对较少，从而导致较少日本人接触到主流电竞。

图2-2　任天堂游戏机

**【案例窗】**

**日本电竞协会及电竞相关企业的推动**

2018年5月，日本电竞协会JeSU向日本奥委会（JOC）申请在2020年东京奥运会中加入电竞项目的提议失败，JOC表示电竞没有达到批准认可的阶段，而且与体育是促进身体（机能）健康的理念相悖，可以看出日本政府尚未实现在官方层面接纳电子竞技。但日本对于电竞的态度并非完全抵制，2018年2月，日本电子竞技协会、电子竞技促进组织以及日本电子竞技联合会三大机构合并，建立了全新机构日本电竞协会JeSU，而JeSU成立的目的在于帮助日本电竞市场克服管理问题，推动日本电竞市场发展。2021年6月，举办电竞赛事等的日本Gecipe公司和东京地铁在东京都北区开设了电竞的“训练馆”，这些设施的建设有助于向老人普及电竞。日本电子竞技联盟现在正在制定关于“认定场馆”制度的指南，该联盟的公关负责人表示“期待以电竞为桥梁，增进老人与年轻人的交流”。

### 2. 产业模式比较分析

（1）中国

中国电子竞技产业生态环境的构成具有多层次、多主体、多模式等特点。在产业层次环境上包含了监管层面、管理组织与运作层面、活动层面等；在产业主体环境上包含了政府层面、产品层面、赛事层面、用户层面等；在产业模式环境上则包含了内容授权模式、内容生产模式、内容传播模式等。[①]目前我国的电竞产业还处于发展期，国内电竞产业行业划分主要包括游戏研发、游戏运营、电竞俱乐部、赛事运营、电竞内容制作、电竞经纪、电竞直播、电竞场馆、电竞媒体、电竞教育、电竞大数据、电竞外设、电竞社交等几个方面。

**【知识窗】**

**中国电竞产业发展相关报告数据**

电子竞技产业方面，艾瑞咨询发布的《2022年中国电竞行业研究报告》指出，2021年中国电竞市场规模达到1673亿元，同比增长13.5%，行业进入平稳增长阶段；移动电竞游戏仍是电竞市场主要组成部分，市场份额占比为52.8%。电竞行业超1400亿元的规模主要由移动电竞游戏市场、端游电竞游戏市场、电竞生态市场三部分构成，其中端游、移动电竞市场占到整体规模的75.4%。

艾瑞咨询表示，2021年中国电竞用户规模达到5.06亿人，随着未成年人保护政策落实，电竞用户年龄结构将更加健康合理。年轻化是电竞用户的重要特征，电竞游戏、游戏直播及电竞赛事在电竞用户中均有较高的渗透率，

① 夏清华.电子竞技商业模式［M］.武汉：武汉大学出版社，2019：20.

并已产生较强的用户黏性。随着奥运会宣布举办虚拟体育赛事、杭州亚运会电竞项目公布、英雄联盟S11全球总决赛中国战队夺冠等热点事件推动，电竞作为新兴体育项目的正向认知也越来越强。从全球及国内电竞产业的发展现状看，规范化、多元化和开放化是市场发展的重要关键词。规范化体现在赛事模式、人才培养、未成年人保护等规范的持续落实；多元化体现在更多游戏品类的出现，以及更多人群加入电竞；开放化体现在赛事授权和内容合作愈加广泛。

2021年以来，欧洲杯、东京奥运会、北京冬奥会等世界级传统体育赛事相继成功举办，为全球体育产业的复苏奠定了基础。作为数字体育产业的新兴项目，电竞在蓬勃发展过程中仍面临着新冠肺炎疫情的挑战，如TI10和S11全球总决赛等重要电竞赛事由于疫情和政策等影响不得不更换赛事举办地。游戏公司可以通过职业赛事和大众赛事并行来扩大玩家群体，网易、腾讯的多款游戏已经成为例证。同时，电竞行业发展也迎来了新的机遇：一方面，亚运会电竞项目正式公布、虚拟体育运动持续开展，为电竞职业化夯实了基础；另一方面，元宇宙相关产业快速成长、电竞与娱乐行业加速融合，为电竞行业进一步发展注入了新的活力。专业的职业联赛给俱乐部和选手营造了稳定的成长与发展环境，保证了赛事的高竞技性。①

（2）欧美

欧美电子竞技产业处于覆盖全产业链的成熟阶段。首先，欧美电竞产业具备丰沛的游戏专利和知识产权资源，游戏授权知识付费收入为电竞产业带来了源源不断的商业价值。其次，欧美电竞产业在市场化的环境中形成了一定的电竞市场，在将大型电竞赛事运营作为核心业务的同时，加以多平台转播，并与电脑软硬件厂商、知名俱乐部与游戏开发商联手合作，全面调动电子竞技赛事举办的中上游产业，从而获得持续受益。欧美电子竞技赛事组织模式通过现场比赛来进行（CPL、ESWC），并加以电视转播和新兴直播平台作为辅助，不断加深多层次与多维度的合作，欧美电竞的成

① RNG夺冠背后：中国电竞2022年或迎来新一轮增长［EB/OL］.（2022-06-11）［2022-08-10］. https://baijiahao.baidu.com/s?id=1735284597516320679&wfr=spider&for=pc.

本支出主要有产品研发支出和赛事运营支出。而随着专业赛事的增多，赛事参与的选手数量与范围逐渐扩大，赛事奖金支出也在逐渐提升。但无论从规模，还是组织结构的丰富程度来看，都很难和目前的国内市场相提并论。

图2-3　星际争霸职业锦标赛图标

欧美电子竞技产业与电视台合作进行专业的游戏直播与转播合作，与直播平台Twitch合作进行网络播出，通过与电脑软硬件厂商、知名俱乐部与游戏开发商联手合作，打造多元化、多样态的赛事运作模式。现场赛事转播的赞助商主要是电脑软硬件厂商，相关厂商可以通过在电竞赛事上的广告投入来提升自身品牌在高端电子竞技游戏市场上的知名度和占有率，从而提升对于重度消费者和高端消费者的影响力。欧美电竞赛事也通过与知名电竞俱乐部与游戏开发商合作，不断扩大赛事参与选手的数量与范围。此外，欧美电竞也通过媒体报道产生收入，其中包括支付给赛事组办方、电竞团队的收入，同时也包括来自高级付费内容的收入。2016—2020年，欧洲电竞市场的媒体版权增长了近五倍，与赞助广告共同构成了整体收入的2/3以上。

（3）日韩

韩国电子竞技的产业模式和体系独具特色。韩国电子竞技产业从政府支持和市场推动相结合到职业选手和相应厂商相配合，营造了一个不断创新、生态良好、持续平稳运营的经济系统。但受限于市场规模天花板较低，韩国电子竞技产业近年来已经呈现出发展颓势，以OGN的关闭作为标志性事件。作为历史上第一个电子竞技频道，韩国电视台OGN宣布在2020年12月31日正式停止所有节目播出。

韩国的电竞产业本质上是互相合作、彼此依赖的嵌入式产业链模式[①]，每一个

① 夏清华.电子竞技商业模式［M］.武汉：武汉大学出版社，2019：30.

环节都具有不可或缺性。首先，韩国政府全力推动韩国电子竞技产业的初期萌芽和发展，提供了所需的相关资源和培育环境，并在其初具规模之后交由市场进行全面接管。韩国电子竞技极其注重电竞赛事宣传和电竞明星选手的包装，通过电竞赛事受到的关注度以及电竞食品等周边衍生产品的销售量来推动产值增值，同时通过网络平台直播等多渠道延伸宣传路径，为赛事收视率寻求商机和获取资金，在赛事相关赞助商的赞助、相关广告和周边产品售卖以及赛事举办等方面获取巨大收益，从而推动整个韩国电竞产业形成良性发展模式。

韩国电子竞技产业具有独特的产业体系和运作模式，主要由政府引导，市场、职业选手、相应厂商等多方合作，形成了一个具有创造性、平稳运行的经济生态系统。韩国电子竞技产业发展初期，主要由政府进行推动，政府全力提供支持，从而提供相关的资源和环境；电竞产业形成规模之后主要由市场进行接管，从而系统化、纵深化地推动电子竞技产业的发展。

韩国电竞的成本支出主要包括选手奖金的支出和赛事运营的支出两方面。而其收入主要来源于赛事相关赞助商的赞助、相关广告和周边产品售卖以及赛事举办获得的收益，韩国电竞通过少数明星级别的职业选手推动产业增值，并通过WCG赛事、国内全国性与地方性赛事、电视转播、网络平台直播等渠道延伸宣传路径，推动赞助商通过赛事收视率寻求商机，投入资金支持。

而日本本土电竞的赛事生态标准各异，缺乏统一且形成规模的赛事内容。从赛事基础和民众认可度来看，日本电竞赛事承办能力非常弱，极度缺乏赛事场馆和能支撑起赛事的供应商，民众对于电竞的认知度和认可度较低，日本社会总体上对于电竞的接受程度也较低，日本的学校、家长以及媒体对于电竞产业的态度相对来说较为负面，导致成为全职电竞选手事实上变为一个高风险、高难度的选项。日本电子竞技成本较高，在日本本地落地一个电竞赛事的综合成本大概是我国的三倍左右，职业选手的起薪往往要达到我国的两倍。

但Statista的数据显示，2020年日本电子竞技市场的观众规模接近690万人，日本电子竞技市场规模预计将在2024年达到超过184亿日元（约合人民币9.25亿）的价值。移动电竞未来很可能会在日本崛起。2021年日本移动游戏收入达到了184.5亿美元，高于PC端赛事和主机游戏的总和，同时结合移动市场的高份额可以证明日本电子竞技将向移动端方向发展。

我国电竞联盟以及各个职业联赛中已经有比较成功的落地实现和运营经验，而且已经积累成为相对比较成熟的方法论，然而在日本市面上还没有类似的成功实践。即便是在目前日本最成熟的职业联盟中，联盟对于俱乐部的管理也是相对松散的，对于选手的体系化的培训和管理缺失，并且也缺乏对于俱乐部和选手内容产出的总体规划和跟踪指导。目前日本严格意义上只有两个赛事联盟：一个是英雄联盟赛区——LJL，即日本地区创建的英雄联盟顶级联赛，始于2014年，由优秀职业选手组成的队伍将在此角逐地区联赛的冠军，优胜的队伍将有机会获得英雄联盟季中冠军赛、英雄联盟全球总决赛、英雄联盟洲际系列赛等世界大赛的门票，与世界各地的联赛队伍角逐全球总冠军；另一个是《绝地求生》的PJS赛事联盟，即绝地求生日本PJS赛区。其他的赛事在日本是非常松散的状态，没有专门的联盟来进行管理。

**【案例窗】**

**日本《第五人格》电竞联盟**

日本《第五人格》联盟是日本市场首个由中国游戏公司打造并且成功运营的电竞联盟。《第五人格》日本地区赛事已在2022年度正式实现职业化，成立IJL职业联赛，共计7支俱乐部，超40位选手将参与常规赛、季后赛，共同争夺赛区荣耀。同时，日本地区也将同步开启全民赛事IVT，并打通职业联赛，为职业联赛输送新鲜血液。

### 3. 产业环境比较分析

（1）中国

在文化产业政策方面，政府在我国电子竞技产业发展过程中起到了重要的推动和鼓励作用。

**【知识窗】**

**电子竞技相关文化产业政策**

2000年10月，中国共产党第十五届五中全会通过了《中共中央关于制定国民经济和社会发展第十个五年计划的建议》，提出“要完善文化产业政策，加强文化市场建设和管理，推动有关文化产业的发展”，这成为文化产业蓬勃发展的历史起点。2009年7月，国务院通过的《文化产业振兴规划》指出，我国文化产业呈现出健康向上、蓬勃发展的良好态势，正成为推动社会主义文化大发展大繁荣的重要引擎和经济发展新的增长点，当前和今后一个时期要着力做好发展重点文化产业、实施重大项目带动战略、培育骨干文化企业、加快文化产业园区和基地建设、扩大文化消费、建设现代文化市场体系、发展新型文化业态、扩大对外文化贸易等八个方面的重点任务。《文化产业振兴规划》提出以数字内容和动漫等产业为重点，加大扶持力度，完善产业政策体系，实现跨越式发展。文化创意产业要着重发展文化科技、音乐制作、艺术创作、动漫游戏等企业，增强影响力和带动力，拉动相关服务业和制造业的发展。

2016年，文化部从文体娱乐结合的角度切入，明确发文全面放开游戏游艺设备的生产和销售，取消游艺娱乐场所总量和布局要求，并鼓励各地区建立示范转型场所优先享受文化产业优惠和政府扶持资金等政策。总之，电竞产业作为文化产业的一个细分领域，近年来获得了国家全方位的支持。同年，国家发改委联合多部门发布《关于促进消费带动转型升级的行动方案》，其中教育文化信息消费创新行动中包含了“开展电子竞技游戏游艺赛事活动”；文化部发布《关于推动文化娱乐行业转型升级的意见》，提出支持以游戏竞技赛事带动行业发展；教育部将“电子竞技运动与管理”专业增补进《普通高等学校高等职业教育（专科）专业目录》……基于政策角度从多个方面对电子竞技运动进行了中长期规划。

在经济环境方面，我国宏观经济稳定向好，产业结构持续优化。改革开放以来，我国文化产业发展迅猛，据国家统计局对全国6.5万家规模以上文化及相关产业企业调查，2021年，上述企业实现营业收入119,064亿元，较2020年增加了20,550亿元，同比增长20.86%。随着中国文化产业的飞速发展，其对GDP的贡献也不断增强，2021年全国规模以上文化及相关产业企业营业收入占GDP的10.41%，较2020年的9.72%增长了0.69%。[①]而电子竞技作为技术、经济和文化的共同产物，我国文化产业的持续稳定发展为其奠定了坚实的基础。

我国的移动通信技术、智能终端技术和网络直播技术都在迅速发展，目前大多

① 2022–2028年中国文化产业行业发展规划建议及未来发展潜力报告［EB/OL］.（2022-05-29）［2022-08-10］.https://www.sohu.com/a/547926096_121395033.

已成熟应用。工业和信息化部数据显示，截至2022年4月底，我国已建成全球规模最大的5G网络，累计开通5G基站161.5万个，占全球5G基站的60%以上，覆盖全国所有地市、县城城区和87%的乡镇镇区；登录5G网络的用户已经达到4.5亿，占全球5G登网用户的70%以上。与此同时，中国信息通信研究院发布的《全国移动网络质量监测报告》显示，全国5G网络平均下行接入速率和上行接入速率分别为334.98Mbps和70.21Mbps，速率相比上一代提升显著。①

随着技术的普及和生产成本的降低，以智能手机和平板电脑为代表的智能终端大规模普及。分析机构Canalys发布的《Canalys2021年度智能手机市场分析报告》显示，2021年全球智能手机出货量达到13.5亿台，相较于2020年的12.7亿台，同比增长7%，但仍未恢复到疫情前2019年的水平。同时，2021年度的智能手机平均售价（ASP）亦有提升，同比提升达10%。②目前，以手机游戏为代表的移动游戏发展迅速，是整个电子游戏产业的下一步发展方向。电子竞技移动化是一大趋势，以《王者荣耀》《绝地求生》等为代表的电子竞技手游作品已获得极大成功。

电子竞技进一步融入泛娱乐生态，观看电竞直播成为越来越多人的业余爱好及消遣活动，电竞直播产业价值逐步提升，而直播的流畅性则是影响用户体验的重要因素。艾媒咨询数据显示，截至2021年6月，我国网络直播用户规模达6.38亿，同比增长47.2%，占网民整体的63.1%。并且，随着直播模式与类型的日渐丰富，以及网民对直播的接受度提高，直播用户规模将进一步扩大。其中，由于电子竞技能够同时具备竞技性、娱乐性、社交性、观赏性等多种特性，电竞比赛受到较多年轻用户的关注，电竞直播成为我国网络直播的主要类型之一。数据显示，2021年中国电竞直播市场规模为305.9亿元，同比增长38.1%，2022年继续以30%以上的速度增长。腾讯与中国电信发布的5G电竞专网方案，将网络部署时间从传统方案的数周缩短到数小时以内，同时优化了电竞场景，兼具超低时延、高可靠性、安全攻防对抗能力，可以保障专网网络安全，防止外界干扰，保障赛事质量。目前，该方案已在王者荣耀职业联赛和QQ飞车S联赛中落地，支撑了超百场职业比赛的稳定进行。2022年4月19日，中国电信联合腾讯发布5G电竞专网解决方案，并正式揭牌“5G+电竞联合实验室”。而建立该实验室的目的，是要通过对5G电竞专网技术的升级，为用户带来更优质的对战、直播及

① 我国5G网络全球规模最大！今年计划新增5G基站60万个［EB/OL］.（2022-06-12）［2022-08-10］. https://baijiahao.baidu.com/s?id=1735392086110559560&wfr=spider&for=pc.

② 报告：2021年度智能手机平均售价同比提升10%［EB/OL］.（2022-03-24）［2022-08-10］. https://baijiahao.baidu.com/s?id=1728157738138175945&wfr=spider&for=pc.

观赛体验，促进电竞产业的创新发展。网络直播技术的发展改善了电竞直播用户观看赛事的体验感，同时也起到了帮助企业和平台降本增效的作用，不断推动着包括电竞直播在内的整个直播行业的发展。[①]

图2-4　2021全球著名电竞城市及排名

（2）欧美

欧美手游市场偏好休闲类游戏，以至于棋牌类游戏占有一席之地，而移动电竞类游戏却尚未形成气候的局面。另外，欧美游戏市场发展相对缓慢，相比于中国市场而言，欧美游戏的主战场在PC端及主机端，而中国电竞游戏的种类和形式则要丰富得多。其次，欧美游戏市场主流产品倾向于轻量化、游戏时间碎片化的产品形式，可以快速上手，随时关闭。市场的容量要大得多。[②]

2016年4月29日，在白宫的网站上，一份关于所有电子竞技项目都应该成为“合

① 中国电信携手腾讯建电竞联合实验室，5G技术助力电竞直播产业加速升级［EB/OL］.（2022-04-21）［2022-08-10］.https：//www.iimedia.cn/c1040/85007.html.

② 世界各国的电子竞技|浅谈欧美电子竞技产业的发展［EB/OL］.（2021-10-18）［2022-08-10］.https：//www.sohu.com/a/495780539_121178390.

法”体育项目的请愿引起了大量美国玩家的注意，而不到一个月的时间，这份请愿已经收到超过10万人签名。越来越多的欧美游戏用户认可电子竞技，并且在致力于电竞事业发展。欧美电竞市场已经达到上升的平缓期，逐渐转入存量市场。

在体育产业已经完全成熟的美国，电子竞技在年轻人当中几乎已经获得等同于棒球和冰球的关注度，电子竞技已经发展成为一个数十亿规模的庞大产业。与此同时，许多人在关注电子竞技的同时，开始放弃收看体育赛事。这个信号已经被诸多传统体育界的投资人士所察觉，他们已经开始有所行动。

有调查显示，美国男性千禧一代中，有22%的人经常收看电子竞技节目，这个数字几乎与棒球持平，且仍然在不断攀升——这意味着这群极有价值的群体正在逐渐成为电子竞技的拥趸。据统计，有73%的电竞爱好者的年龄低于35岁。电竞爱好者在不断年轻化的同时，也正在从传统体育产业中逐渐抽离。在美国2000万的电竞迷中，有600万人根本不看棒球、冰球、篮球或者美式足球；有超过1500万的电竞爱好者说他们观看电竞赛事的时间来自他们最初收看体育赛事的时间。大量的体育迷正在缓慢转化成为电子竞技的粉丝，他们开始更加热衷于电竞赛事。电子竞技不光面向走入社会的年轻人，对于在校学生也同样具有极强的吸引力。在美国大学校园里，电竞早已是学生们沟通的手段，甚至已经成为等同于其他体育项目的、可以为他们赢得奖学金的途径。

**【案例窗】**

**美国高校电子竞技比赛**

2014年2月，Riot首次在美国举办北美大学生锦标赛（North American Collegiate Championship），虽然仅仅在加州的一个Riot自己的电竞馆中举行，但却全场座无虚席。决赛时，来自华盛顿大学的队伍赢得了冠军，而同样也创下历史的，是这场比赛在高峰期的在线观战人数达16.9万。

2017年9月，EA公司同赞助商可口可乐公司一起举办了全美范围内的高校电子竞技大赛，比赛项目是FIFA17。比赛同时，EA同可口可乐合作推出了纪念款的可乐杯，并在比赛中设置超过10,000个可乐杯作为奖品。为期三个月的比赛吸引了全美来自80余所高校学生的参与，可见高校学生们的参赛热情。相对于国内的三方高校赛事，美国享有先天的地域优势——诸多游戏厂商总部的所在地。只要厂商愿意，他们可以更好地协调资源，为美国高校举办更具规模、更加正规的赛事。同时，以推广游戏作为首要目的，厂商们在举办高校赛事的时候无须过分担忧比赛的营收状况，因此能够更加专注于为选手和粉丝提供更好的体验，赛事水平也能得到较好的保障。在这种情况下，美国电竞的存量市场也能得到较好的持续发展。[①]

（3）日韩

2021年韩国文化产业振兴院发布的《2021韩国游戏白皮书》显示，2020年中，韩国游戏呈现明显增长态势，市场规模达到18.9万亿韩元（约合人民币1011亿元，下同），同比2019年的15.575万亿韩元（约833亿元）增长21.3%，同时这也是韩国自2011年来连续十年实现平均9.8%的稳定增长，且相比2011年8.8万亿韩元（约470亿元）的规模翻了一番多。而在2021年，韩国游戏产业规模有望突破20万亿韩元（约1070亿元），创下韩国游戏产业的历史新高。

同年发布的《2021上半年文化产业趋势分析报告》披露了些许韩国游戏产业2021年上半年的境况。报告显示，2021年上半年，韩国内容文化产业的总销售额达到61.2303万亿韩元（约3270亿元），同比增长6%，而游戏产业是助其增长的重要因素。报告指出，2021年上半年中，韩国游戏产业的规模达到了9.262万亿韩元（约495亿元），在内容文化产业中占比15.1%，排名第四，仅次于出版物（17.8%）、知识信息（15.7%）、广播（15.7%）。与此同时，韩国游戏产业在2021年上半年保持了稳定的增长趋势，同比同期增长了10%，排名第三，前两者分别为广告（24.9%）与漫画（22.9%）。此外，与《2021韩国游戏白皮书》中指出的信息一致，韩国游戏在出口方面依旧保持着强劲的增长势头，并成为韩国内容文化出口的关键产业。报告指出，2021年上半年中，韩国内容文化产业出口的总收入为52.7855亿美元（约336亿元），同比去年同期增长了6.8%，其中游戏产业创下了35.6593亿美元（约227亿元）的收入，占比达到了67.6%。而在从业人数方面，2021年上半年，韩国游戏产业从业者同比增长了2.3%，达到了92,478人，在所有内容文化产业中占比13.9%，排名第三。[②]

---

① 2016欧美电竞发展：存量市场与新信号［EB/OL］.（2017-01-23）［2022-08-10］. http://games.sina.com.cn/wm/e/2017-01-23/doc-ifxzuswq3295523.shtml.

② 2021韩国游戏产业报告：产值破千亿元，1046家公司从业者4.4万人［EB/OL］.（2021-12-27）［2022-08-10］. https://wenku.baidu.com/view/f2166c89b3717fd5360cba1aa8114431b80d8e40.html.

#### 4. 社会环境比较分析

（1）中国

社会文化方面，移动网民覆盖率已超99.5%，玩手游成为全民化娱乐方式。中国互联网络信息中心发布的《第49次中国互联网络发展状况统计报告》显示，截至2021年12月，中国移动网民规模达10.29亿人，网民使用手机上网的比例为99.7%，而使用台式电脑、笔记本电脑、电视和平板电脑上网的比例分别为35.0%、33.0%、28.1%和27.4%，手机已成为中国网民最主要的上网方式。艾瑞UserTracker多平台网民行为监测数据库数据显示，2020年以来，随着复工复产的有序进行，移动游戏在整体用户中渗透率有所回落，但始终保持在40%以上，用手机玩游戏已成为中国移动网民最普遍的在线娱乐方式之一，各游戏类型中MOBA类和射击类等电竞游戏深受用户欢迎。

2021年中国电竞市场规模约1673亿元，同比增长13.5%，行业进入平稳增长阶段。在游戏行业监管趋严、直播行业规范化持续加强的背景下，电竞游戏及电竞直播收入增速有所放缓。而随着电竞赛事和电竞内容影响力的快速提升，电竞版权、赛事赞助、内容制作等电竞赛事商业化仍保持着较高的增速。电竞市场未来的增长驱动因素来源于电竞入亚带来的体育化和商业化机会，以及元宇宙、Web3.0等新兴业态和电竞结合带来的发展空间。

2021年中国电竞用户整体规模约5.06亿人，同比增长1.2%，尽管电竞用户增速有所放缓，但在英雄联盟S11全球总决赛中国战队EDG夺冠、杭州亚运会电竞项目公布的背景下，电竞用户规模有望在2022年得到进一步的增长。同时，随着游戏行业未成年人保护政策的落实，电竞用户年龄结构也将更加规范有序。

电竞成为体育运动推广和文化交流的优秀载体。电竞作为数字体育的新模式，以其数字化特征和用户影响力，成为文化推广和文化交流的重要载体。为响应北京冬奥会“带动三亿人参与冰雪运动”的号召，一方面，国家体育总局举办中国数字冰雪运动会，以“电竞+冰雪”模式，为大众参与冰雪运动提供更加便捷的渠道；另一方面，《王者荣耀》《和平精英》等电竞游戏也成为跨界合作的代表，通过游戏内容与冰雪运动的结合，让更多年轻人了解并热爱冰雪运动。此外，电竞也是各国和各城市之间文化交流的重要渠道，通过举办电竞赛事及相关活动，可以展示各地文化，并促进各地青年之间进行有效的文化交流。

电竞用户调研数据显示，75.3%的电竞用户认可电竞是一项新兴的体育运动项目，66.0%的电竞用户非常期待2022年杭州亚运会上的电竞比赛项目。整体来看，在电竞社会化普及的同时，电竞用户对电竞的正向认知也越来越强。[①]

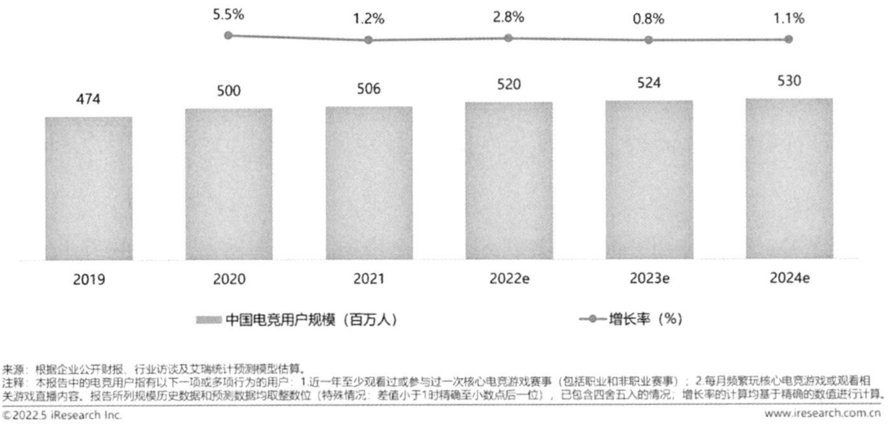


图2-5 2019—2024中国电竞用户规模

来源：艾瑞咨询

（2）欧美

欧美文化较为多元，崇尚个性自由、亲身经历来寻找自我的价值，相较于亚洲人而言流动性较大，同时，欧美国家经济发达，生活水平较高，具有较多的业余时间和兴趣发展条件。因此，欧美人可以大量参与到不同地点的电子竞技赛事之中，付出成本也较低。此外，美国社会对于电子竞技较为重视，美国高校将电子竞技作为一项校园团体体育活动，美国政府将职业电子竞技选手的职业身份纳入移民条件，从而提升了欧美人参与电子竞技的积极性与价值体现，进一步扩大了欧美地区电子竞技发展的范围基础。

欧美电子竞技产业公司秉持尊重参赛选手与观众进行良好互动权利的原则，与客户维持着长期良好的关系。同时，由于欧美国家良好的电子竞技基础与环境因素，欧美国家电子竞技参与群体的重心主要集中于业余电子竞技爱好者，其赛事注重公平性与专业性，不断提高现场比赛中的舒适度与观看体验；随着移动终端技术的大力发展与设备的不断完善，欧美电竞产业也提升了对于移动终端设备用户的重视。

（3）日韩

韩国电子竞技发展也有其特殊的历史背景。1997年亚洲金融危机爆发，韩国经济受到了严重的冲击，经济下滑、就业率下降造成大批青年赋闲在家，游戏自然成为其

① 中国电竞行业研究报告[EB/OL].（2022-06-09）[2022-08-10]. https://zhuanlan.zhihu.com/p/526519346.

消遣时间、排解压力的重要途径。而韩国电竞产业的最大优势和特点，在于形成了完善的赛事体制以及完备的人才储备制度。韩国电子竞技产业通过建立成熟的竞技俱乐部体制，提供高频率和高社会声誉度的商业活动和形象塑造，为电竞职业选手创立“造星”模式，给职业选手营造一个健康的职业形象。电子竞技作为技术和创新的结合体，吸引了大批韩国年轻一代付诸尝试。韩国人民认为《星际争霸》这样的游戏是一种现代版的智力游戏，需要快速的思考和反应，电竞游戏也已经随之成为韩国文化的一部分。

除此之外，电竞在韩国的流行很大程度上也取决于韩国较完备的互联网基础设施、网吧等电竞场所和设备的普及。网吧以及游戏中心（PC Bangs）从20世纪90年代末开始在韩国兴起，为韩国的年轻人提供了许多能够租用电脑并连续数小时玩流行游戏的场所。韩国职业选手的崛起在一定程度上也受到了韩国阶层结构的影响，接触电子竞技的门槛和成本较低，网吧使韩国工人阶层的年轻人有充足的时间和合适的场所聚集在一起，通过游戏策略知识的分享和传播为职业电竞选手的培育提供了良好机会。随着电子竞技产业在韩国的迅速崛起所展现出的发展潜质，以及《星际争霸》所拥有的极高关注度，电子竞技职业选手被誉为韩国的体育名人，从而极大影响了韩国的年轻人，这让成为一名职业电竞选手成为众多韩国年轻人的目标之一，对于韩国众多工薪阶层的年轻人来说是一条可选择的职业道路。

而日本电子竞技的发展主要受到其独特游戏文化的深刻影响。1983年，任天堂公司推出了第一代家庭游戏机，自此，日本电子游戏迅速流行。面对这一趋势，日本游戏制造商们专注于家庭游戏机的研发，营造出了浓厚的游戏机文化，这不仅使日本电脑游戏的开发与普及遇到巨大阻碍，也成为日本与其他国家在电竞发展上的最大差异。同时，在制造精良的电子产品轰炸之下，日本玩家对于游戏的制作水平具有极高的要求。时至今日，日本人依然习惯于“在家中、少数人”的游戏模式，电竞常见的“在专业场馆、团队协作”的游戏模式在日本并不流行。这样独特的游戏文化是导致日本电竞产业发展艰难的重要原因之一。此外，电竞在日本没有被认可为一项体育运动，在这种情况下，日本游戏企业的赛事局限于本国区域内，奖金设置也极为有限，这也大大加重了日本电竞赛事的发展负担。虽然日本政府成立了日本电竞联合，也在开始放宽政策限制，但即便如此，日本在电竞领域依然面临着种种束缚。

### 5. 产品内容比较分析

（1）中国

在我国热门电竞游戏中，热门端游电竞游戏众多，赛事体系相对成熟。2004年国家广电总局颁布的网游类电视节目“封杀令”将电竞市场最为核心的产品赛事传播进行阻隔，但却使得网游市场成为互联网中最重要的部分，如《梦幻西游》《传奇》等都是那个时期最为著名的游戏。2013年至今，随着互联网愈发成熟，虽然移动电竞尚处于起步状态，但发展态势良好，其中《刀塔2》《英雄联盟》《炉石传说》由于在中国起步早成绩好受到了广泛欢迎。2016年手游元年诞生了一个又一个爆款手游，如《阴阳师》《王者荣耀》《皇室战争》《炉石传说》等，凭借其便携性、上手难度低等特点，更多层次的玩家群体涌入了手游行列。与此同时，《王者荣耀》的大热让移动电竞成为可能，腾讯借此机会推出了《王者荣耀》专属的电竞联赛 KPL，借此极大提升了移动电竞的热度。

（2）欧美

20世纪七八十年代是欧美国家电竞发展的萌芽期，该阶段还是主机游戏（比如街机、红白机）的天下，但PC机已在悄然壮大。竞赛上已有类似竞技体育的模式：现场比赛+媒体传播，但整体而言，依然处在“video games”（网络游戏）的阶段。1972年，最早的网络游戏比赛在美国斯坦福大学举行，但由于网络尚未普及，人机之间或人与人之间的交流互动的电竞鲜明特点并未展现出来。而自20世纪80年代中期开始，随着PC和互联网的普及，电子游戏如同雨后春笋般相继推出。

1993年，西木（Westwood）公司创造出《沙丘2》（*Dune* 2）——第一款现代意义上的即时战略游戏。1995年，西木继续推出《命令与征服》（*Command&Conquer*），再一次刷新了游戏界对PC游戏的认知，西木也因此成为现代竞技类游戏的奠基者。

1994年，暴雪娱乐的《魔兽争霸》问世；1995年，《魔兽争霸2》席卷全球；1996年，《暗黑破坏神》以摧枯拉朽之势占据了电玩界大片江山；1997年，暴雪娱乐专设在线服务器“战网”（battle.net），全球所有玩家都可以网络互联，这也是电竞史上的标志性事件。而1998年推出的《星际争霸》，更是直接推动了整个电竞业的发展。

1996年，《雷神之锤》诞生，不仅标志着FPS即第一人称射击类游戏（First Person Shooting Game）的产生，更标志着电竞完成了比赛模式的系统化进步，从萌芽阶段快速走向成型。发展到这个阶段，FPS也终于迎来了它的巅峰——《反恐精英》，被誉为

“史上最伟大游戏”。

《魔兽争霸4》是由暴雪娱乐在2008年8月10日开始先期筹划的游戏。2009年因《星际争霸2》创作人员不足，魔兽团队全部调入《星际争霸2》的工作当中，《魔兽争霸4》的创作被迫暂停。

**【案例窗】**

**《英雄联盟》电竞赛事体系**

《英雄联盟》(League of Legends，LOL)是由美国拳头游戏(Riot Games)开发、中国内地由腾讯互娱天美工作室代理运营的英雄对战MOBA竞技网游，游戏里拥有数百个个性英雄，并拥有排位系统、符文系统等特色系统。

《英雄联盟》致力于推动全球电子竞技的发展，除了联动各赛区发展职业联赛、打造电竞体系之外，每年还会举办“英雄联盟季中冠军赛”“英雄联盟全球总决赛”“英雄联盟全明星赛”三大世界级赛事，形成了自己独有的电子竞技文化 。

2018年5月14日，《英雄联盟》加入“亚洲运动会”，成为表演项目之一。2021年11月5日，《英雄联盟》入选为第19届“亚洲运动会”电竞比赛项目，这是电竞首次成为亚运会的正式竞赛项目，向全世界展现电竞运动的魅力，项目所获得的奖牌将被计入国家奖牌榜。2019年9月17日，拳头游戏值《英雄联盟》十周年之际发布了其全新的LOGO，并公布每一天全世界都有超过800万玩家同时在线，这意味着《英雄联盟》依然是全球玩家数最多的电脑游戏。

(3)日韩

亚洲的电竞发展整体格局相较于欧美仍处在初级阶段，但发展空间及潜力巨大。根据调查，相较于现场观看大型电竞赛事，亚洲受访者会更愿意在线观看普通玩家的游戏直播。相比欧美在电竞赛事方面举办的成熟度，亚洲电竞赛事还存在诸多基础设施方面的问题。

2018年，日本Cygames公司就为了旗下的一款电子游戏《影之诗》举办了总奖金超过1亿日元的竞技大赛，被称为日本有史以来奖金额度最高的电竞赛事。

1998年暴雪娱乐推出的《星际争霸》在韩国迅速走红，韩国电视台适时推出相关报道和节目，让更多人变成了星际玩家。韩国政府也在此时确立了文化立国战略，认为电子竞技产业是其走出经济困境的途径之一。[①]《星际争霸》的发行极大地改变了韩国的游戏领域，该款游戏的爆火使韩国的网吧数量激增，传统电视媒体也开始制作和该款游戏相关的电视节目。好丽友公司（Orion Corporation）在自己旗下的媒体频道On Media开创了24小时的专业游戏频道ongamenet。在《星际争霸》的引领下，韩国电竞产业开始极速发展，开辟出专门的游戏频道，对赛事进行专业解说。1999年，韩国成立了OGN（OnGameNet）电视台，正式将电竞作为体育赛事播报。2000年，OGN举办了第一届明星联赛（The Freechal OGN Star League），此后升级为OnGameNet Star League。同样是2000年这个世纪之交，一场电竞史上最具标志性意义的比赛——被誉为电竞的奥林匹克赛事WCG也随之成立，成为全球电子竞技选手向往的殿堂。韩国电竞也在WCG上向世界展示了自己强大的电子竞技实力，连续包揽了2000—2015年所有《星际争霸》的冠军奖项。

图2-6　WCG（World Cyber Games）赛事图标

但到了2009—2010年，火极一时的《星际争霸》在韩国遭到了更大的挑战，2009年一场操纵比赛结果的丑闻被媒体曝光，11名专业选手被指操纵比赛结果以从赌博网站上赚取巨额利润，从而急剧降低了玩家对于赛事的信心。2009年出品的新游戏《英雄联盟》则抓住了机会，成为韩国电竞的新宠儿。《英雄联盟》鼓励玩家进行5V5的多人团队竞技，上手容易、进阶难，具有极高的竞技机能。首尔龙山区的iPark Mall每周都会举办《英雄联盟》赛事，拳头游戏为了在韩国推广《英雄联盟》还在首尔建立了办公室。2012年，《星际争霸》王朝被《英雄联盟》帝国彻底推翻。2021年，韩国文化体育观光部和韩国电竞协会发布了韩国电竞项目的评选结果[②]，手游《绝地求生Mobile》和*A3: STILL ALIVE*在韩国成为电竞正式项目。该结果显示，《绝地求生

① 常任琪，薛建新.美国和韩国电子竞技产业发展及启示［J］.体育成人教育学刊，2020（2）：56-59.

② 共12款游戏 今年韩国的电竞正式项目公开［EB/OL］.（2021-04-16）［2022-08-10］. http://news.sohu.com/a/461053766_100281682.

Mobile》在成为电竞项目的同时，直接成了专门项目。而《荒野乱斗》继在2020年从专门项目降为普通项目后，2021年又重新成为专门项目。

《地下城与勇士》（*DungeonFighter*，DNF）是由韩国（Neople）开发、中国内地由腾讯互娱天美工作室代理运营的动作角色扮演ARPG格斗网游。《地下城与勇士》是全球2D横版格斗网络游戏（MMOACT）的先行者。无限连击的动作特性、极富多样化的职业分支、精准的操作与多样化副本体验，让玩家全方位体验打击快感。这款游戏以任务引导角色成长为中心，继承了众多家用机、街机2D格斗游戏的特色。

图2-7　《地下城与勇士》游戏图标

## 三、产业模式发展趋势

### 1. 全球电竞产业模式发展趋势

Newzoo《2022全球电竞市场报告》[①]显示，2022年年底，全球电竞观众数将增至5.32亿，同比增长8.7%。每个月观看一次以上的核心电竞爱好者将达到2.61亿以上，偶尔观看的非核心观众则将达2.71亿。到2025年，核心电竞爱好者的数量将以8.1%的复合年增长率增长至3.18亿人，而全球电子竞技观众总数将超过6.4亿，全球电竞爱好者也将持续增长。2021年，新冠肺炎疫情的残余影响依旧刺激着宅经济，吸引了新的电竞观众，而新的电竞IP，如《无畏契约》（*Valorant*）和《无尽对决》（*Mobile Legends: Bang Bang*）的爆火也促进了电竞观众增长。电子竞技在东南亚、拉丁美洲、中东和非洲的新兴市场兴起，也是电竞观众增长的主要驱动力。此外，随着高性能硬件的普及和互联网基础设施的发展，电子竞技将比以往更加触手可及。

电子竞技收入增长及多元化收入来源趋势方面，2022年电竞收入依然高度依赖品牌赞助方，赞助将带来8.373亿美元的收入，占整个市场近60%。然而，单一收入来

① Newzoo《2022全球电竞市场报告》：产业收入13.84亿美元，电竞观众超5亿［EB/OL］.（2022-06-07）［2022-08-10］.http://www.myzaker.com/article/629f7d9c8e9f09030502b796/.

源对电竞组织来说是有风险的。因此，许多电竞组织正在尝试收入来源多元化布局。

这种多元化的趋势保障了电子竞技收益的持续增长，并赋予该行业一定的弹性空间以应对赞助收入规模的变动。直达粉丝的商业模式，例如周边商品销售（实物商品及虚拟商品）、忠诚度计划以及电竞教育培训项目等，都是电竞组织实现收入来源多元化的方式。到2022年年底，全球电子竞技收入将接近13.8亿美元，而中国市场的收入将占全球电竞收入的近1/3。中国和美国是探索电竞收入多元化最常见及最成熟的两个市场，并且对全球收入的绝对贡献最大。到2022年，亚太地区电竞收入将达到5.902亿美元，同比增长17%，占全球收入的42%。2021年新冠肺炎疫情的影响依旧存在，人们对直播内容的需求持续增长，导致受众的增长情况超出预期。到2022年，全球游戏直播观众较2021年增长13.8%，达到9.212亿，几乎是电竞观众的两倍。报告预测，到2023年，全球直播观众数将突破10亿大关（复合年增长率16.3%），而2025年将达到14亿人。

中国拥有全球最大的直播市场，而新兴市场将推动游戏直播市场增长。就游戏直播观众而言，中国亦坐拥全球最大的市场。从2020年开始，该市场以7.6%的复合年增长率持续增长，到2025年中国游戏直播观众数将达到2.675亿人。然而，拉美、中东和北非等新兴市场则是游戏直播观众增长最多的地区。到2022年年底，新兴市场的游戏直播观众将达到2.023亿人（同比增长高达24.5%）。移动游戏在新兴市场变得越来越流行，吸引更大规模的游戏玩家加入直播观众的行列。预测到2025年，新兴市场还会有更大幅度的增长。

### 2. 中国电竞产业模式发展趋势

中国电子竞技行业发展迎来新的机遇：一方面，亚运会电竞项目正式公布、虚拟体育运动持续开展，为电竞体育化夯实基础；另一方面，元宇宙相关产业快速成长、电竞与娱乐行业加速融合，均为电竞行业进一步发展注入了新的活力。

元宇宙概念的火热以及VR、AR、NFT等相关技术的发展，有望推动电竞产业生态革新，拓展虚拟数字人、数字藏品等商业模式。此外，电竞与线下场景如城市地标、文旅的业态融合，及电竞企业践行社会责任并助推公益传播等，均是电竞产业进一步发展的方向。对于国内电竞来说，主要采取市场主导，同时政府加以管控与引导的模式类型。联合地方政府、赛事赞助商、职业选手与职业团队，将赛事运营和游戏开发作为关键业务，媒体广告、品牌赞助和电竞用户消费是中国电竞赛事主要的盈利模式。主办方通过提供精彩的赛事来吸引电竞用户进行流量变现，吸引的电竞用户越多，越能吸引赞助商、广告商的资金投入，将赛事相关收入、产业延伸收入作为主要经济收入来源。并且，随着电竞影响力的不断扩大，以电竞用户为基础的赛事流量变现仍有很大的探索空间。[①]

**【知识窗】**

**《全球著名电竞城市产业发展指数指标体系设计与排行报告》**

《全球著名电竞城市产业发展指数指标体系设计与排行报告》显示，上海作为全球第二大电竞城市，产、城发展优秀，但人才发展掣肘前行的特点非常显著，同时，上海聚集了国内顶尖游戏厂商，但在开发中国特色电竞游戏产品、推出电竞教材、培育电竞教师资源等方面，还有提升空间。此外，电竞人才仍然难以满足快速扩张的市场需求，电竞选手退役保障体系有待强化。报告建议上海有效搭建并提升产品生态体系建设能力，形成产业整体有机循环，明确区分电竞与游戏的边界，鼓励相关学校利用相关专业优势发展电竞教育，政府同时完善各类人才培养及保障机制。[②]

即使中国电竞职业战队的商业模式并没有完全建立起来，但随着电竞入亚的确定，中国已经逐步开始推广电竞教育产业，来填充电竞行业人才资源的缺口。

## 第二节　电竞内容流程

电子竞技行业产业链条完整和循环的生态闭环，是我国电竞产业从成熟期迈进融创期的关键时刻。游戏发行厂商提供游戏内容版权，由赛事主办方、职业选手、俱乐部等组成内容生产方，交由赛事执行方进行系统专业的内容制作，再通过电视直播媒体、电子竞技媒体、游戏直播平台等渠道进行传播，最终触达用户。从整个产业链条来看，内容渠道承载着至关重要的作用，向上依托内容，向下输出用户，从而推动电子竞技产业蓬勃发展。

① RNG夺冠背后：中国电竞2022年或迎来新一轮增长［EB/OL］.（2022-06-11）［2022-08-10］. https://baijiahao.baidu.com/s?id=1735284597516320679&wfr=spider&for=pc.

② 2021年全球著名电竞城市排名出炉，上海第二！这份办赛指南太贴心→［EB/OL］.（2021-12-23）［2022-08-10］. https://baijiahao.baidu.com/s?id=1719903454756785295&wfr=spider&for=pc.

图2-8 2022年中国电竞产业图谱

来源：艾瑞咨询

从我国现有的电子竞技产业链来看，电子竞技产业链上游主要为内容授权，包括游戏研发商、游戏运营商等，代表企业主要有腾讯互动娱乐事业群、网易游戏、英雄互娱、完美世界等；电子竞技产业链中游主要为赛事执行和赛事内容制作，代表性赛事主要有KPL、LPL、PCL等，主要电子竞技俱乐部有NEWBEE、eStar等，主要赛事主办方有Imba、NEOTV等；电子竞技产业链下游主要为内容传播，代表性企业有虎牙直播、斗鱼直播、企鹅电竞、快手直播等。

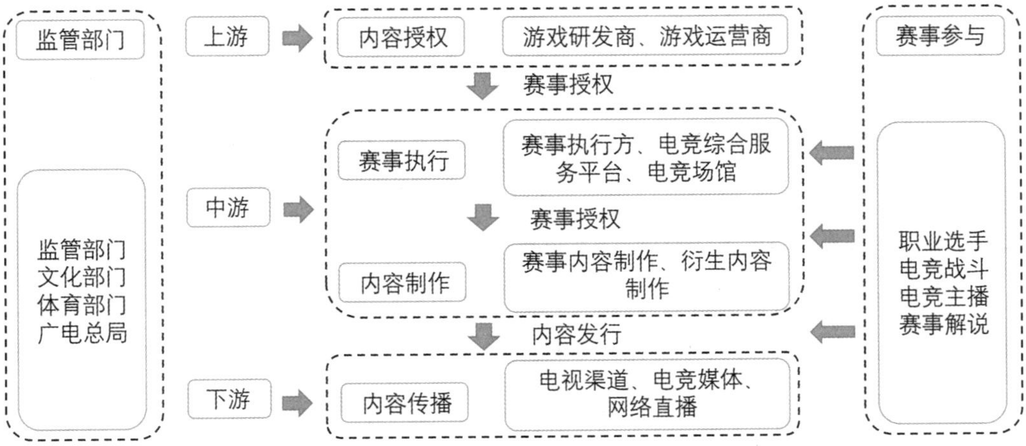


图2-9 中国电子竞技行业产业链

来源：前瞻产业研究院

## 一、电竞上游：内容授权

IP（intellectual property）原意为知识产权，随着新媒体的出现及高速发展，文化IP已经成为不同类型文化产品之间的融合点，而文化IP的打造也成为各领域文化产业发展的重要引擎。文学、动漫、影视、游戏等各类文化娱乐产业形势彼此连接交融，从而逐渐搭建起一个泛娱乐文化产业生态圈。而电子竞技除了游戏内容外，还拥有带动相关数字内容、软硬件以及其他泛娱乐化产业的能力和潜质，尤其是可以利用电子竞技游戏知名IP来提升外延价值收益，例如可以延伸出文学、漫画、影视、动画、音乐、体育等形式的周边衍生品，从而大力推动电竞企业长足发展，引导电竞产业全面升级。

随着电竞游戏的成熟发展与全面推广，如何让电竞IP在全世界范围内产生更大的影响力，逐渐成为一个行业热门话题。越来越多高知名度的头部游戏IP从自身游戏的世界观出发，衍生出相关的游戏内容以及不同类别的游戏产品，在电竞游戏和电竞赛事之外打造自身衍生内容矩阵，在极大提升电竞游戏IP自身价值的同时，占领多方市场，从多方面加深游戏用户黏性，拓展未来电竞市场，形成了良性的游戏IP生态。

**【案例窗】**

《永劫无间》电竞赛事体系

近年来，国内电竞的迅猛发展有目共睹，其中以中国原创IP为核心的职业电竞联赛扮演了重要角色。作为一款国内自主研发的电竞产品，《永劫无间》一问世就获得了市场的积极反馈，全球上线90天销量已经突破600万份，刷新了国产买断制游戏销量的新纪录，占2021年中国全年买断制游戏销售额的50%以上。《永劫无间》作为一个国产IP，充溢着浓浓的国风色彩与武侠元素，不仅为海量中国玩家带来了共鸣，也在海外玩家中掀起了一阵“电竞国风热”，生动展现了中国武侠元素和东方美学，在电竞带动文化出海的道路上，《永劫无间》迈出了坚实的一步。《永劫无间》搭建了三大赛事，NBPL职业联赛作为针对优秀职业电竞俱乐部的头部赛事，锦鲤杯面向全平台玩家，劫杯作为世界赛面向全球，推动中国电竞游戏产品得到更到海外玩家的认可，搭建了完整的产业生态版图，同时也体现了中国传统文化放之四海的深刻价值。[1]

---

① 国产电竞IP掀起国风热，职业联赛启动构建全生态［EB/OL］.（2022-04-23）［2022-08-10］.https://www.thepaper.cn/newsDetail_forward_17761773.

图2-10　永劫无间联赛体系

**【案例窗】**

### 游戏公司FunPlus打造IP宇宙

为了深耕中国市场，打造全球一流精品原创IP，游戏公司FunPlus于2021年成立了Imagendary Studios工作室。作为国内首家以全球受众为目标的新一代内容创作工作室，Imagendary Studios由前暴雪娱乐首席艺术家王炜等影游行业的顶尖人才组成，旨在打造全球化高品质的美术、游戏和影视作品。[①]同年，旗下Meta Gene Studio工作室成立，旨在以玩家诉求为核心，赋能公司已有产品，打造全新IP宇宙。此外，旗下趣加互娱也将自身电竞、文创、投资及游戏等业务相结合，不断创新摸索出具有趣加特色的电竞IP生态，助力中国文化产业开拓全新赛道，旨在通过音乐、动漫、虚拟形象、文创等领域的跨界合作，不断打造全新的电竞IP生态链："电竞+音乐"，推出全球第一支与环球音乐合作全球发行俱乐部主题曲的队伍FPX，未来还将推出相关电竞音乐厂牌，作为一种"没有语言障碍"的形式，音乐能够更妥帖地承载文化，输出中国电竞乃至中国年轻人的精神与态度；"电竞+文化"，采取双线并行的形式，规模化、长效化开拓创新赛道，通过俱乐部吉祥物"小凤凰"的可爱形象，帮助FPX传达品牌精神、输出价值，不断提升核心竞争力；"电竞+虚拟形象"，公布独创虚拟形象"重明"，立志于探索崭新、广阔、

① 前索尼高管加盟Funplus联手顶尖影游人才打造全球IP工作室天花板［EB/OL］.（2022-03-22）［2022-08-10］. https://baijiahao.baidu.com/s?id=1727991736255425715&wfr=spider&for=pc.

待开拓的虚拟世界沃土；“电竞+动漫”，FPX官宣将与漫威展开一系列合作，并成为首个LPL与漫威联名的俱乐部，从而打造首个电竞的国潮品牌。①

**【案例窗】**

**和平精英举办电竞文化消费节**

2021年11月，“秋之韵·赏长沙”文旅消费季电竞文旅消费节启动仪式暨和平精英四排节城市计划及和平精英空投卡城市合作活动在长沙文和友海信广场举行。以四排节“四排组局”为核心概念，与长沙线下场景做交互，围绕“电竞IP+城市文旅”开展一系列城市合作：联动长沙本土400多家品牌门店及景区，号召玩家组队前往线下进行互动，打造涵盖线上长沙城市擂台赛、线下擂台表演赛、本土品牌商户沉浸式电竞体验、景区打卡联动等多元电竞体验项目，构建数字IP消费新场景，实现电竞游戏与线下文旅的创新发展与共赢，从而整合产品能力、游戏文化与电竞生态，与城市文旅业态共同呈现超级数字场景。在国家对新消费方式的指引下，结合当地场景与文化特色，创新打造新文旅场景氛围，从而掀起线上IP与线下场景相结合的消费热潮，开展全新的文化赋能建设。②

电竞产业作为数字体育，以电竞游戏和电竞赛事在线上获得了广泛关注，但与电竞线下场景的结合仍处于起步阶段。“电竞+文旅”是目前市场关注较多的话题，如何借助电竞为城市和传统文化赋能，需要电竞企业和社会合作伙伴的共同探索。以《和平精英》与广州的合作为例，除了落地多个电竞赛事，还将游戏的海岛地图在广州大学城实景还原，打造线上线下互通的电竞社交空间。以《穿越火线》与苏州的合作为例，双方在东方主题游戏版本推广、主题实景街区打造、电竞赛事融合城市特色等方面开启一系列跨界联动，实现传统文化与流行文化的衔接以及电竞IP与文旅IP的双向

① 创新电竞IP生态链，助力中国文化产业开拓新赛道［EB/OL］.（2021-10-22）［2022-08-10］. https://baijiahao.baidu.com/s?id=1714321921013624426&wfr=spider&for=pc.

② 王洋. 游戏IP联动网红城市 打造“电竞文旅”消费新场景［N］. 消费日报，2021-11-24（A04）.

赋能。[①]

通过以上“电竞+”等模式，可以推动游戏、动漫、IT、大数据、旅游、文化创意等电竞上下游相关新兴产业迅速发展，从而更好地实现电竞各环节的增值，并有助于延长和提升整体产业链，扩大电子竞技产业规模，进一步巩固用户人群，使电子竞技项目实现良性循环。

## 二、电竞中游：电竞赛事

发展至今，我国占主要地位的电竞赛事主要有三大类别。按照办赛主体和办赛目的进行分类，主要有第三方主办的赛事、品牌商主导的商业性赛事以及游戏厂商主办的赛事。

第三方赛事是主要由非电子竞技产业的企业、直接从业者组织及从业者举办的电子竞技赛事。此类赛事参赛人数较多，赛事规模较大，赞助商类型多样，社会关注度也相对较高，例如由国家体育总局体育信息中心主办的全国电子竞技大赛（NEST）等赛事、职业选手联赛（PGL）、世界电子竞技运动会（WESG）等。商业性比赛主要由企业举办，赛制项目主要为当前热门游戏，立足于娱乐性而较少注重竞技性，以期获得更高的曝光量和收益效果，但发展情况尚未成熟。商业性比赛极大地推动了电子竞技爱好者的活跃度，促使电竞商业模式愈发健全。游戏厂商主办的赛事在这三类赛事中的竞技专业性和成熟度最强，主要表现为职业联赛，参赛选手多为职业选手，赛事体系较为完善，具备极高的影响力和知名度。游戏厂商凭借自身所掌握的游戏内容版权、原有的游戏用户和创意开发资源，在简化授权成本、游戏研发运营环节成本的同时，极大提升了电子竞技产业的完整链条优势，此类电竞联赛目前已形成以王者荣耀职业联赛（King Pro League，KPL）、中国大陆英雄联盟职业联赛（League of Legends Pro League，LPL）、中国大陆绝地求生冠军联赛（PUBG Champions League，PCL）三大联赛为主体的赛事矩阵。

随着电子竞技赛事版权成为电竞产业关注的焦点，如何最大限度地发挥赛事版权价值将成为中国电竞内容传播平台未来的发展重心。现如今，电子竞技赛事逐渐成为Z时代年轻人心中最具影响力的赛事之一，越来越多的品牌看中电竞赛事背后的商业价值，不断加深相关合作。以2022年英雄联盟春季赛为例，公开数据显示，共有14

① 中国电竞行业研究报告[EB/OL].（2022-06-09）[2022-08-10]. https://zhuanlan.zhihu.com/p/526519346.

家品牌成为赛事合作伙伴，除了梅赛德斯–奔驰、耐克等多年合作对象外，也有京东、一加手机等首次合作的品牌。而参赛的17支俱乐部背后，也不乏多家类型涉及3C产品、汽车、餐饮、服饰、电商的品牌方。[①]

2021年4月，据The Esports Observer报道，中国直播平台虎牙直播与腾竞体育签订了媒体版权协议。数据显示，虎牙直播获得未来五年英雄联盟职业联赛（LPL）、英雄联盟发展联赛（LDL）、LPL全明星周末及颁奖典礼有关的内容资源的使用权（直播权和点播权）及将该等权利转授予第三方的权利，适用范围为中国大陆地区，总金额达到人民币20.13亿元。[②]协议授予虎牙直播为LPL联赛的独家播放平台，其中包括LPL、LDL联赛和LPL全明星赛的视频点播和发行权。虎牙还将获得制作重播、集锦、新闻、评论等各类基于腾竞体育授权《英雄联盟》内容的视频与文字内容。根据艾媒咨询，虎牙每周观看1次直播以上的用户占比达87.9%。高于企鹅电竞的85.5%、斗鱼的84.8%。作为电竞平台未来的重点发展方向，赛事版权的购买能够吸引大量的用户关注，使中国电竞内容传播平台获得大量经济收益。

随着电子竞技产业成为文化与科技深度融合的新兴产业态势，电竞赛事的举办已经成为各大城市引领产业发展的重要推动力量。2017年4月30日，《英雄联盟》赛事团队正式公布了“LPL联盟化”与“主客场制”的全新电竞改革计划，从而实现了国内首次电竞赛事联盟化。截至目前，除上海主场场馆外，还有西安曲江、北京、成都、杭州、苏州等各俱乐部主场场馆已筹备完善。LPL的未来发展趋势呈现出向NBA、英超等顶级赛事模式的态势。电竞赛事主场化不仅可以满足人们线下观赛的需要，还能有效拉动整体行业增长，推动当地电竞行业发展，提升赛事的用户黏性，助力赛事进一步发展。

**【案例窗】**

**腾讯电竞“电竞运动城市发展计划”**

腾讯电竞根据北京的优势特点，以国际顶级赛事落地的举措推动电竞产业与视听文化产业融合发展。为围绕电子竞技打造新的产业生态，腾讯电竞特别提出了“电竞运动城市发展计划”，以期在结合地方政府支持的同时

① 中国战队RNG五年三夺MSI总冠军，千亿电竞市场持续升温［EB/OL］.（2022-05-29）［2022-08-10］. https://baijiahao.baidu.com/s?id=1734170255362477814&wfr=spider&for=pc.

② 2021年十大电竞新闻［EB/OL］.（2022-01-05）［2022-08-10］. https://www.bilibili.com/read/cv14716786/.

构建一个更完整更广泛的电竞生态基础。基于相应提出的“电竞运动城市发展计划”，腾讯电竞过往在北京已经有系统而全面的布局。王者荣耀、英雄联盟、穿越火线、FIFA、QQ飞车等多个系列赛事已在北京落地，2017年英雄联盟S7全球总决赛成为首个在鸟巢举办比赛的电竞赛事，2018年王者荣耀夏季冠军杯总决赛落地北京工体，2020年王者荣耀世界冠军杯总决赛于凯迪拉克中心举行。[①]目前，国内已有十多个城市布局电竞场馆。除了通过主办赛事以及赛事直播和门票收入获取收益外，电竞场馆通过赛事吸引人流，并以餐饮、音乐会、见面会、发布会等活动途径实现盈利。

**【案例窗】**

**杭州亚运会将电子竞技列为正式比赛项目**

2021年11月，经过亚洲电子竞技联合会、亚奥理事会、国家体育总局多方商议，综合考虑竞技规则的公平性、内容的价值取向、国际影响力和宣传推广等因素，杭州亚运会最终确定了杭州亚运会电子竞技小项的设置，英雄联盟、王者荣耀（亚运版）、和平精英（亚运版）、炉石传说、刀塔2、梦三国2、街霸5和*FIFA ONLINE*4等8个项目入选。[②]电竞项目从过去的亚运会表演项目到今年作为亚运会正式比赛项目的崭新亮相，标志着电子竞技已经与传统体育融合成一个不可分割的整体。

随着电子竞技作为最后一个被确认的亚运会正式比赛项目，国内首个专业电竞赛事场馆中国杭州电竞中心于2022年5月建成开放，杭州亚运会电竞馆是杭州亚运会场馆建设的收官之作。杭州亚运会希望通过电子竞技、霹雳舞，推进传统体育项目和新兴体育项目的融合，展现主办城市的互联网特色，提升杭州亚运会在年轻群体中的关注度。电竞场馆作为势不可挡的电竞

① “电竞运动城市发展计划”发布 腾讯打造电竞发展全新模式[EB/OL].(2020-08-15)[2022-08-10].https://baijiahao.baidu.com/s?id=1675085194007681769&wfr=spider&for=pc.

② 电竞成亚运会正式项目！王者荣耀、英雄联盟等入选[EB/OL].(2021-11-06)[2022-08-10].https://sghexport.shobserver.com/html/baijiahao/2021/11/06/579472.html.

产业载体，以精彩圆满办好亚运会电竞比赛为契机，发挥国际性赛事牵引作用，从而助力杭州积极抢抓亚运城市发展机遇，全力打造国际电竞产业强磁场，形成电竞赛事生态与电竞产业链的双向赋能，进一步推动电竞与科技、旅游、教育、金融、文化等产业融合发展。①

中国电子竞技赛事的发展历程与当下的赛事格局表明，中国电竞赛事是在借鉴吸收国际经验的基础上发展起来的，且众多赛事在一定程度上借鉴了传统体育竞技赛事的体制流程。当下国内头部电子竞技赛事的赛事体制规范已基本形成，随着行业管理、商业模式等方面的进一步完善，中国电子竞技赛事产业将获得更好的发展环境，发挥更大的衍生价值。

## 三、电竞下游：传播平台

现如今的互联网发展环境下，社交媒体作为电竞内容传播的主要平台，可以不断扩大电子竞技的传播范围和影响力，成为电竞内容生产、传播与消费的主要阵地。大量微博、微信等社交平台的电竞用户自发进行多元化的电竞内容传播，而社交媒体较强的时效性和交互性也为电竞内容的传播打造了有效的传播环境，可以使相关的信息和内容迅速汇聚，从而形成庞大的聚合性信息流，加大电子竞技内容的曝光程度。2018年11月，IG电子竞技俱乐部在英雄联盟S8全球总决赛中击败了来自欧洲赛区的对手FNC战队，赢得了《英雄联盟》世界赛上中国赛区的首个冠军。IG夺冠的消息在微博、微信、B站等社交媒体平台引发了空前热烈的反响。“IG”“IG冠军”“我们是冠军”等话题长时间占领微博热搜榜的榜首；在B站，相关赛事直播回放位列游戏区排行榜首位，且获得了全站排行榜第一名的成绩，后续热度依然高居不下。社交平台逐渐成为电竞内容的重要数字空间。②

此外，当前我国电竞产业也一直致力于直播与电竞的双向赋能，并在过程中持续扩充电竞内容生态，提升用户观赛体验。随着电竞的普及度和大众化提升，电竞直

① 杭州亚运会电竞比赛场馆通过技术代表验收　即将开放并举行首场表演赛[EB/OL].(2022-05-29)[2022-08-10].http: //www.hangzhou.gov.cn/art/2022/5/29/art_1229633756_59058294.html.

② 庞亮，李雅君.社交媒体平台的圈层化电竞传播及其观念引导[J].现代传播（中国传媒大学学报），2022(2)：84-90.

播场景延伸，成为行业发展的一大趋势。面对这一趋势，虎牙重点锁定地域、高校两大场景，并面向大学生群体进行电竞精细化运营。在电竞地域化方面，虎牙与腾讯电竞、TGA深度合作，在赛事直播、打造主播及选手地域化标签等多个领域持续发力，共同推动电竞地域化发展。此外，虎牙还将与腾讯电竞携手，致力于实现国内区域重点赛事资源的集中覆盖。面向高校场景与大学生群体，2020年虎牙与中国传媒大学达成了深度战略合作，共同成立了电竞研究中心。2021年8—10月，虎牙依托电竞研究中心，与中国传媒大学、腾讯电竞共同打造了覆盖全国大学生群体的综合性主题活动——国际大学生电竞节，多方将共同规划电竞大赛、KOL系列校园行、电竞解说大赛等面向广泛学生群体的丰富内容，同时积累师资、培养电竞人才等。①

随着电竞的普及度和大众化提升，电竞直播场景延伸成为行业发展的一大趋势。面对这一趋势，虎牙重点锁定地域、高校两大场景，并面向大学生群体进行电竞精细化运营。在电竞地域化方面，虎牙与腾讯电竞、TGA深度合作，在赛事直播、打造主播及选手地域化标签等多个领域持续发力，共同推动电竞地域化发展。此外，虎牙还将与腾讯电竞携手，致力于实现国内区域重点赛事资源的集中覆盖。面向高校场景与大学生群体，2020年虎牙与中国传媒大学达成深度战略合作，共同成立了电竞研究中心。2021年8到10月，虎牙依托电竞研究中心，与中国传媒大学、腾讯电竞共同打造了覆盖全国大学生群体的综合性主题活动——国际大学生电竞节，多方将共同规划电竞大赛、KOL系列校园行、电竞解说大赛等面向广泛学生群体的丰富内容，同时积累师资、培养电竞人才等。②

**【案例窗】**

### 虎牙电竞直播平台发展现状

虎牙通过完善的版权赛事及衍生内容、直播技术革新、人才储备与输送，已经构建起在电竞直播细分领域的核心竞争力。版权赛事及衍生内容方面，虎牙在电竞版权方面频频发力，拥有腾讯电竞旗下各顶级赛事版权，并积极布局海外，是唯一拥有《英雄联盟》全球五大官方赛事版权的直播平台。在移动电竞领域，虎牙拥有近150项各品类电竞赛事的直播版权，2022

① 虎牙董荣杰：以电竞内容、直播技术、人才体系塑造电竞竞争力"铁三角"[EB/OL].(2021-06-16)[2022-08-10].https://baijiahao.baidu.com/s?id=1702721696165990385&wfr=spider&for=pc.

② 虎牙董荣杰：以电竞内容、直播技术、人才体系塑造电竞竞争力"铁三角"［EB/OL］.(2021-06-16)［2022-08-10］.https: //baijiahao.baidu.com/s?id=1702721696165990385&wfr=spider&for=pc.

年1月虎牙宣布获得了为期5年的LPL独播权，从而不断加筑版权的护城河。而针对腾讯电竞新品，虎牙推出了完整的新品电竞直播孵化助推机制，通过多层级赛事铺设、流量支持等途径，帮助新品冲出电竞市场的重围。

依托顶尖赛事和平台优势资源，虎牙构建了完整的电竞内容衍生闭环，通过自办赛事、自制娱乐内容、KOL储备等，填补用户观赛空档，增加品类黏性，助力观赛用户到电竞核心粉丝圈层转化。虎牙在电竞直播玩法上积极创新，不断提升平台直播用户的观看体验，增强用户黏性。例如，虎牙推出了“直播间掉宝”功能，用户通过参与活动就能够拿到奖励，“直播间掉宝”功能已经上线20多款游戏直播，其中包含《王者荣耀》《英雄联盟手游》等热门电竞游戏。数据显示，2022年第一季度，有超过1000万的平台用户参与了“直播间掉宝”这一互动功能，极大调动了用户的平台使用热情，增强了平台活跃度。此外，虎牙在致力于深耕内容板块的同时，也着力培养信任游戏主播来丰富平台优质内容。

在直播技术革新方面，虎牙坚持为用户提供优质观赛体验，在直播画面清晰度和流畅度上保持业界一流水准，这是获得用户认可的核心因素之一。虎牙一方面通过直播画面技术升级不断提升用户观赛体验，另一方面挖掘多种AI技术手段，对赛事包装加工，丰富内容供给。例如，刚发布的虎牙直播App9.0版本，在业内首次实现多屏同看功能以及直播到视频内容生产的“工业化”；2019年推出的全球首个电竞赛事4K超分超高清直播等诸多创新，在刷新用户体验的同时，也驱动着内容创新。而在电竞游戏直播过程当中，以游戏团战为例，错过团战会极大影响用户的观赏体验，对此虎牙推出了实时回放功能，玩家可以自主点击直播间内的进度条内容，通过结合AI技术，虎牙迭代出“标注击杀事件，一键实时回放到对应节点”的功能，这在游戏直播平台内尚属首创。

## 四、电竞内容：题材比较

### 1.《王者荣耀》

《王者荣耀》是由腾讯互娱天美工作室开发并运行的一款运营在Android、IOS平台上的MOBA类手机游戏。《王者荣耀》作为时下热门游戏，一直备受中国玩家的喜爱。除了易上手、氛围好等优点外，游戏中浓厚的东方元素也是吸引玩家的原因之一。相较于市面手游常见的西方玄幻或者日式二次元题材，《王者荣耀》以传统文化讲述的东方故事更能让中国玩家产生共鸣。

**【案例窗】**

**《王者荣耀》2021年"荣耀中国节"皮肤系列企划**

《王者荣耀》里的东方元素，就包括以中国文化主题为背景所做的设定。就拿游戏中人气颇高的"长城守卫军"来说，"长城守卫军"在设定上是王者大陆中万里长城的守备军团，长年驻扎在长城之上，抵御外来入侵。《王者荣耀》不仅在背景设定上结合了我国的名胜古迹进行创作，同时也启动"长城保护计划"为现实中认捐1000米的长城修复费用，在游戏内外都向玩家传递了中国文化里的"长城精神"。

除长城这样的名胜古迹之外，《王者荣耀》也在游戏中致敬了中国古都"长安"。游戏将剧情舞台聚焦到设定里的长安城，在游戏中以再演绎的方式让玩家感受到曾经的盛唐风貌。在长安赛年的首个赛季中，《王者荣耀》先以盛世长安的繁华之景搭建起宏大的世界观，进入第二赛季后，再用贴近生活的细节描绘填充长安区域的日常百态，并为长安城接下来的故事发展留下极大的想象空间。通过宏观与微观两种视角，向玩家呈现了一个恢宏且充满烟火气、生活味十足的长安城。①

《王者荣耀》一直致力于通过游戏的形态来再现中国传统文化，努力用心打造一个具有文化内核的游戏世界。不仅在剧情设定上表达传统文化，更通过创新的数字化表达使得传统文化更加鲜活，并以更容易被年轻玩家接受的方式实现文化上的

---

① 传统文化再演绎，《王者荣耀》里的东方故事［EB/OL］.（2021-12-20）［2022-08-10］. https://www.163.com/dy/article/GRLO6OTU054603UN.html.

传承共建，带领玩家在游戏中感受传统文化。

【案例窗】

《王者荣耀》2021年“荣耀中国节”皮肤系列企划

2021年，《王者荣耀》启动了“荣耀中国节”皮肤系列企划，官方将围绕清明、端午、七夕和中秋这四个传统节日制作对应的主题皮肤，这四款皮肤的上线时间从4月横跨到9月，分别为玩家带来了不同风情的节气特色。“飞鸳探春”的灵感来自清明踏春放风筝的习俗，同时还将国家级非遗潍坊风筝带入了玩家的视野；“龙鼓争鸣”中有着明显的粽子和龙舟的元素，这正是端午的两大经典活动：吃粽子，赛龙舟；“乞巧织情”让玩家领略了国际级非遗苏绣的魅力，还向大众科普了投针验巧这个较为小众的七夕习俗；“月团寄思”则向玩家展示了传统月饼的制作方法，皮肤中辅以月兔、孔明灯等元素。

【案例窗】

《王者荣耀》敦煌“遇见”系列皮肤

《王者荣耀》携手敦煌推出新的“遇见”系列皮肤。作为“王者”与敦煌研究院联动推出的第三款皮肤，遇见胡旋可以说不负众望，为玩家带来了新一轮的敦煌文化展示。这一次“王者”选择了敦煌壁画上出现过的西域舞蹈：胡旋舞，以此为主题创作了貂蝉新皮肤。遇见胡旋融合了西域、敦煌和唐的文化元素，意图将敦煌壁画上“唐韵胡风”的乐舞形象搬到“王者”中，让人们能够体会到历经多年风沙依旧稳重屹立的敦煌艺术的感染力。无论是飘带缠绕的不鼓自鸣乐器，还是与胡旋舞相搭配的舞伎装束——袴帑，都是专属于敦煌文化的特色，在遇见胡旋中，还有更多还原敦煌乐舞的元素等待着玩家挖掘。而在六周年庆典上，“王者”同样准备了一款联动传统乐器的皮肤“高山流水”。作为“王者”六周年的限定皮肤，庄周的高山流水可谓惊艳了不少玩家。这款皮肤经由中国艺术研究院的艺术指导，将古琴与水墨画的古典风韵挥洒得淋漓尽致。针对局内出场动画背景中的山水画卷和皮肤的主题琴曲，“王者”邀请了中国艺术研究院的专业老师进行共同创作，力图还原高山流水遇知音这一经典的传统题材。通过琴的意境、画的韵味，《王者荣耀》向玩家传达了传统文化之美。[①]

图2-11 《王者荣耀》敦煌皮肤全球上线【貂蝉-遇见胡旋】

### 2.《第五人格》

《第五人格》是由网易开发的非对称性对抗竞技类（Asymmetrical Battle Arena）游戏，其在竞技方式、赛事体系架构搭建、运营方式等方面都与传统电竞产品存在差异。随着赛事运营的系统化和常态化，《第五人格》通过由上至下的构建逻辑，打造出独具特色的赛事生态体系。

2018年《第五人格》上线，同年推出了第一届全球性顶级COA赛事活动。同时，《第五人格》于2020年成立的中国大陆地区的IVL职业联赛，以及蓬勃发展的大众赛事也在持续不断地为职业联赛体系输送新鲜血液。作为全球的电竞赛事项目，《第五人格》赛事在海外市场同样也表现优异。数据分析网站Esports Charts显示，2021年"深渊的呼唤"IV全球总决赛的观看时长近63万，峰值用户数在3万以上（不包含中国大陆地区数据）。《第五人格》在已经相对固化的电竞赛事品类上探索出一条创新之路，以《第五人格》为代表的"非对称竞技"赛事将成为继MOBA和FPS热门赛道外的另一类主流赛事。

① 《王者荣耀》：以数字IP为笔，书写文化传承新篇章［EB/OL］.（2021-12-31）［2022-08-10］.https://baijiahao.baidu.com/s?id=1720639099419120538&wfr=spider&for=pc.

《第五人格》的主要特点为“轻竞技、强IP”，这也使得其十分注重产品内容、赛事内容和呈现形式上的丰富性和多元化。在2022年COA全球总决赛中，《第五人格》在全面提升赛事核心竞争力的同时，着力提升观众的互动体验，通过联动“达闻西乐队”“夏日入侵企画”和赛事联合呈现了大量的视听表演，将电竞内容和娱乐内容相结合，在满足了赛事观众娱乐需求的同时，提升了赛事IP广度和深度，从而吸引更多娱乐领域内容和圈外产业资源注入电竞产业，进一步推动了赛事内容生态和传播形式的多元化发展[①]。

此外，《第五人格》一直以来有着非常庞大的同人创作生态，官方和用户围绕赛事、选手自创了海量的赛事衍生内容，包括综艺、音乐、视频在内的内容持续将赛事IP放大，源源不断地为赛事内容生态注入新的活力。

## 【思考题】

1.我国电子竞技如何进一步加深全球电竞产业合作，拓展全球市场？

2.我国电子竞技赛事产业如何发挥更大的衍生价值？

3.我国电子竞技内容题材如何保持生命力？还可以在哪些方面进行创新与提升？

## 【延伸阅读】

1.郑夺.电子竞技概论[M].北京：清华大学出版社，2022.

2.直尚电竞.电子竞技产业生态[M].北京：高等教育出版社，2018.

3.姜汉烽，吕楠.电子竞技产业概论[M].北京：电子工业出版社，2020.

① 深耕非对称竞技赛道5年，《第五人格》朝全球电竞赛事又近了一步[EB/OL].(2022-05-05) [2022-08-10]. https://baijiahao.baidu.com/s?id=1731967908888611661&wfr=spider&for=pc.

第三章

# 全球电竞产业发展概况

**【本章学习要点】**

1.熟悉全球电子竞技产业的发展历程。

2.了解全球电子竞技产业的现状及特征。

3.能够从宏观角度进行电竞个案的分析。

在第二章中，我们从理论的角度介绍了电子竞技产业的相关概念，并对国内外的产业状况进行了比较研究。本章我们将在更生动具体的现实案例基础上熟悉全球电子竞技产业的发展历程，并通过一些赛事个案的研究来了解全球电子竞技产业的现状及特征。

## 第一节　全球电竞产业发展历程

从雏形萌芽到现在的蓬勃状态，世界电子竞技的发展历程已经超过两百年，在这段时间内，电子竞技产业为世界各国的从业者们创造了巨额的利润和产值。从历史上来说，竞技游戏最早可以回溯到电脑游戏和街机游戏，这两种游戏的诞生，给予了玩家激烈的对战快感，由于没有直接的奖励机制，最开始游戏玩家很少，但却没有降低其竞争的激烈程度。随着正式比赛的组织与开展，一方面扩大了游戏的受众，另一方面也使得电子竞技走向主流。

从18世纪初开始，日本游戏厂商便开始自主研发家用游戏机，打响了游戏机产业的第一炮，任天堂等品牌一涌而起，成为电竞产业发展的主角。AI红白机的开发标志着世界电子竞技雏形的形成。[①]这之后，各大游戏厂商开始投入电子游戏的开发当中，电子竞技产业开始飞速发展。

随着时间的推移，电子竞技不仅是娱乐游戏，更是各大企业乘机发展的重要机会。公开数据显示，韩国电竞产业的年产值超过了40亿人民币，在日本，电竞产值占比更是超过汽车产业，且差距在逐渐扩大。电子竞技产业在全球范围内快速发展，已经成为全球娱乐产业中的重要组成部分。

20世纪末电子竞技进入我国并在之后得到了快速发展，已经成为全球电竞产业格局中的关键一环，全球电竞产业的飞速发展给我国电竞产业的突起奠定了坚实的基础。

18世纪，游戏产业初见雏形。从雏形成型到今天，电竞产业的产值逐渐增加，围绕着电子竞技的外围产业也实现了势风突起。1972年，斯坦福大学举办了真正意义上第一场广为人知的电子竞技赛事，比赛游戏为*Spacewar*；1980年，游戏公司Atari以自己的游戏*Space Invaders*为基础，举办了全国冠军赛，吸引了10,000多名选手参加。后续类似的竞赛逐渐增多，直到20世纪90年代，竞技性比赛才逐渐趋向正式化，近三十

---

① 周界，余斌.论电子竞技运动的起源与概念［J］.现代交际，2012（06）：5-6.

年是电子竞技产业化发展的关键时期。

回顾全球电子竞技产业化发展的历程可以看出，科技的发展与进步是关键因素。随着整体经济和社会环境的转变，电竞产业当下迎来了难得的发展机遇，同时面临着一定的挑战。

结合电竞产业自身特点和产业生命周期的一般规律，可以将其在全球范围内的发展大致分为三个阶段：萌芽阶段、成长阶段、成熟阶段，三个阶段各自有不同的发展特点与重心。[①]全球电子竞技产业是在包括美国、韩国、日本以及中国等在内的多个国家和地区的电竞产业共同融合下形成的，中国电竞产业的发端要略晚于其他国家，但其发展势头并不低于其他国家。

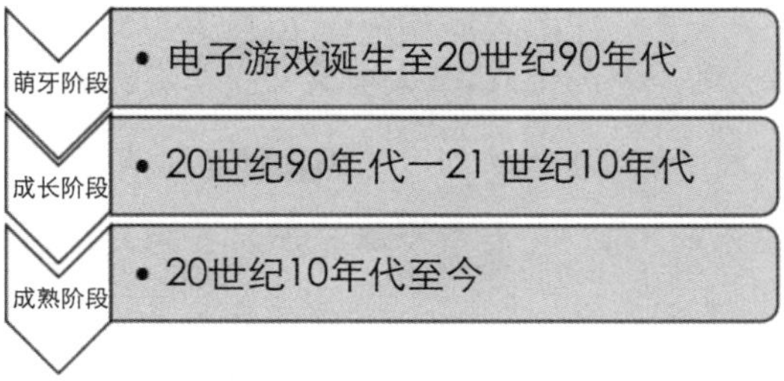


图3-1　全球电子竞技发展历程（三个阶段）

## 一、萌芽阶段（20世纪90年代之前）

从全球范围来看，电子竞技的萌芽阶段是指20世纪直到世纪之交。在该阶段，屏幕逐渐替代按键，成为主要的传播载体，人类的认知也同样被局限在屏幕所能控制的区域，进入了屏幕统治时代。屏幕重新书写了游戏的定义，人们摆脱了传统游戏在场所和人际关系上的限制，不需要面对面就可以体验游戏的乐趣。游戏逐渐走向屏幕，也从主机过渡到PC端，电子竞技在该阶段雏形渐显。

电子游戏诞生于20世纪中期，人的身体从游戏撤出改变了大众的游戏习惯，也彻底革新了游戏观念，屏幕成为游戏过程中的关键介质。电子游戏是工业时代向信息时代转型过程中的产物，技术与文化的革新是促进电子游戏出现和发展的重要动力。

电子游戏发展早期，主要以主机计算、图形性能和存储媒介为世代区分标准。业界一般将“阴极射线管娱乐装置”（即电视机显像管）作为电子游戏的起点。1958年，《双人网球》（*Tennis for Two*）被威廉·希金博特姆以示波器为基础原理创造出

① 戴焱淼. 电竞简史［M］.上海：上海人民出版社，2019：423.

来，这是世界上第一款用图像显示的电子游戏（即视频游戏）。

**【案例窗】**

《双人网球》与《太空大战》

《双人网球》游戏中，两条垂直交叉的直线，一个发光的光点，就是这款游戏的全部，玩家甚至连球拍都看不到。对战的双方玩家需要通过旋钮击打“光球”，使其不能落地。虽然《双人网球》的专利费用只有10美元，但该游戏却开启了游戏在屏幕中的呈现之路，随后诞生的《太空大战》开创性地实现了双人屏幕互动。

《太空大战》受到了《双人网球》的启发，被认为是人类历史上第一款电脑游戏。相比于现如今的游戏，《太空大战》没有色彩、没有声音、场景单一、玩法简单。《太空大战》出现的时候正是计算机发展时期，它的出现让计算机成为人们娱乐的工具。《太空大战》开创性的设计和革命性的交互功能，将游戏竞技扩展到身体、实物之外，在游戏界面人与人的对抗被数字化地呈现，这是电子竞技最大的特点——“电子化对抗”。

20世纪70年代，随着主机游戏的发展愈加成熟，用户规模日益庞大，部分厂商开始以游戏为核心开展公开性质的比赛，电子游戏从私人空间走向了公共空间。公共空间、既定的组织规则、对抗性、专业的器具，此时的电子游戏已经具备电子竞技的雏形。

电子竞技起源于北美，第一次电子竞技比赛于1972年在斯坦福大学举行，因为当时《太空入侵者》这款游戏很受欢迎，这一事件受到了媒体的广泛关注。

图3-2　第一场电子竞技比赛

来源：Gurugamer

20世纪90年代前后，互联网和万维网的兴起促进了电脑游戏的普及。任天堂和百视达意识到其潜在的市场价值，开始赞助电子游戏世界锦标赛。任天堂作为游戏行业的先驱，将*Splatoon*和*Super Smash Bro*等电子游戏纳入锦标赛，但这些活动是基于独立游戏而非PC游戏。电子竞技的不断创新使游戏类型逐渐转变为多人电脑游戏，开始强调团队合作的重要性。

图3-3　任天堂电子竞技比赛

来源：Fortune

20世纪80年代诞生的四人对战游戏《乓》（*Pong*）在一定程度上满足了电子游戏在对抗性和互动性上的追求。1981年，雅达利公司策划并举办了名为“Space Invaders Championship”（后称SIC）的赛事，吸引了10,000多名玩家参加，电子竞技赛事的典型形态逐渐形成。但此时的电子游戏比赛并没有显著的体育比赛的特征，对抗性是其最典型的特点，直到现在电子竞技赛事作为体育竞技赛事是否合理仍存在较大的争议。

SIC之后，越来越多的电子游戏生产商开始集结世界范围内的玩家力量，促进电子游戏赛事向更加规范和更具组织性的方向演化，记分网站、锦标赛等外围业务也随着电子游戏竞赛的规范化衍生出现。1982年，美国人沃尔特·戴（Walter Day）建设的游戏竞赛高分数据库Twin Galaxies National Scoreboard 向社会公布，其竞赛积分排行榜增强了电子游戏竞赛的趣味性和对抗性。

该数据库像游戏官方一样，提供玩家的积分排名等内容，这激发了游戏参与者对于胜利、高名次的渴望，促进了电子竞技积分赛事的成型与发展。发展至今，Twin Galaxies 已经是游戏行业内最权威的分数纪录网站，美国《时代周刊》甚至将其评选为全球实用网站50强之一。

20世纪90年代，游戏机市场前景广阔，大量的电子生产企业开始涌入，其中以日本任天堂最为著名，红白机、马里奥等众多游戏和角色均出自任天堂之手。1986年1月5日，电子竞技赛事第一次在日本电视上播出，这是电子竞技赛事在公共媒体上的第一次亮相。

图3-4　任天堂公司推出的游戏形象

从局部到传播，游戏的受众剧增，这给厂商带来了巨大的收益，公开举办电子游戏赛事也成为厂商营销的重要手段。同时，该阶段个人电脑技术飞速发展和互联网技术融入，电子游戏竞赛开始具有传统意义上的数字元素，从主机游戏逐渐过渡到以PC为平台的电脑游戏。

1984年，美国Epyx公司的PC游戏《夏季奥运会》（*Summer Game*）售出超过10万套，创下了销售记录，现实生活中的体育比赛项目被转换到游戏软件中。20世纪八九十年代，PC游戏的规模迅速增长，专门从事游戏设计的公司如雨后春笋般出现，并推出了一大批广为人知的PC游戏。

在电子竞技的萌芽阶段，电子游戏的技术更迭与融合发展是主线，同时随着互联网的进入，大大延展了游戏的成长空间，为电子竞技的出现和发展奠定了基础。

## 二、成长阶段（20世纪90年代—21世纪10年代）

计算机技术的革新使得电子游戏向前迈进了一大步。21世纪，互联网信息技术的发展带领全人类社会全面进入信息时代。该阶段，全球化是大势与潮流，世界各国的联系在加强。整个社会的各个部分紧密联系在一起，游戏竞赛在互联网发展和全球化的浪潮中实现了自身的繁荣发展。

“虚拟世界的战争”是电子竞技的最初形态和开端。在成长阶段，电子竞技呈现出融合分支发展的态势，全球范围内兴起了多种以对抗为核心的电子竞技游戏类型，受到了全世界众多游戏玩家的关注。

虽然北美是电子竞技的发源地，但韩国却是第一个帮助电子竞技达到职业化水平的国家。1997年，一场亚洲金融危机中韩元暴跌，整个韩国面临着严重的外债，韩国政府也面临着破产。在处理这次金融危机时，韩国政府对政策进行了多方面的调整，文化成为其中的重中之重，影视游戏等产业得到了政府的大力扶持。韩国政府在经济萧条期间开始建设全国范围的高速互联网端口，推动了电信和互联网基础设施的扩张，成功地实现了经济转型，也为电子竞技开辟了道路。

**【案例窗】**

**《星际争霸》与即时战略游戏**

1998年，《星际争霸》横空出世，在全球范围内掀起了即时战略游戏风潮，韩国更是成为《星际争霸》最大规模用户所在国。与此同时，伴随着上游超强能力的游戏制作产业，以游戏运营为核心业务的产业形态逐渐显现出其基本形态，地区和全球职业竞技联赛体系成为电子竞技模式的开端。

即时战略游戏成为浪潮的同时，MOBA（多人在线战术竞技游戏）也在发展，并成为电子竞技发展的基石。暴雪娱乐的《星际争霸》和《魔兽争霸》提供的地图编辑器允许玩家自行扩充游戏内容，这成为MOBA的重要来源。《刀塔》是中国游戏用户最熟悉的MOBA类电竞游戏，也将中国在这一游戏类型中的整体竞技实力推升至世界顶尖。《刀塔》的产生在全球范围内开启了电子竞技的新阶段。

图3-5　《星际争霸》

来源：Pugsearch

随着玩家数量的增长，部分玩家因其高超的游戏水平脱颖而出，也受到了大众的追捧。好丽友公司为了提高收视率，萌生了将这些高水平玩家聚集起来竞争的想法。所以，1999年，好丽友公司承办了第一届星际争霸职业联赛，职业电竞玩家的概念也就此产生了。

此外，KeSPA作为一个集文化、体育和旅游于一身的组织在韩国成立，它管理着韩国25个主要电竞游戏，包括《英雄联盟》《反恐精英》《星际争霸II》和《刀塔2》。KeSPA试图使电竞在该国合法化，为职业选手引入最低工资。

20世纪末，美国和欧洲出现了分类更细、组织更合理、规模更大的电子游戏比赛，竞技对抗类电子游戏的休闲功能逐渐被其商业化、竞赛化功能所替代。同时，随着电子竞技商业化属性的加强，以电竞为职业的人群开始出现，也就是我们所说的“电竞准职业选手”或“电竞从业者”，很多玩家以职业打电竞比赛获取奖金作为生活的经济来源。从虚拟战场到竞技和商业社交平台，从游戏到体育，电竞职业赛事在成长阶段发生了形态上的转变。

一般意义上的电子竞技起源于即时战略游戏，其中“英雄”是电子竞技项目的主流与核心。

**【案例窗】**

《三国志》

1985年12月，《三国志》面世，光荣株式会社（KOE1）因此成为日本国内数一数二的游戏制作公司。

《三国志》在游戏中赋予参与者历史人物的身份，曹操、刘备、孙坚、袁绍等古代三国时期的历史人物在游戏中被数字化呈现，游戏参与者可以选择自己的身份参与战略游戏，带领千军万马攻城拔寨，甚至治理国家。

在游戏中，故事的情节发展并非完全按照历史的进程，游戏参与者的个人意愿起到了决定性的作用。因其针对性的历史文化背景，《三国志》在中国以及东南亚地区吸引了大量的玩家。与《三国志》相类似的《文明》同样是即时战略游戏与历史融合的典范之作，并为后期资源探索类游戏的发展树立了标准。

1993—1995年，西木工作室陆续推出了《沙丘》系列和《命令与征服》，PC游戏的定义被重新刷新，这也使得西木成为现代竞技类游戏模式的奠基人。1991年暴雪娱乐成立，1994年该公司制作了风靡全球的《魔兽争霸》，1996和1997年推出了《暗黑破坏神》(*Diablo*)系列游戏，夯实了暴雪娱乐作为世界顶级游戏制作公司的地位。1997年暴雪娱乐专设了在线服务器“战网”，这是电子游戏与互联网链接的标志性事件，也是电子竞技融合互联网发展的关键一步。

人称射击类游戏没有人物形象的介入，而是游戏参与者主观视角体验战争和对抗，具有更强的真实感和体验性。各大厂商在该阶段对射击类游戏的观赏性和体验感提出了更高的标准。1996年，ID公司推出了《雷神支持》(*Quake*)共享版，这是首个3D实时演算第一人称射击类游戏。之后的几年，“雷神”系列游戏陆续面世，以“雷神”为核心的赛事增加，社会关注度提升，商业价值凸显。

**【案例窗】**

《反恐精英》

《反恐精英》(CS)作为又一人称射击类游戏，将电子竞技推上了一个新的台阶。按照其创始人杰西·克里夫(Jess Cliffe)所说，《反恐精英》“基于团队起主要作用的游戏，一队扮演恐怖分子的角色，另一队扮演反恐精英的角色。每一边能够使用不同的枪支、装备，这些枪支和装备具有不同的作用。地图有不同的目标：援救人质、暗杀、拆除炸弹、逃亡等等”。

电子竞技的成型阶段，全球范围内兴起了WCG、CPL和ESWC三大世界顶级赛事，除了上述三大赛事，包括MLG等在内的小型赛事和区域赛事成为该阶段全球电竞产业发展的重要方向。

创始于2000年的WCG是由韩国国际电子营销公司(Internation Cyber Marketing，ICM)主办的全球电竞赛事，大赛以推动电子竞技的全球发展为目标，旨在促进人们在网络时代的沟通、互动和交流，促进人类生活的和谐与愉快。2019年，第十四届WCG落户陕西西安，本土作战的中国军团最终夺得了4枚金牌。

职业电子竞技联盟(Cyberathlete Professional League，CPL)创立于1977年，其目的就是让电子竞技变成一项真正的比赛。电子竞技世界杯(ESWC)起源于法国，是一项由包括中国在内的11个理事国发起的超过60个合作伙伴的国际文化活动。WCG和ESWC自2000年开始举办，二者后来都成了年度赛事，这为接下来十年的赛事架构定下了总基调。

除了大型赛事的举办，在这一阶段，电子竞技也进一步加速了赛事举办与电视转播的融合。

20世纪90年代后期至21世纪10年代，电子竞技在早期雏形的基础上发展出包括即时战略游戏、人称射击游戏在内的多个游戏品类，电竞赛事举办的模式基本成型，电子竞技也逐渐从单纯的对抗性游戏向具有典型体育竞技特征的产业形态过渡。这一阶段，韩国的电竞产业飞速发展，同时韩国也是电竞产业成型的“关键推手”，电子竞技在韩国最早实现了职业化。

而自电子游戏诞生以来，欧美地区的电竞相关产业一直很发达，长期占据着顶层的枢纽位置。作为一个新兴的市场，中国在世纪之交才对电子竞技有初步的探索，伴随着国内社会的互联网变革，中国的电子竞技在保持着自身特色的同时向世界电竞产业逐步靠近，并收获了一定的成果。

## 三、成熟阶段（21世纪10年代至今）

时间进入21世纪的第二个十年，互联网信息时代影子被烙印在生活中的方方面面，技术的变革带来了移动互联网和社交网络的能量革新与爆发。在接下来的十年中，电子竞技获得了最迅猛的增长。

2010年11月，《刀塔》在中国开通博客，吸引了全世界粉丝的关注。这是一款MOBA游戏，伴随《刀塔》诞生的还有《刀塔》国际邀请赛（Ti），除了Ti赛，还有其他级别的授权赛事在这期间举办，《刀塔》赛事催生了新的全球电子竞技机制，实现了更高质量的赛事形态。2014年，央视等官方媒体对Ti赛事进行了报道，一定程度上说明中国社会已经形成电子竞技的氛围。

《英雄联盟》虽然在2009年即发布，但直到2011年其用户数量才开始出现明显的增长，至今一直占据着电子竞技产业的核心地位。《英雄联盟》是由美国拳头游戏开发的英雄对战MOBA竞技网游，游戏融合历史、传说、现实等推出了数百个英雄，拥有排位、符文等特色的养成性系统。与《刀塔》不同的是，《英雄联盟》在游戏竞赛中引入了社交成分，添加好友、组队竞赛的模式成为其巨大受众群体的模式基础。《英雄联盟》致力于推动全球电子竞技的发展，发展了包括赛区发展职业联赛、全球总决赛、季中冠军赛、全明星赛等赛事，开创了全球竞技的赛制模式，形成了自己独特的电子竞技文化，使得电子竞技的职业化程度进一步加深，并在一定程度上促进了电子竞技向体育竞技靠拢。2018年，《英雄联盟》正式加入雅加达亚运会，成为表演项目之一。《英雄联盟》和《刀塔》作为21世纪10年代电子竞技的核心，为电竞发展壮大打开了新局面。

2015年，暴雪娱乐推出了《风暴英雄》，在欧美有一定的影响力，但没有引起大流行。但2014年推出的《炉石传说》实现了完美的侧面出击，两年后的2016年其官方宣布游戏已有超过5000万的注册玩家。2016年，暴雪娱乐推出了《守望先锋》这一全新模式的游戏，并建立了一套更加接近职业体育的联赛机制，与NBA的赛制相类似。

《绝地求生：大逃杀》作为后起之秀一经推出便实现了病毒式的传播，该游戏打破了7项吉尼斯世界纪录，获得G-STAR最高奖项总统奖。在游戏中，玩家需要在游戏地图上收集各种资源，并在不断缩小的安全区域内对抗其他玩家，让自己生存到最后。

2017年8月，电子竞技联盟（ESL）在德国举办PUBG邀请赛，《绝地求生：大逃杀》第一次以国际赛事的方式登上世界舞台。2018年开始，以《绝地求生：大逃杀》为核心项目的电竞赛事越来越多，但与此同时，游戏的受众数量却出现了一定程度的下降，一部分原因是目前电竞市场上游戏类型和同类游戏越来越多，分散了游戏玩家的注意力，在新形势下电竞游戏如何形成特色并维持较长时间的受众需求值得讨论和研究。

互联网技术与文化的发展与传播，使得当前的电竞产业形成了头部力量集中、新力量强势进入的新格局，电子竞技的版图在不断进化。近十年来，移动互联网在社会生活中的主导地位被建立和加强，以移动互联设备为基础衍生的电子游戏也逐渐成为电竞产业发展中不可忽视的部分。

自2014年起，移动端游戏的数量出现了井喷式增长，《王者荣耀》《阴阳师》《梦三国》《足球世界》《绝地求生：刺激战场》等成为手游圈内的中坚力量。2016年，《王者荣耀》推出职业联赛开启了电竞化进程，2018年起，LPL和KPL成为腾讯电竞产业两级，深度影响了中国电子竞技产业的生态发展。

在全球移动电竞产业不断完善的同时，讨论和争议也随之而来。移动电竞浪潮席卷全国，实现了从小学生到老年人的全覆盖，但“电子游戏对小学生的不良影响”在社交媒体中引起了激烈的讨论。为此，2017年7月，腾讯发出了游戏“限时令”，重点对12周岁以下人群的游戏时间进行了限制；2018年，《王者荣耀》开启了实名验证工作，再度升级防沉迷措施。

近些年，直播平台、垂直类自媒体的融入为电子竞技产业的发展构建了良好的基础设施环境，以虎牙直播等为头部的游戏直播平台成为电子竞技下沉、平民化的重要保证。发展至今，电子竞技产业链已经形成，上游的游戏制作，中游的赛事、选手的经纪与运营，下游以电竞为核心的信息传播平台，电子竞技的职业化、商业化、平民化已经成为趋势。

# 第二节　全球电竞产业发展现状与特征

## 一、电竞产业规模

市场研究机构Newzoo近些年每年都会发布当年的全球电子竞技研究市场报告，对电子竞技的年度发展进行预测。2021年3月，Newzoo发布了《2021年全球电子竞技和直播市场报告》，从名称可以看出，电竞直播已经成为不可阻挡的潮流。

报告显示，预计2021年全球电竞市场赛事营收将达到11亿美元，2024年将超过16亿美元，复合年增长率为11.1%。其中收入的大部分来自赞助商。从数据可以看出，2021年，超过75%的电竞市场收益（即8.336亿美元）将来自媒体版权和赞助费；其次分别是媒体版权、游戏厂商补贴、商品与门票、虚拟商品，约6.41亿美元；最后是直播，仅为0.25亿美元。由此可见，虽然电竞直播表现火热，但电竞产业的核心还是赛事本身，同时也不能否认直播在电竞文化传播过程中起到的作用。

随着电竞文化的传播，电竞市场的规模仍会增加。目前全球电子竞技产业已经形成以美国、中国和韩国为王，其他国家强势分布的格局。

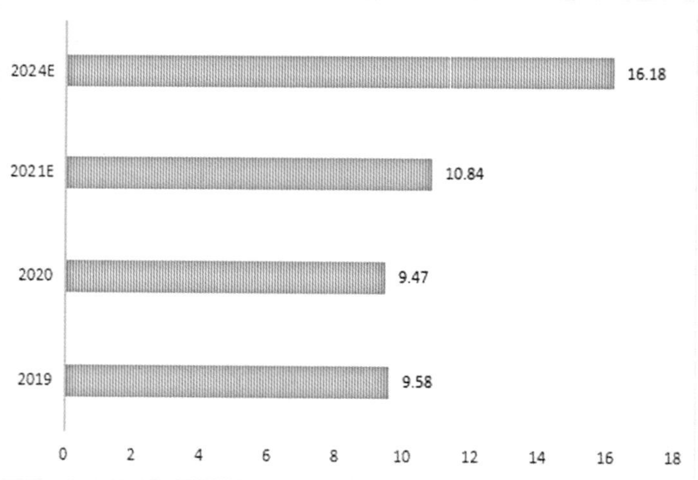


图3-6　2019—2024全球电竞赛事营收

来源：《2021年全球电子竞技和直播市场报告》

动视暴雪（Activision Blizzard, Inc）是一家美国游戏开发商、出版发行商和经销商，于2008年由美国视频游戏发行商动视公司（Activision, Inc.）合并维旺迪游戏后更名而来。2021年5月，“2021福布斯全球企业2000强”公布，动视暴雪位居第506位。财报数据显示，2019年，动视暴雪营业额为64.89亿美元，在最新的股票市场中，动视暴雪的总市值超过600亿美元。目前，动视暴雪是全世界最大的游戏开发商和发行商。该公司制作了多款全球流行的电子竞技游戏，《暗黑破坏神》系列、《魔兽争霸》系列、《星际争霸》系列、《炉石传说》、《守望先锋》都是其代表作品。《守望先锋》于2016年面世，一经推出便引起了大批游戏爱好者的关注。2017年11月，《守望先锋》获得2017英国金摇杆奖年度电竞游戏奖，再次证明了其巨大的影响力。

KT Rolster，简称KT战队，是起源于韩国的知名电子竞技俱乐部，是韩国LCK联盟的创始成员之一。星际争霸、英雄联盟等电竞赛事是KT主攻的方向，KT多次在世界性电竞大赛中取得佳绩，曾获得英雄联盟IEM8世界总决赛冠军。

在我国，网易是电子竞技的先驱，也是最为知名的游戏制作运营商之一，著名手游《阴阳师》就出自网易。网易的游戏大多体现出我国传统文化的色彩，《梦幻西游》系列就是典型案例。网易游戏同时作为暴雪娱乐在国内的代理运营商，负责包括《炉石传说》《星际争霸2》等在内的国内代理运营。目前，网易已经跻身全球七大游戏公司之列。

## 二、电竞赛事发展

电子竞技赛事就是指以电子竞技比赛为主题、一次性或不定期发生、具有一定期限的集众性活动。一方面，主办方能通过举办电竞比赛获得一定收益，满足赞助商的利益需求；另一方面，电竞比赛还承担着传播电竞文化、促进电竞产业发展的关键作用。根据举办时间、比赛地点、项目内容、举办性质等因素可以对电竞赛事进行多角度的分类。

**表3-1　电竞赛事的不同分类标准**[①]

| 分类标准 | 分类结果 | 分类标准 | 分类结果 |
|---|---|---|---|
| 举办时间<br>（频率和次数） | ·定期电子竞技赛事<br>·一次性赛事 | 比赛地点 | ·室外<br>·室内 |

① 恒一，钱浩.电子竞技赛事运营与管理［M］.南京：江苏人民出版社，2018.

续表

| 分类标准 | 分类结果 | 分类标准 | 分类结果 |
| --- | --- | --- | --- |
| 比赛项目与内容 | ·单一赛事<br>·综合性赛事 | 影响范围 | ·国际性<br>·全国性<br>·区域性 |
| 举办性质 | ·商业性质<br>·娱乐性质<br>·公益性质 | 持续时间 | ·短期锦标赛<br>·长期联赛 |
| 参与主体 | ·观众主导<br>·参与主导 | 规模 | ·超大型赛事<br>·标志性赛事<br>·小型赛事 |
| 专业程度 | ·专业型赛事<br>·业余型赛事 | 主办方性质 | ·第一方赛事<br>·第三方赛事 |

综合来看，电子竞技赛事最主要的分类方式是根据主办方性质，这种分类更为直观。按照主办方的性质，可以将电子竞技赛事分为第一方赛事和第三方赛事。第一方赛事，顾名思义，就是游戏项目的研发者作为主体举办的相关赛事，而第三方赛事就是除游戏项目研发者以外的其他第三方举办的相关赛事。

第三方赛事出现得更早，随着《星际争霸》《反恐精英》等电子游戏的普及，世纪三大电子竞技赛事诞生，包括WCG、WEG（世界电子竞技联赛）和ESWC，也正因为这三大赛事的举办，越来越多的人开始了解和关注电子竞技，大众对电子竞技的理解也在潜移默化中不断加深。

2010年后，第一方赛事成为主流，占据了电子竞技赛事的大半江山。2011年，英雄联盟全球总决赛和DOTA2国际精英邀请赛诞生，2014年WCA落户银川。近年来，随着移动互联网的发展，移动电子竞技赛事也如雨后春笋般出现在电竞市场中。

英雄联盟全球总决赛是英雄联盟一年一度最为盛大的比赛，在全球范围内具有很高的知名度，象征着英雄联盟赛事中的最高赛事水平。迄今为止，英雄联盟全球总决赛已经举办10届，参赛者均是来自各大赛区最顶尖水平的战队，只有在每一年职业联赛中表现出色的队伍才有资格参赛；每个赛区根据规模和水平决定其在总决赛当中的名额。

2021年1月8日，《英雄联盟》赛事官方宣布中国深圳成为2021全球总决赛冠亚军决赛的举办城市。2021年，英雄联盟全球总决赛恢复了多城市举办的形式。电竞赛事的蓬勃发展，也吸引了大批参赛者和电竞爱好者的关注。

## 三、电竞文化研究

### 1. 作为游戏的电竞

**【知识窗】**

**游戏的起源**

希罗多德（Herodotus）在《历史》中首次提到了游戏：3000年前的吕底亚人发明了一种奇怪的办法解决饥馑问题——他们先用一整天来玩游戏，只是为了感觉不到对食物的渴求……接下来的一天，他们吃东西，克制玩游戏。依靠这种做法，吕底亚人一熬就是18年，其间还发明了骰子、抓子儿、球类及其他常见的游戏。

不论吕底亚人用游戏熬过饥馑的故事是否真实，它都揭示了游戏的部分重要本质：全身心地投入游戏，能够帮助人类“逃离现实”，在无力、混乱的环境中生出力量感和秩序感。如同席勒（Schiller）所言，当人类受到物质与精神的双重束缚，失去理想和自由之时，人们还可以利用剩余的精神，在游戏中创造出一个自由有序的世界。因为游戏本身并没有任何功利的目的，在这一点上，它又与人类的审美活动达成了一致。

加拿大学者麦克卢汉（Mcluhan）曾指出，“游戏是大众艺术，是集体和社会对任何一种文化的主要趋势和运转机制做出的反应。它是我们心灵生活的戏剧性模式，为各种紧张情绪提供纾解的出口。同制度一样，游戏也是社会人和政体的延伸，正如技术是肢体的延伸”。电子竞技的本源即“游戏”，这和体育的本源是共通的——对单词“sport”（体育运动）进行词源学方面的考证，可回溯到拉丁语中的“玩耍”一词。中国的传统重视道德修养，提倡一个有所作为的人应有远大的理想追求，胸怀天下，并为其奋斗终生，而不是在游戏中虚度时光。因此，中国古人对游戏所持的态度是相对批判的。不过，在中国古代游戏史上，从十万年前远古先民的石球，到明清的棋牌，游戏活动的种类同样日渐丰富，甚至各地还有一些颇具时令性特色的形式——“游戏节”。比如明清时期金华地区十分盛行的斗牛会、云南白族的“秋千节”、西藏藏族的“赛牦牛节”等，忠实地记录了历代社会中的趣闻轶事和世态风情。由此可见，游戏虽然本质上是娱乐活动，但也具有重要的社会意义与文化意义。

游戏为什么会如此令人着迷？尤其是在电子游戏诞生之后。《吃豆人》里的吃豆人在迷宫中穿行，一路忙着吞食豆子，除了下一步能吃到什么，世界上的一切仿佛都与它无关；《口袋妖怪》里，有上百种口袋妖怪等着玩家去一一收集；打开《我的世界》，只需要轻点鼠标，就能创造出任何你想要的东西——斧子、洞穴，甚至是一个微型地球；《塞尔达传说：旷野之息》中，广袤无垠的海拉鲁大陆，又成了多少玩家的第二“故乡”。

人们乐此不疲地在游戏中击杀敌人、种树钓鱼、购买物品、建造城邦……游戏对人类的吸引力，实则根植在人类的本性中。在游戏中，玩家的行为能够导致变化，他们的一举一动是有意义的；在游戏中，玩家可以开动脑筋，结成社群，积极探索，挑战极限。游戏赋予人类主动性，满足了玩家在现实中不被满足的精神需求。在一种公开明确的规则下、在一种平等竞争的氛围下，游戏成了一个更自由的世界。

虚拟的游戏世界会带我们回到祖先的狩猎采集时代，在冒险和打斗的过程中获得成长与经验，这种狩猎采集者的本性，镌刻在人类的基因中。赫伊津哈（Huizinga）在《游戏的人》中进一步提到了游戏性质的竞赛精神，作为一种社会冲动，它比文化的历史还要悠久，而且渗透到一切生活领域。“仪式在神圣的游戏中成长；诗歌在游戏中诞生，以游戏为营养；音乐舞蹈则是纯粹的游戏；智慧和哲学表现在宗教竞争的语词和形式中。战争的规则、高尚的生活习俗，全都建立在游戏模式之上。”

当然，赫伊津哈所说的游戏，并不是指电子游戏，而是一个更广的概念。电子游戏让人的隔膜加深了吗？人类进入工业社会后，效率成为第一选择，人与自然、人与自身、人与他人的关系被割裂。当世界变成一个大机器后，人也就变成了机器上的一颗螺丝钉。艺术与游戏却能使人们与常规的物质压力拉开距离，做出一些主动性的创造。而且，这种主动创造的精神并不仅仅局限在“二次元”中，相信还有许多人会放手在“三次元”中去实现它。

### 2. 作为文化的电竞：以EDG夺冠为例

电竞爱好者最初只是在追求竞技游戏快感的过程中聚集在一起。随着电竞产业的发展，电竞爱好者们逐渐加深了身份识别、价值认同、群体归属，发展为电竞文化。

尽管电子竞技被官方归类为体育竞技活动，但其游戏的核心并没有随着官方的认可而改变。自电子游戏诞生至今，一直都是褒贬不一、争议不断的。随着电子竞技产业的成熟，电竞文化正在逐渐向社会主流文化靠近和融合，影响到更多的人。

电竞文化首先是竞技，游戏参与者通过竞技满足自身的对抗性和愉悦身心需求。其次，电竞文化是与所有体育运动一样的竞技精神的文化，就是职业选手在赛场拼搏进取的文化，这也是电竞文化的核心。《中国青年报》曾发声称："想走职业电竞之路，把当职业电竞选手作为人生理想和职业追求，这本身是自然而然的事情，也是很正常的一个选择，不必视为洪水猛兽。"

**【案例窗】**

**电子竞技的一次"出圈"**

北京时间2021年11月7日凌晨，在冰岛举行的英雄联盟S11全球总决赛中，中国LPL赛区战队EDG电子竞技俱乐部以3∶2战胜韩国LCK赛区战队DK，获得2021年英雄联盟全球总决赛冠军。

对社会中老年人群体而言，这一事件作为引爆年轻群体舆论的重大新闻事件恐怕略显匪夷所思。网络上和现实中年轻人铺天盖地的庆祝，一些人恐怕更是难以理解。电子竞技这一原本被认为小众的爱好彻底出圈，事实上，它已经在社会话语场域中一定程度上获得了一席之地，"中国冠军"这种宏大意指，在电子竞技领域被承载了起来。

一个可能的趋势是，电子竞技作为曾经的亚文化，正在逐渐主流化，这从电子竞技进入亚运会、高校竞相开设电竞专业、电竞市场规模超过千亿等社会表征可以看出来。

回溯电竞的发展道路，技术是其中重要的参数。无论是作为体育还是文化，电竞发展的基础都离不开计算机技术的支撑。与田径等传统体育相比较，如果没有技术建构的内容、平台、规则、运营，电竞就不可能存在。电竞凭借技术的穿透力，打破社会圈层和地域阻隔，将技术所及范围内的同好之人聚集起来，打造出了一个共同体。

足球、篮球、乒乓球这类普及程度高的体育运动，也可以突破地域、阶层、性别进行文化身份建构。但今天的技术，却展现了更大的可能性。拜技术所赐，新事物不断穿透各种壁垒，把所有人联结进一张世界性的大网中。人们在技术世界里找到各自的栖身之所，社会化从某种角度而言变成了技术化。

有人感觉为EDG欢呼像是庆祝国足出线，这种感觉虽然朦胧，但确实有道理。这或许是一个标志性事件：正如"一代有一代之文学"，调动群体认同的文化意象，如果不说完全，至少也是部分由传统体育交棒电子竞技——这一技术创造的新事物。

不妨回溯一下，近些年我们新创造的语言表达，事实上也多来自技术世界。

"yyds"也好，"绝绝子"也罢，或是来自电子竞技，或是来自短视频。这一如曾经足球贡献的"乌龙"，或是篮球贡献的"板凳深度"，由技术衍生出的文化符号，不知不觉中深深植入了社会景观。

这是新现象，也可能会让很多人不适应。电子竞技也好，其他事物也罢，在共识性的文化评价里该居于何种位置，至今仍在讨论当中。但是，如果不带偏见地看，只要人类发展，技术创造"文化"仍是未来大概率的趋势。对未来，是保持开放与乐观，还是保守与审慎，值得我们深思。

韩国是电子竞技发展的核心地区，电竞文化正在成长为韩国的一种主流文化。在韩国，成千上万的玩家观看比赛、参与比赛，韩国游戏选手的表现甚至关乎民族自豪感。早在1999年，韩国就建立了以电视台为中心、电子竞技赛事为产品、电竞协会做运营的电子竞技产业，电子竞技甚至被称作"韩国的支柱产业之一"。网吧是韩国电竞文化的重要发源地，韩国的网速全球第一，网络技术的快速发展为电子竞技在韩国的迅速扩展奠定了技术基础。

韩国对于电竞游戏的态度相对正面，这就意味着，韩国人接触到电子竞技的可能性更大，至少在观念上没有较大的阻碍。同时，韩国电竞选手的产生有一系列成型的练习生制度作为保障，残酷的甄选和淘汰，使得韩国电竞选手不会在提升自身技能上轻易放松。制度和观念的共同作用，造就了韩国特有的电竞文化。

韩国的年轻一代，也就是一些人所说的"IT一代"，主要专注于能给他们带来快乐的事情。因此，韩国人着迷于新技术，而游戏对于他们来说是一个完美的选择，因为它结合了技术和创新。每年都会有新游戏不断涌现，这也让韩国人能够有机会尝试新的游戏。《星际争霸》就是一个很好的例子，韩国人认为《星际争霸》这样的游戏是一种现代版的智力游戏，需要快速的思考和反应。这体现了游戏在韩国的趋势，而游戏也已经成为韩国文化的一部分。除此之外，电竞在韩国的流行很大程度上取决于韩国电竞设备的普及。网吧以及游戏中心（PC Bangs）从20世纪90年代末开始在韩国兴起，为韩国的年轻人提供了许多能够租用电脑并连续数小时玩流行游戏的场所。这些游戏中心非常实惠，大多数的收费是每小时1000韩元，约为1美元。

而韩国职业选手的崛起一定程度上是基于韩国阶层结构的不平等。由于韩国工人阶级家庭的孩子大多负担不起私人家教或者校外的补习班，这些孩子有足够的空闲时间，网吧则成了他们的主要休闲场所之一。这些网吧能够让韩国年轻人通过电脑游戏走到一起，在那里，他们可以一起玩耍、吃饭，甚至一起学习。韩国强大的互联网基础设施和网吧的低门槛，使得非常多的玩家聚集起来，而这些玩家可以相互竞争并分享策略。这种策略和知识的结合和分享很快造就了专业玩家，为韩国孩子提供了世界上最好的成为职业电竞选手的入口。

在《星际争霸》的引领下，韩国电竞产业开始了极速的发展，WCG也随之成立。WCG被誉为电竞的奥林匹克，参赛选手来自世界各地，是所有电子竞技选手向往的殿堂。韩国电竞在WCG上向世界展示了自己强大的统治力，他们包揽了2000—2015年所有《星际争霸》的冠军奖项。

由于电竞在韩国国内受到广泛关注，《星际争霸》更是带来了数百万观众，这些职业选手被认为是体育名人，并且在很大程度上影响了韩国的年轻人。接触电子竞技的低门槛让来自小城镇的人也能够有机会进入大联盟，这让成为一名职业电竞选手成为众多韩国年轻人的目标之一。

看到电竞这个产业的潜力后，韩国的资本开始介入，其中包括Orion Corporate、SK电信（SK Telecom）、KT和三星（Samsung）。在资本的支持下，韩国的游戏文化已经把电子竞技变成一个有组织的结构，并且拥有世界上顶尖的电子竞技生态系统。其中最大的变化是选手的工资有明显的上涨，这对于很多工薪家庭的孩子来说是一条可选择的职业道路。

而作为电子竞技重要发源地之一的欧美，电竞文化还不能算是主流文化。不同于韩国电子竞技产业中对于赛事运营、选手包装的追求，欧美电子竞技赛事组织模式主要围绕现场比赛来进行，更倾向于对公平性和专业性的追求。其主要的传播对象是业余电子竞技爱好者，比较难实现电子竞技及其赛事在更大范围和用户群体内的传播。

电竞文化的传播促进了电子竞技产业的快速发展，电竞文化消费具有交互性、隐匿性和自由性的特点。一定程度上，电竞可以被理解为电竞文化伴随而生的文化经济，电子竞技产业的发展同样基于文化认同的观点。

2017年，电竞教育在国内走红。电竞从市场走向教育，最终又将如何规范市场，这是电竞教育需要着重研究和探索的。

## 四、用户群像刻画

智研咨询发布的《2021—2027年中国电竞行业产业运营现状及战略咨询研究报

告》数据显示，2020年全球网民数量为49.45亿人，同比增长12.6%。

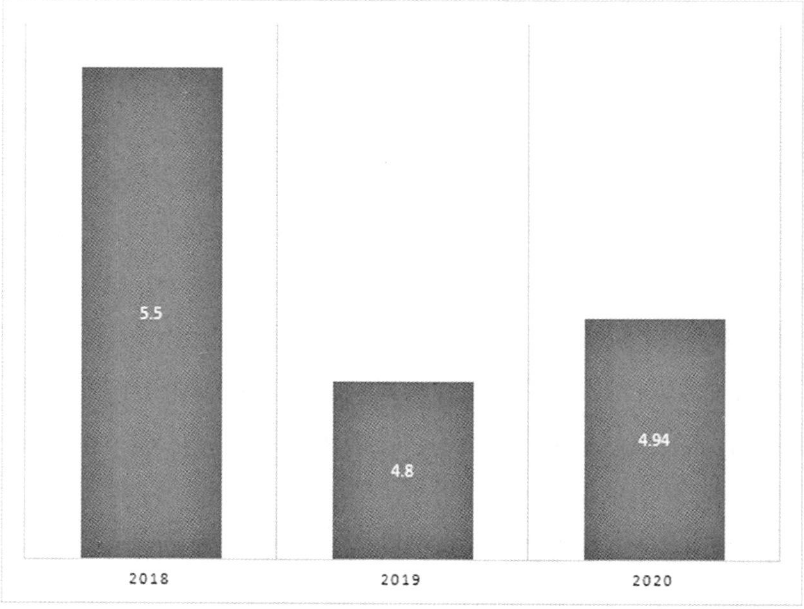


图3-7　2020年全球电竞爱好者平均收入（单位：亿美元）

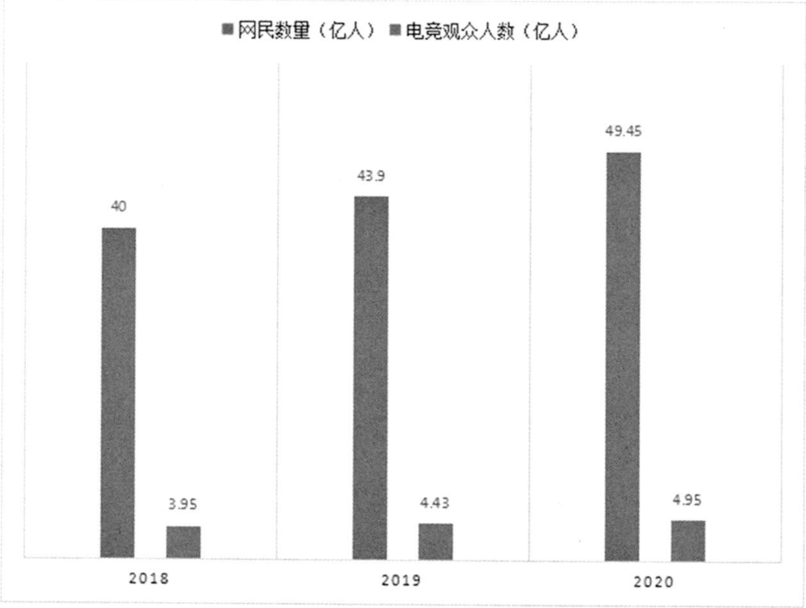


图3-8　2018—2020年全球网民数量及电竞观众人数

来源：智研咨询整理

从图3-8中可以看出，全球电竞观众的人数呈现逐年增加的趋势。2020年全球电竞观众人数为4.95亿人，全球网民中有约1/10的人观看电竞赛事，同比增长11.7%。

到2023年，预测电竞观众总数可达6.46亿。

电竞行业近年来得到了迅速发展，随着移动电竞的兴起，越来越多的女性开始关注和了解电子竞技。近些年，电子竞技用户中女性群体的比例逐年升高。同时，对目前市面上的电竞赛事和直播等进行观察分析可以发现，越来越多的女性参与到电子竞技当中，从赛场到解说再到观众，电子竞技正在以更开放的姿态接受女性的加入。

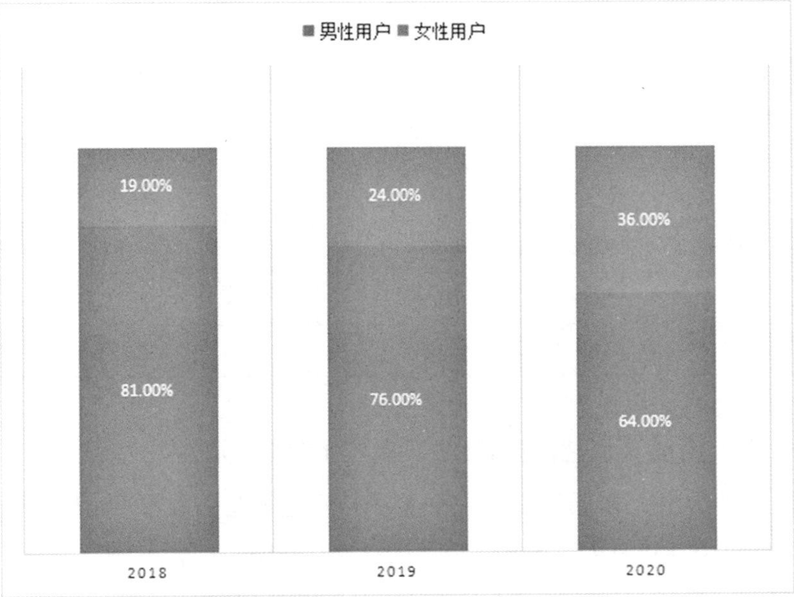


图3-9　中国电竞用户性别比例变化趋势

据公开资料整理

智研咨询发布的《2020—2026年中国电竞行业市场全景调查及投资价值预测报告》数据显示，我国电竞用户的教育水平差异明显，学历在高中及以下和大学专科水平的用户分别占三成左右，大学本科占三成多，而硕士、博士及以上占比很小。大学本科用户是我国电竞用户的主要群体，电竞用户学历水平呈现出明显的平均化分布。

对电竞用户的收入水平进行分析可以看出，个人月收入与是否参与电子竞技没有直接的关系。电竞用户兴趣爱好的集中度较高，大多数人对玩游戏、看直播和看赛事感兴趣。智研咨询报告显示，近两年电竞爱好者的平均收入有所下降，2020年全球电竞爱好者平均收入为4.94亿美元，比2019年增加了0.14亿美元，但相较于2018年的5.5亿美元仍有较大的差距。

报告同时对不同领域不同国家电竞用户的占比进行了统计。从表3-2中的数据可以看出，2020年，特定游戏用户占比较高的国家为美国，占54.0%，特定职业玩家用户占比较高的国家为泰国，占49.0%，特定战队用户占比较高的国家为越南，占35.0%；东南亚国家后来居上，成为电子竞技用户分布的主要地区。

表3-2　2020年主要国家电子竞技用户占比

| - | 中国 | 美国 | 韩国 | 越南 | 泰国 |
|---|---|---|---|---|---|
| 特定游戏 | 34.0% | 54.0% | 23.0% | 41.0% | 42.0% |
| 特定职业玩家 | 31.0% | 32.0% | 34.0% | 47.0% | 49.0% |
| 特定战队 | 26.0% | 24.0% | 16.0% | 35.0% | 25.0% |
| 特定主播 | 25.0% | 36.0% | 26.0% | 53.0% | 38.0% |
| 特定职业联赛 | 23.0% | 25.0% | 18.0% | 48.0% | 29.0% |
| 特定类型游戏 | 18.0% | 42.0% | 22.0% | 24.0% | 31.0% |
| 特定直播平台 | 13.0% | 16.0% | 13.0% | 33.0% | 21.0% |
| 特定咨询平台 | 10.0% | 13.0% | 8.0% | 26.0% | 22.0% |

电子竞技具有游戏属性，尤其随着现在电子竞技核心游戏对于智力和能力要求降低，越来越多的老人和低年级学生开始参与到电子竞技赛事中，电竞的平民化趋势越来越明显，大众化是电子竞技相比于体育竞技最突出的特点。

## 五、电竞人才

随着电子竞技产业的快速发展，越来越多的人直接或间接地参与到电子竞技产业发展建设的浪潮中。一方面，电子竞技产业的急速扩张带来了大量新的行业需求和就业机会，职业选手、电竞赛事运营管理、电子竞技游戏开发，从前端到后场，产业扩大的基础就是专业人才的进入。另一方面，电子竞技赛事大多有现金奖励，尤其是大型电竞赛事，奖金额度很高，这也在一定程度上吸引了电竞爱好者转为职业选手。

2020年Newzoo发布的《2020全球电子竞技市场报告》的数据显示，预计2023年全球电子竞技人口将达到惊人的20亿，近乎占到世界人口的1/4。在全球范围内，美国、韩国、日本、欧洲和中国是电子竞技产业的聚集地，尤其以韩国为主，向全球输送了大量电子竞技人才。

目前，韩国已经成为世界电子竞技运动产业的重要人才策源地。在韩国，社会对于电子竞技的认知已经颠覆了早前以游戏为主导的观念。政府积极地扶持电竞产业和人才的发展，媒体对此也多为正面报道，使得很多优秀的年轻人愿意将电子竞技运动作为职业。

在韩国，高校间会有电竞队伍的比赛，国家也会组织大型的电竞赛事以发掘电竞人才。一旦在电竞赛事中脱颖而出，便会受到游戏公司或专业电子竞技俱乐部的青睐。在韩国，围绕着电子竞技赛事诞生了一大批优秀的游戏公司，为高校的毕业生提供了包括游戏开发设计、产品推广、第一方赛事运营等就业机会。

社会的正面认识和政策层面的大力支持，使得电子竞技从业者成为韩国民众求职就业的重要选择，中国IG电子竞技俱乐部的宋义进、EDG战队的李汭燦等均来自韩国，韩国已经成为全球电子竞技人才的重要输出地。

这里所说的电竞从业人员是就整个电子竞技产业来说的，既包括产业链上游的游戏开发，也包括产业链下游的赛时运营与传播。国内和国外的电竞行业对人才的需求存在着较大差异。据伽马数据发布的《2019中国游戏产业半年度报告》，现阶段，电竞赛事服务类岗位是人才需求集中的领域，相关职位需求占比超过了60%。

而在国外，电竞游戏研发与设计人才需求更旺盛，相关岗位需求的占比超过了40.0%，平均年薪在15万美元左右；其次才是服务类职位，需求占比37.5%，平均年薪在11万美元左右。大多数人是基于个人的爱好和兴趣选择以电子竞技为工作的，兴趣导向是电竞从业者的基本特征。

在高校中培养人才，是美国电子竞技人才培养的最大特点。

在美国，高校已经成为电竞的“摇篮”。除了全球范围内进行的电竞职业联赛，美国高校电子竞技联赛也是美国本土另一大电子竞技赛事，发展到现在，美国高校电竞联赛已经具备成熟的竞技赛事体系。电子竞技在全球范围内刮起的浪潮，也带动了高校这个年轻人聚集的地方成为电子竞技人才成长的“摇篮”。

在美国，以加州大学欧文分校、俄亥俄州大学为首的多所高校均设置了电子竞技专业，包括罗伯特莫里斯大学、宾夕法尼亚州罗伯特莫里斯大学、玛丽维尔大学等在内的多所高校给电子竞技项目设立了奖学金，如加州大学的LOL（英雄联盟）奖学金。

罗伯特莫里斯大学在2018年4月参与了包括《英雄联盟》《守望先锋》等在内的7项电子竞技赛事。据相关数据统计，该所高校每年有90人左右通过电竞项目获得奖学金，总额超过了135万美元。

电竞馆是美国高校中电子竞技赛事和训练建设的专用场馆，美国高校自2014年起将NCAA模式引入高校电子竞技赛事，并引起了巨大的反响。越来越多的高校积极主动地参与到电子竞技在大学生中的传播，修建电竞馆就是他们为培养电竞人才、支持电竞事业发展做出的实际行动。

NCAA具有成熟的体育赛事体系，这也是美国电竞产业发展的重要基础。NCAA将电子竞技纳入自己的系统，使得电子竞技在美国高校的发展有了明晰的规则限定，改变了发展初期电子竞技“乱象丛生”的状态。

另外，美国的游戏竞技行业自产生至今一直位居世界顶尖位置，多元的游戏品类和完善的竞技游戏生产生态链，成为美国电子竞技人才大量涌现的土壤，以游戏制作公司、电竞赛事和选手运营为核心的电竞行业吸引了大量电竞爱好者和高校毕业生投入这个行业，助力产业的发展壮大。美国成熟且完善的电竞人才培养模式向其他国家展示了更多的可能性，具有一定的借鉴意义。

在我国，电子竞技逐渐得到主流社会的关注，并得到了各种政策上的支持。2019年4月，人力资源保障部、国家市场监督管理总局、国家统计局正式向社会联合发布了13个新职业信息，电子竞技员、电子竞技运营师等被列为正式职业，这是自2015年版《国家职业分类大典》颁布以来首次发布新职业，电子竞技产业相关的职业位列其中。

2019年，腾讯电竞联合超竞教育和《电子竞技》杂志，发布了《2019年中国电竞人才发展报告》，报告显示，截至2018年年底，中国电竞相关行业从业者中，电竞生态从业者7.1万人，电竞市场仍有很大的人才空间。

有数据显示，经营管理类人才是电竞行业最紧缺的人才，除此之外，公关/市场销售类、专业内容制作类、技术服务类等同样有很大的人才缺口。报告指出，除了成熟的职业经理人，还需要更多优秀高等学府毕业、具有一定管理能力基础的从业者，逐步培养进阶成为储备力量。

2016年9月，教育部职业教育与成人教育司发布的通知中将“电子竞技运动与管理”（专业代码为670411）列为13个增补专业之一，属于教育与体育大类。2017年，包括南京传媒学院、四川电影电视学院等在内的多所院校设立了电竞相关专业，中国传媒大学也在这一年开设了电竞相关专业，主要培养游戏策划和电子竞技运营与节目制作人才。

至此，“电竞专业”正式成为教育正规军，电竞专业的设立将会向社会输送大批电竞管理人才。可以预见，一段时间内，电子竞技产业对人才的吸引度不会降低，加之国内多所高校纷纷开设电子竞技专业，在专业教育层面为电子竞技产业结构的升级提供了坚实的人才基础。

全球电子竞技人才逐渐形成了以韩国、美国、中国为中心，东南亚、欧洲等地辐射多级发展的态势，电竞职业联赛成为电子竞技人才培养的重要方式。当前，众多跨地区举办的电竞赛事促进了各地区的电竞人才交流，这是全球电竞人才流动、相互学习的重要途径。

《英雄联盟》《守望先锋》等第一方赛事是当前电子竞技比赛的绝对主角，从游戏产品的产出、策划到赛事运营，再到后期的赛事相关内容传播，游戏出品公司逐渐实现了多角度、全覆盖的人才挖掘，成为电竞人才培养的关键力量。从技术研发人员到参赛者，电竞人才的培养体系逐渐完善。

## 六、商业模式

发展至今，电子竞技产业的边界在扩大，并形成了上中下游三个层次、相互联系的产业链。

电子竞技产业链的上游主要由游戏开发商和运营商组成，游戏代理权、游戏道具的出售和提供相关电子竞技服务是产业链上游游戏厂商和运营商主要的收益来源。目前，端游电子游戏的开发以国外为主，包括《英雄联盟》《刀塔2》等的开发公司均是国外的公司；腾讯是国内最成功的游戏开发和运营商，以《王者荣耀》《刺激战场》为核心的腾讯游戏王国代表着国内电竞游戏运营的最高标准。

电子竞技产业链的中游包括电竞赛事及赛事执行方俱乐部。[①]近年来，电竞赛事的规模在逐渐扩大，2022年，电竞将以正式比赛项目的身份出现在杭州亚运会的赛场上；同时，随着电子竞技与娱乐内容的融合加深，“明星代言、明星选手、网红主播等”为电子竞技带来了巨大的流量和粉丝，成为推动电子竞技发展的主要力量。

电子竞技产业链的下游是电竞内容传播与运营，涉及游戏直播、电竞外围文化产品运营等，其中游戏直播是巨大的风口，承担了电竞下游产业链中经济转化的大部分。

从全球角度来看，欧美和韩国在商业模式这一经济概念上存在一定的差异。欧美的电竞赛事强调现场比赛和观赛，线下活动是主要的形式，这与欧美本身崇尚自由的观念以及较为宽松的工作时间有较大的关系。在欧美地区，人们有较多的时间从事业余活动，这就为线下电子竞技赛事的广泛开展奠定了受众基础。而在韩国，电子

---

① 戴焱森. 电竞简史［M］.上海：上海人民出版社，2019：423.

竞技是支柱产业之一，其更侧重电视媒介在电竞赛事举办和文化传播中的作用。[①]

欧美电子竞技赛事和文化的传播对象主要是业余电竞爱好者，因此，在赛事参与性和感受度上有较高的追求。与此不同的是，韩国电竞产业中的赛事组织和运营商更看重参赛选手、赛事主体的宣传，对于电竞爱好者的参与感虽有关注但并不深刻。除了赛事本身，韩国的电竞赛事运营商同样注重电竞文化的传播，这与韩国本身对于电竞的健康认知有较大的关系。

同时，从盈利的角度来说，韩国的电竞衍生品经济发达。在韩国，电竞比赛的转播和广告收入是营收的主要来源，其商业模式较强地依赖于电竞赛事的关注度，同时也依靠电竞纪念品等相关衍生品的销售。而在欧美地区，电子竞技赞助商是最主要的商业经济来源，其中多以电子软硬件厂商为主，这是因为电竞赛事参与者是该类厂商的重要客户来源，赞助商更希望通过比赛扩大其产品在专业用户（如游戏玩家等）中的影响力。

## 【思考题】

1.你认为目前世界上最具吸引力的电竞赛事是什么？有何原因？

2.谈谈电竞作为一种“文化”在日常生活中的三种体现。

3.试从产业维度分析一项你最热衷的电竞赛事或电竞游戏。

## 【延伸阅读】

1.希罗多德.历史[M].王以铸，译.北京：商务印书馆，2005.

2.赫伊津哈.游戏的人[M].傅存良，译.北京：北京大学出版社，2014.

3.东浩纪.游戏性写实主义的诞生[M].黄锦容，译.唐山：唐山出版社，2015.

4.西门孟.游戏产业概论[M].上海：学林出版社，2008.

5.王萌，路江涌，李晓峰.电竞生态：电子游戏产业的演化逻辑[M].北京：机械工业出版社，2018.

---

① 韩杰.电子竞技与商业模式[J].商业文化，2017（20）：60-66.

# 第四章 中国电竞产业发展概况

【本章学习要点】

1.了解中国电子竞技产业的本土发展环境。

2.理解中国电子竞技产业发展具备的优势、现存问题。

3.对中国电子竞技的未来发展趋势与产业发展路径展开思考。

从20世纪末初具雏形，到当下成为国际电竞产业市场的重要组成部分，中国电子竞技产业经历了一段曲折而迅猛的发展道路。从发展环境来看，我国电子竞技产业的发展与多年来国内外经济、技术、社会文化发展情况紧密相关；同时，作为经济与社会文化体系中的重要一环，电子竞技产业也在很大程度上反哺我国的经济与社会文化发展。尽管国际市场竞争激烈、产业环境瞬息万变，我国电子竞技产业仍在社会主义市场经济的运行体系内，探索出一条依托本土资源、稳抓自主创新的发展道路，实现了电子竞技产业从无到有、从弱到强的转变。放眼国际，我国电子竞技产业已在全球市场获得一席之地，故而深刻把握当下我国电子竞技产业发展环境、摸清电子竞技产业的本土发展特征、审视产业发展的优势与局限，是我们持续探索中国电子竞技产业未来发展道路的重要环节，本章将就以上问题展开讨论。

# 第一节　中国电竞发展的本土环境

电子竞技运动及产业的发展并非一个封闭演进的过程，而是与社会整体环境的变化密切相关，尤其受到经济环境、社会文化环境、政策法律环境和科学技术环境等的深刻影响。我国电子竞技经历了从无到有、从弱到逐渐变强的发展历程，21世纪以来，随着宏观环境的剧烈变迁，电子竞技运动及产业在中国本土迎来了良好的发展机遇，对这些宏观环境的体察和洞悉也成为深入把握我国电子竞技运动和产业发展现状及趋势、高质量制定产业未来战略的必要依据。

## 一、电竞与经济环境

根据现代经济学的基本分析框架，对经济问题和产业现象等进行研究的首要环节是从实际出发，对其所处的经济环境进行界定。[①] 经济环境（economic environment）主要指某一产业在生存和发展过程中所必须考虑的其所在国家或区域的经济条件、经济特征、经济联系等各类因素，主要可以划分为宏观经济环境和微观经济环境两个层面：[②] 宏观经济环境主要指一个国家或地区包括人口、国民生产总值、国民收入与支出等状况在内的指标；微观经济环境主要指某细分产业或企业所处的产业类别或地区的消费者收入、消费偏好、储蓄与投资状况、就业情况等数据指标。通过对宏观经济环境的分析，研究者能在整体上把握该产业所处的国家或地区的经济发展水平、发展速度及发展前景；而对微观经济环境的把握能帮助研究者更准确地了解该细分产业或企业目前所处环境的市场情况。因此，对我国电子竞技产业发展的经济环境的考察需要同时涵盖宏观经济和微观经济要素。

---

① 田国强.现代经济学的基本分析框架与研究方法［J］.经济研究，2005（02）：113-125.

② 樊泳雪.竞争情报实践与方法研究［M］.成都：巴蜀书社，2010：74-75.

### 1. 我国宏观经济运行情况

21世纪以来，中国乃至世界的经济发展都面临着多元的发展机遇和多样的严峻挑战，在以经济为基础的国际综合国力竞争中，我国基于改革开放以来积累的丰富经验，在经济建设和产业发展领域走上了快车道，并在较长时间内保持着高速增长的状态。经过二十余年的发展，我国GDP已经由2000年的10万亿元攀升至2022年的逾100万亿元。

**【知识窗】**

**2021年国内经济发展规划与现状**

根据2021年3月发布的《中华人民共和国国民经济和社会发展第十四个五年规划和2035年远景目标纲要》，我国经济实力在“十三五”规划纲要实施时期获得大幅提升，国内生产总值（GDP）从不到70万亿元增加到超过100万亿元，人均GDP突破1万美元；在消费和投资领域，社会消费品零售总额稳居世界第二，固定资产投资质量效益不断提升，超大规模市场优势逐步显现。[①] 这表明随着“五年计划”的持续推进，我国国民经济获得了坚实的发展基础，21世纪以后稳步高速的经济增长势头是中国特色社会主义市场经济体制的重大胜利，表明我国市场起决定性作用和宏观调控“无形的手”配合运作良好；以公有制为主体，个体、私营、外资等非公有制经济共同发展格局的体制优势得到充分发挥。

2021年是“十三五”规划的收官之年，国家统计局于2022年2月28日发布的《中华人民共和国2021年国民经济和社会发展统计公报》数据显示，2021年我国全年GDP达1,143,670亿元，比上年增长8.1%，全年人均国内生产总值80,976元，比上年增长8.0%；国民总收入1,133,518亿元，比上年增长7.9%；全员劳动生产率达146,380元/人，比上年提高8.7%。[②]

面临百年未有之大变局和世纪疫情的多重压力，我国在经济与社会建设等多方面沉着应对，在中国共产党成立一百周年实现了第一个百年奋斗目标，并向构建新发

① 中华人民共和国国民经济和社会发展第十四个五年规划和2035年远景目标纲要［EB/OL］.（2021-03-13）［2022-08-10］. http://www.gov.cn/xinwen/2021-03/13/content_5592681.htm.

② 中华人民共和国2021年国民经济和社会发展统计公报［EB/OL］.（2022-02-28）［2022-08-10］.http://www.gov.cn/xinwen/2022-02/28/content_5676015.htm.

展格局迈出坚实步伐，实现了“十四五”的良好开局。

在居民收入方面，根据2017—2021年我国居民人均可支配收入及其增长趋势（见图4-1），近年来我国居民的收入水平持续提升，2020年受新冠肺炎疫情的影响，居民收入增速明显放缓，但在党和人民的共同努力以及“六保”“六稳”的政策指导下，2021年我国居民收入增速回升，体现出社会主义市场经济的强大韧劲。2021年我国全年居民可支配收入逾3.5万元，扣除价格因素实际比上年增长8.1%；全国居民人均可支配收入中位数29,975元，增长8.8%；根据全国居民五等份收入分组，[①] 低收入组人均可支配收入8333元，中间偏下收入组人均可支配收入18,445元，中间收入组人均可支配收入29,053元，中间偏上收入组人均可支配收入44,949元，高收入组人均可支配收入85,836元。除居民收入整体水平提升外，我国城乡居民收入差距进一步缩小，2021年我国城镇居民人均可支配收入逾4.7万元，农村居民人均可支配收入近1.9万元，城乡居民人均可支配收入比值为2.50，比上年缩小0.06；全年脱贫县农村居民人均可支配收入14,051元，扣除价格因素实际增长10.8%。[②] 居民收入水平的整体提升和收入差距的进一步缩小，是社会经济“稳中求进”的重要体现，同时也为产业经济的进一步发展提供了良好的市场环境。

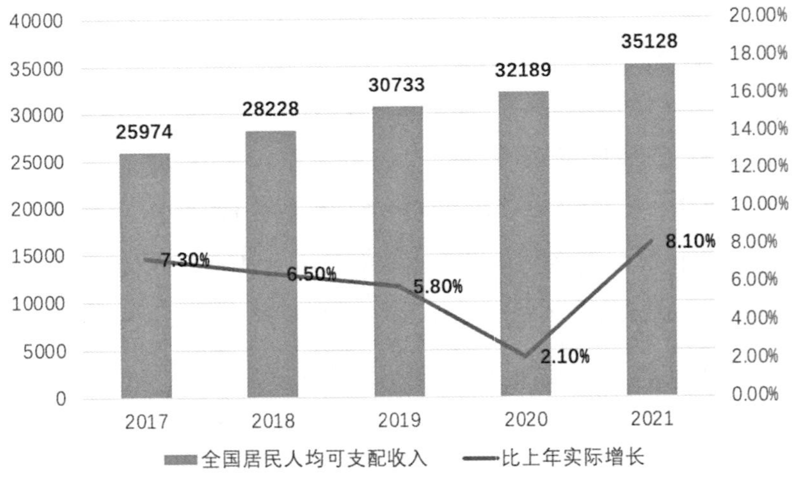


图4-1　2017—2021年全国居民人均可支配收入及其增长速度

来源：《中华人民共和国2021年国民经济和社会发展统计公报》

① 全国居民五等份收入分组，是指将所有调查户按人均收入水平从低到高顺序排列，平均分为五个等份，处于最低20%的收入家庭为低收入组，依此类推依次为中间偏下收入组、中间收入组、中间偏上收入组、高收入组。——引自《中华人民共和国2021年国民经济和社会发展统计公报》

② 中华人民共和国2021年国民经济和社会发展统计公报［EB/OL］.（2022-02-28）［2022-08-10］.http://www.gov.cn/xinwen/2022-02/28/content_5676015.htm.

综上所述，经济增长平稳、居民收入增长、消费水平提升且消费偏好发生变化、人口基本稳定且就业压力增大等，均展现了近年来中国经济在多样的不确定因素中“稳中求进”的宏观现状，这一环境为中国以电子竞技为代表的新型业态带来的既有冲击，也有机遇。因此可以认为，国内电子竞技产业具备相对稳定的发展环境和乐观的发展预期，在国家基本平稳的市场经济环境和“动态清零”的疫情防控指导下，中国电子竞技产业将获得深入考察国内国际市场的机遇，积极融入“双循环”体系，并把握多元的市场需求和产业链各个环节的发展诉求，实现新一轮的爆发式创新发展。

### 2. 产业结构与新产业环境

除国家宏观经济发展状况外，国民经济的产业结构和新产业、新业态、新模式的发展也是影响我国电子竞技产业发展的重要方面。《中华人民共和国2021年国民经济和社会发展统计公报》数据显示，2021年我国第一产业增加值83,086亿元，比上年增长7.1%；第二产业增加值450,904亿元，比上年增长8.2%；第三产业增加值占国内生产总值比重609,680亿元的53.3%，比上年增长8.2%。[①] 综合往年国家统计局的产业数据，我国三次产业结构在调整中逐步实现优化，自改革开放以来总体呈现出“二一三”向“二三一”最后向“三二一”的变化趋势，[②] 我国产业结构进一步转型升级，经济进入高质量发展阶段，主要体现在经济发展方式转变、创新驱动发展成果丰硕以及网络经济蓬勃发展三个方面。

首先，随着供给侧结构性改革的深入推进，我国产业结构不断优化。近年来，我国三次产业增加值的比重进一步调整，逐渐呈现出“三二一”的发展格局。除三次产业结构的调整优化外，农业、工业和服务业三大产业的内部结构也在优化升级，如作为国民经济基础的农业，近年来我国农业综合生产能力稳步提高，现代农业体系初步建立并逐渐完善，在工业现代化、智能化技术的加持下，农业也逐渐呈现出现代化、机械化、智能化的发展趋势；而作为国民经济主导的工业也向中高端迈进，我国逐渐建立起门类齐全、从劳动密集型工业主导到劳动资本技术密集型工业共同发展的现代化工业体系；服务在国民经济建设中的拉动作用也日益凸显，现代服务业、新兴服务业迅猛发展，随着经济发展和人民生活水平的提高，现代服务业蓬勃发展，

---

① 中华人民共和国2021年国民经济和社会发展统计公报［EB/OL］.（2022-02-28）［2022-08-10］.http：//www.gov.cn/xinwen/2022-02/28/content_5676015.htm.

② 尹伟华.“十四五”时期我国产业结构变动特征及趋势展望［J］.中国物价，2021（09）：3-6.

信息传输、软件和信息技术服务业等相关产业门类的增加值年均增速高达20.7%。[①]“十四五”时期，我国各产业将依托互联网、大数据、云计算、物联网、人工智能等新一代信息技术，顺应新一轮的科技和产业变革，推进产业结构的高端绿色转型发展。

其次，创新驱动发展成为我国经济转型发展的强大动力，“三新”经济成为国民经济的重要组成部分。党的十八大以来，我国坚持走中国特色自主创新道路，实施创新驱动发展战略，创新驱动发展成效明显。截至2021年，我国全社会研发经费投入规模稳居世界第二，占GDP比重达到2.4%，科技进步贡献率超过60%，全球创新指数排名跃升至第14位。[②] 上述创新成果表明我国创新型国家建设成果十分丰硕，同时也开创了“大众创业、万众创新”良好局面，为我国三大产业的转型升级提供了新的动力源，为“三新”经济[③]的诞生和发展提供了良好机遇。以新产业、新业态和新商业模式为核心的“三新”经济正在逐渐成为中国经济的重要组成部分。就“三新”经济在中国的发展来看，新产业通过对新科技成果和新兴技术的应用从事规模化的新型经济活动，新业态在顺应多样化市场需求的前提下依托现有产业领域衍生出新环节和新活动形态，主要表现在借助互联网开展的经营活动，新商业模式则体现在通过对企业和产业的各要素进行创新整合和充足培育新的商业运行模式。因此，“三新”经济是中国经济创新发展的重要成果，同时也将成为中国未来经济社会发展的新动能，尤其是在后疫情背景下，以互联网为重要依托的新产业、新业态、新商业模式将进一步释放其活力和价值，促进产业结构的优化和传统产业的转型。

最后，作为产业结构转型升级和创新驱动发展的重要依托之一，网络技术在国民经济领域的应用日益广泛，网络经济的蓬勃发展是新时代以来中国产业经济发展的另一个重要表现。随着4G网络的普及和5G在全国范围内铺开，信息技术逐渐下沉为社会基础设施，数字经济规模大幅度提升。以网络零售行业为例，2021年我国网上零售额达13.1万亿元，同比增长14.1%，其中实物商品网上零售额达10.8万亿元，同比增长12.0%。[④] 此外，我国“互联网+”行动计划实施成效显著，以大数据、云计算、物联网、人工智能等为代表的新一代信息技术搭建起来的新技术生态深度融入社会生

① 中华人民共和国国民经济和社会发展第十四个五年规划和2035年远景目标纲要［EB/OL］.（2021-03-13）［2022-08-10］. http: //www.gov.cn/xinwen/2021-03/13/content_5592681.htm.

② 中华人民共和国国民经济和社会发展第十四个五年规划和2035年远景目标纲要［EB/OL］.（2021-03-13）［2022-08-10］. http: //www.gov.cn/xinwen/2021-03/13/content_5592681.htm.

③ “三新”经济，即指以新产业、新业态、新商业模式为核心内容的经济活动的集合。

④ 数据来源：国家统计局官网 http: //www.stats.gov.cn/。

产生活的各个领域，催生出大量的新产业、新业态和新商业模式，为国民经济发展注入了新的活力和动能。除作为产业经济的直接催化剂，网络技术还被应用于产业与社会治理，为产业经济和社会生产生活环境的稳定与安全作出贡献，无论是在国民经济运行监测、数字政务服务还是在网络空间治理等方面，数字网络技术在社会综合治理等领域发挥着日益重要的作用，“网络强国”战略得到深入实施，网络化、智能化正全面为国民产业经济赋能。

以上产业结构与新产业环境表明，我国经济发展具备充分稳定的发展基础、强劲的发展动能和创新性发展驱动，随着高端制造业、新型基础设施的逐渐完备以及居民新消费理念的形成，一批新产业、新业态、新商业模式将赢得巨大的市场空间。电子竞技产业将成为新产业的重要代表，也将成为孕育新业态、新模式的沃土。依托良好的本土经济环境，电子竞技产业将充分吸收新时代中国网络经济发展的红利，沿着创新发展路径，对社会主义经济社会发展作出独特贡献。

### 3. 数字经济下的电竞产业

得益于计算机和信息通信技术（ICT）的迅速发展，信息技术基础设施在全社会范围内实现普及，信息通信技术与社会经济文化生活各个领域的融合程度逐渐加深，以互联网为基础的新技术成为推动经济社会发展、助力经济增长模式转型的关键力量。尤其是近年来5G移动通信、大数据、云计算、人工智能、物联网、区块链等技术快速成长，其结果是继农业经济和工业经济之后，人类社会的经济发展进程步入数字经济时代。

**【知识窗】**

**数字经济**

数字经济这一概念最先于1995年出现在全球著名新经济学家唐·塔普斯科特（Don Tapscott）的著作《数字经济》中，长期以来不同的组织和机构对数字经济概念进行了广泛讨论，整体来看，数字经济强调数据信息及其传送成为一种决定生产效率的核心技术手段。[①] 根据2016年G20杭州峰会发布的《二十国集团数字经济发展与合作倡议》，数字经济是“以使用数字化

① 裴长洪，倪江飞，李越.数字经济的政治经济学分析［J］.财贸经济，2018，39（09）：5–22.

的知识和信息作为关键生产要素、以现代信息网络作为重要载体、以信息通信技术（ICT）的有效使用作为效率提升和经济结构优化的重要推动力的一系列经济活动”[①]。在此视角下，数据信息及数据信息的传送成为先进生产力的代表，而数据成为驱动经济发展的关键生产要素。通过将数字技术手段应用于其他不同的行业，各个行业在其原有技术体系的基础上获得了数字技术红利，且数据技术成为决定该行业生产效率高低的核心指标。

在我国，数字经济成为国民经济发展规划所针对的重点领域。2021年3月，《中华人民共和国国民经济和社会发展第十四个五年规划和2035年远景目标纲要（草案）》指出，我国将更加积极地迎接数字时代的到来，加快建设数字经济、数字社会、数字政府，以数字化转型整体驱动生产方式、生活方式和治理方式变革。在政策和技术的多因素推动下，我国数字经济的发展进入高速阶段。根据2021年9月发布的《中国互联网发展报告2021》，2020年中国数字经济规模达到39.2万亿元，占GDP比重达38.6%，保持9.7%的高位增长速度，[②] 成为稳定经济增长的关键动力。随着计算机与互联网等技术在社会生产生活各个领域的广泛应用，数据资源以及数字技术与实体经济甚至服务经济深度融合，逐渐“下沉”为国民经济建设的基础设施，越来越多的行业受益于数字技术而实现转型，电子竞技产业就是在数字技术赋能下成长起来的数字经济类别。

根据电子竞技产业以上游游戏研发、中游赛事运营、下游内容传播推广为主线的产业链条，计算机和互联网等数字技术构成了整个产业运作的基础和前提。无论是电子竞技产品的开发、赛事的组织和转播，还是衍生内容的开发和推广，都与现代信息技术手段紧密相关，从这个意义上讲，电子竞技是数字经济催生和孕育的产业。同时，电子竞技产业的发展也成为推动数字经济的“蛋糕”进一步做大的催化剂。日益大众化的电子竞技产业在国内和国际市场都获得了更大的产业发展空间，日益提升的用户需求和激烈的行业竞争刺激了电竞产品研发环节的技术进步，多媒

① 二十国集团数字经济发展与合作倡议［EB/OL］.（2016-09-29）［2022-08-10］. http: //www.cac.gov.cn/2016-09/29/c_1119648520.htm.

② 中国互联网发展报告（2021）［EB/OL］.（2021-07-14）［2022-08-10］.http://www.cbdio.com/BigData/2021-07/14/content_6165967.htm.

介形态的电子竞技赛事接收终端刺激更高清实时的音视频技术应用于赛事转播，庞大的用户群体和多样化的内容需求促使电子竞技产业更加丰富的内容产出与推介形式……因此，无论在产业链的哪一个环节，电子竞技产业都通过将数字技术应用于产业实践并接收市场反馈，来促使数字技术的进一步优化，促进数字经济的全面发展。

当然，电子竞技产业也是目前我国文化创意产业的重要组成部分，在数据信息和数字化技术的协助下，以提供文化内容产品和服务为主要特征的电子竞技产业将获得更大的发展空间，电子竞技将成为拉动社会经济发展与丰富社会文化生活的重要产业领域。

## 二、电竞与技术环境

电子竞技产业作为互联网时代的阐述，是科技、社会文化与产业经济相结合的产物，近年来在世界范围内获得巨大发展并广泛应用于社会经济文化实践的高新技术类别都能为电子竞技产业的发展服务。2022年2月中国互联网络信息中心《第49次中国互联网络发展状况统计报告》显示，截至2021年12月，我国互联网普及率达73.0%，网民规模达10.32亿，较2020年12月增长4296万，手机上网网民比例达99.7%。互联网普及率的提升为电子游戏研发运营和电子竞技及其衍生产业的发展提供了前提，同时也为新一代数字信息技术进一步赋能电子竞技产业奠定了基础。

### 1. 5G：产业技术基础的跃升

5G即第五代移动通信技术（5th Generation Mobile Communication Technology）为这一任务的达成提供了技术基础。5G是一种具有高速率、低延迟和大连接特点的新一代宽带移动通信技术，其用户体验速率达1Gbps，时延低至1ms，用户连接能力达100万连接/平方公里。在此之前，移动通信技术已经经历从1G到4G共四个时期，2G实现了从1G模拟时代走向数字时代，3G实现了从2G语音时代走向数据时代，4G实现了数据传输速率的显著提升，[①] 而5G的到来意味着从数据传输速率、接入速率到能耗效率等方面的全面提升，于各个产业领域而言都意味着一场新的革命。

---

① 喻国明.5G时代传媒发展的机遇和要义[J].新闻与写作，2019(03)：63-66.

基于此，5G已经成为全球业界争夺的新焦点，国家层面纷纷出台战略布局，在各国战略规划的基础上，各个领域的主流公司也纷纷推进5G研发工作，增大技术研发投入以争夺技术制高点。

**【知识窗】**

**5G商用**

2019年6月6日，中华人民共和国工业和信息化部正式向中国电信、中国移动、中国联通、中国广电发放5G商用牌照，标志着中国正式进入5G商用元年；同年10月31日三大运营商公布5G商用套餐，并于11月1日正式上线5G商用套餐，标志着中国正式进入5G商用时代，5G正式开启继1G至4G之后的移动通信技术新阶段。《第49次中国互联网络发展状况统计报告》数据显示，截至2021年12月，我国累计建成并开通5G基站数达142.5万个，全年新增5G基站数达65.4万个。

这表明我国在5G的产业化应用领域具备了更强大的技术依托，电子竞技产业也将得益于新一代移动通信技术而在产业链的各个环节获得质的提升。首先，5G搭建了更大容量的数据传输网络，在保证最低内容损耗的前提下传输大体量的音视频内容，基于5G高宽带的技术特性，电子竞技产业在上游的游戏研发环节便可实现更高分辨率内容的设计和开发，为用户提供更高清晰度、更高亮度、更加立体而流畅的游戏产品，从而在产业链上游提升内容和服务品质，为产业的高质量发展奠定基础。其次，5G提供了更完善的交互体验，从本质上讲，电子竞技本身就是一个有关互动、交互的项目，5G基于其被重新设计的物理特性实现了低延，游戏和流媒体延迟的问题得到了解决，从而极大地提升了电子竞技行业的交互体验，无论是人与人还是人与机器，均能实现感官上的实时交互。最后，5G激活了新一代信息技术生态，在5G技术的支持下，云计算、人工智能等高新技术领域迅速发展，无论是云游戏还是智能化的电子游戏，都建立在这些新一代信息技术的基础之上。

图4-2　“5G电竞联合实验室”仪式

来源：https://baijiahao.baidu.com/s?id=1730599288184319977&wfr=spider&for=pc

5G对电子竞技的赋能已经体现在产业实践中。2022年4月，由中国电信、腾讯云、腾讯互娱天美电竞中心、腾讯互娱公共研发运营体系和腾讯TEG网络平台部等团队联合组成的“5G+电竞联合实验室”正式揭牌成立，中国电信同步发布了5G电竞专网解决方案。“5G+电竞联合实验室”将立足于电竞5G专网带来的技术升级，为电子竞技产业提供更高品质的技术保障，在对战体验、直播及观赛体验等角度实现全面优化，为电子竞技产业的创新发展提供新的发展机遇。

### 2. 移动终端：大众化的“掌上”电竞

电子竞技在诞生之初对电子计算机有较高程度的依赖，随着移动通信技术和移动终端技术的发展，手机、平板电脑、游戏机等移动终端逐渐承担起电子竞技游戏载体的角色，为电子竞技产业的发展开拓了新一片“蓝海”。

手机作为目前应用最广泛的移动终端，人们普遍将运行于手机上的游戏软件归纳为手机游戏，简称手游。但手机最初是作为简单的通信设备存在的，其早期尚不具备承担高强度网络传输和休闲娱乐功能的能力。1997年诺基亚公司为其推出的诺基亚6110机型开发了一款名为《贪吃蛇》的黑白2D像素图形游戏，这款游戏成为移动电话史上传播最广的手游产品之一，更成为科技与娱乐行业的一大重要转折点。此后，

《俄罗斯方块》等彩色手机游戏相继出现，使手机移动终端作为一种电子游戏载体获得认可。尽管出现了一批广为流传的手机电子游戏产品，但彼时的手游还不具备联机竞赛等能力，当时的设备和网络条件等因素也限制了游戏产品的丰富程度，因而没有在产业领域释放更大的经济与社会效益。

21世纪初手机性能的不断提升为手游的丰富和完善奠定了基础。1998年，爱立信公司、诺基亚公司、摩托罗拉公司和Psion公司共同合作成立塞班公司并开发了塞班系统，通过将Symbian操作系统应用于爱立信、诺基亚等品牌的产品，手机逐渐具备了存放更多的软件以及各种大容量的多媒体文件的能力，手机游戏的发展进入了“塞班时代”。其间，以Gameloft公司（智乐软件）等为代表的一批手机及电视游戏软件开发出版商走入市场中心，赛车游戏等操作更复杂、竞技性更强的手机游戏登上历史舞台。随着数字网络技术的发展，智能化引发了移动终端基因突变，从根本上改变了终端作为移动网络末梢的传统定位，移动智能终端的影响力迅速扩大，成为一种渗透广泛、普及迅速、影响巨大、深入人类社会生活方方面面的终端产品。在新一代数字和网络技术的支持下，移动终端设备具备了强大的存储和处理能力，成为像电脑一样完备的操作系统，能承担看视频、浏览网页、办公、社交、玩游戏等多种功能，以智能化移动终端为载体的手机游戏产业就在这一背景下蓬勃起来。随着2008年前后iOS及Android系统的诞生，苹果公司开创了触屏手机的先河，使手游彻底脱离了物理键盘的限制，《愤怒的小鸟》《植物大战僵尸》《神庙逃亡》等一系列手游迅速抢占市场份额，为电子竞技产业在手机端的爆发奠定了基础。

图4-3　2015年11月26日《王者荣耀》公测海报

2015年腾讯天美工作室在Android、iOS平台上推出MOBA类国产手游《王者荣耀》，2016年《王者荣耀》彻底爆发成为一款具有超大流量的全民MOBA游戏。基于移动手机端，《王者荣耀》为玩家提供了不分时间、不分地点、即刻开启的游戏条件，普通大众只要想进入游戏，随时都能开黑打团。电子竞技游戏产品向移动端和小屏"转移"，丰富了电子竞技产品的形态和模式，同时为电子竞技用户在更大范围内的扩张奠定了重要基础，"手游"成为电子竞技产业的重要组成部分。

### 3. 虚拟现实：电子竞技的沉浸时代

显示技术是电子竞技产业发展的重要技术基础之一，每一次显示技术的进步都是对电子竞技产品沉浸感的提升。近年来，除了更高清晰度和色彩明度的高清显示技术之外，还出现了以在场感、互动性为主要特征的虚拟现实和增强现实技术，为电子竞技产业的创新发展提供了新的机遇。

"虚拟现实"是美国维加精密实验室公司（Vega Precision Laboratories，VPL）创始人、被誉为"VR之父"的拉尼尔（Jaron Lanier）于20世纪80年代初提出的概念。通过虚拟现实技术，人们实现了虚拟世界和现实世界的初步转换。但基于VR设备营造的虚拟世界与真实世界相隔离，且与人类感知外部世界的方式有冲突，虚拟现实技术仍有一定缺陷，人们迫切地寻求进一步融合虚拟与真实两个世界的技术手段，即增强现实技术。"增强现实"是在虚拟现实技术的基础上发展起来的新技术，其采用多媒体、三维建模、实时跟踪及注册、智能交互、传感等多种技术手段，通过计算机系统提供的信息增加用户对现实世界的感知，将虚拟的信息应用到真实世界，并将计算机生成的虚拟物体、场景或系统提示信息叠加到真实场景中，被人类感官感知从而达到超越现实的感官体验。虚拟现实和增强现实技术凭借其强大的复现功能、新颖的操作方式、独特的传播体验，能满足用户对信息传播形式的多样化需求。

相较于传统电竞模式，以VR为代表的虚拟现实技术能提供更强的沉浸感，伴随着软硬件性能和网络带宽的提升，采纳了虚拟现实技术的电子竞技产品与竞技体验还会发生翻天覆地的变化。2015年前后全球多家著名游戏娱乐公司试水VR游戏，日本索尼公司于2015年推出虚拟现实头戴式显示器PlayStation VR、美国微软公司也曾试图将虚拟现实头戴设备Oculus引入其旗下的家用游戏机品牌Xbox，均暗示了虚拟现实游戏这一未来的风口。我国也在虚拟现实游戏产品和赛事上进行了尝试，2015年北京竞技时代在上海举办了全球首届VR电子竞技大赛（WVA2015），2019年由中国信息产业商会电子竞技分会、泰豪创意集团、华夏动漫共同承办的2019世界VR产业大会VR电竞大赛在南昌开幕……腾讯、网易等多家企业也在VR游戏研发、配套设施建设等领域成长迅速。在全球电竞市场飞速增长的环境下，VR作为一种革命性的视觉体验能够满足电竞对娱乐性与交互体验的双重要求，成为电子竞技产业相关主体积极探索的新领域。

在5G、云计算等新一代信息技术的加持下，VR游戏将获得性能上的巨大提升，为用户带去更优质的沉浸式体验。传统VR游戏的一大缺陷即游戏玩家必须佩戴相对沉重的头显设备并携带用于数据和信号传输的“背包”，但新一代5G边缘计算技术允许玩家仅佩戴常规的VR眼镜、手持控制器，数据基本可以在云端和边缘进行处理再通过5G低时延、高速传输给玩家，从而为玩家卸下“背包”，极大提升了玩家的游戏体验。除VR游戏外，在VR基础上发展起来的AR同样被应用于电子竞技领域，产业主体可以通过增强现实技术将虚拟的游戏角色呈现在现实的电子竞技赛场，服务于电竞游戏产品与电竞赛事，同时也可以采用AR直播技术为电子竞技赛事和其他衍生的内容产品服务，为电子竞技内容的制作和传播赋予新的吸引力。

## 三、电竞与社会文化环境

社会文化环境是我国电子竞技产业发展的重要环境条件之一，包含人口的受教育程度与文化水平、社会文化传统、风俗习惯和价值观念、审美标准和道德风气等。有学者认为，社会文化环境是我国电子竞技产业发展过程中面临的各类本土环境中最复杂、最重要的变量之一。[①] 与经济和技术环境相比，社会文化环境在更大程度上涉及社会公众的需求和思潮，而这些需求和思潮的变动是频繁且相对难以预测的。加上电子竞技产业自身处于尚不成熟又发展迅速的阶段，社会公众对电子竞技产业的产品或服务所产生的消费意愿、价值判断都会时常发生变化，进而构成电子竞技产业发展的新的社会文化环境。具体而言，电子竞技产业在国内的本土社会文化环境可以分为以下三个层面：

① 恒一，陈东.电子竞技产业分析［M］.南京：江苏人民出版社，2017：41.

### 1. 人口与受教育程度

表4-1　2021年年末人口数及其构成

| 指标 | | | 年末数（万人） | 比重（%） |
|---|---|---|---|---|
| 全国人口 | | | 14,1260 | 100.0 |
| 其中： | | 城镇 | 91,425 | 64.7 |
| | | 乡村 | 49,835 | 35.3 |
| 其中： | | 男性 | 72,311 | 51.2 |
| | | 女性 | 68,949 | 48.8 |
| 其中： | 0–15岁（含不满16周岁） | | 26,302 | 18.6 |
| | 16–59岁（含不满60周岁） | | 88,222 | 62.5 |
| | 60周岁及以上 | | 26,736 | 18.9 |
| | 其中： | 65周岁以上 | 20,056 | 14.2 |

来源：《中华人民共和国2021年国民经济和社会发展统计公报》

**【知识窗】**

《2021年国民经济和社会发展统计公报》

根据国家统计局《2021年国民经济和社会发展统计公报》，2021年年末我国人口数141,260万人，比上年末增加48万人，其中男性占比51.2%，女性占比48.8%（见表4–1）；九年义务教育巩固率为95.4%，全年研究生教育招生117.7万人，毕业生77.3万人，中等职业教育招生656.2万人，在校生1738.5万人，毕业生484.1万人；年末全国就业人员74,652万人，其中城镇就业人员46,773万人，占全国就业人员比重为62.7%，比上年末上升1.1个百分点。[①]

在教育层面，这表明我国社会整体的受教育程度稳步提升，与十年前的人口普查结果相比，我国人口的受教育程度大幅度提升。在就业层面，这表明在“稳增长、保就业、防风险”战略部署下，我国就业形势在2021年总体保持稳定。但受到国际疫情防控形势严峻、国内新冠肺炎疫情反复、新技术新业态新模式发展波动等因素的影响，国内就业形势依旧不容乐观并面临结构性失衡的问题，尤其是教育培训、互联网平台、房地产、建筑等行业和领域的就业压力有所增大，这对未

① 中华人民共和国2021年国民经济和社会发展统计公报［EB/OL］.（2022–02–28）［2022–08–10］.http://www.gov.cn/xinwen/2022–02/28/content_5676015.htm.

来几年我国国民经济稳定与发展、居民家庭与个人全面发展而言，均构成了一定的挑战。

逐步提升的人口受教育程度客观上为电子竞技产业的发展准备了良好条件。一方面，更高的人口受教育程度有利于培育更开放包容的社会文化环境，提升社会对电子竞技这一新兴文化创意产业的接纳和适应程度；另一方面，高教育程度的人口结构意味着平均（小时）收入较高的社会收入结构，更多的受教育人口通过广播电视、互联网等多样化渠道接触多样化的消费领域，更容易接触电子竞技产业的产品和服务，从而转变为电子竞技产业的用户与消费者，为电子竞技产业用户群体的扩大奠定基础。与新冠肺炎疫情暴发前相比，尽管国内就业环境呈现相对紧张的趋势，一定程度上限制了用户的消费能力，但另一方面也增大了社会公众参与文化娱乐项目的机会，一批原本非电子竞技产业消费者的用户开始接触电子竞技的产品和服务。

### 2. 消费水平与偏好

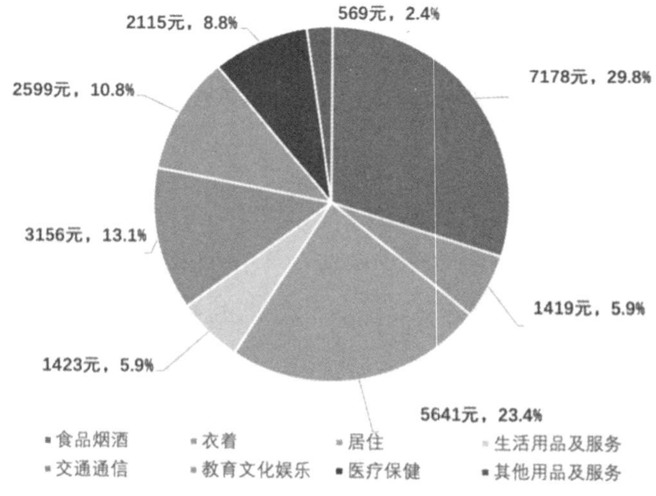


图4-4　2021年全国居民人均消费支出及其构成

来源：《中华人民共和国2021年国民经济和社会发展统计公报》

除受教育情况和就业情况，社会公众的消费偏好与消费认知也是影响电子竞技产业发展的社会文化环境因素之一。更愿意尝鲜、购买新产品以及对消费品更新换代频率更高的社会消费氛围更有利于电子竞技产品和服务的推广。

在我国，从居民消费水平、消费偏好与结构来看，2021年全国居民人均消费支出

24,100元，扣除价格因素实际比上年增长12.6%，其中人均服务性消费支出[①]10,645元，比上年增长17.8%，占居民人均消费支出的比重为44.2%。[②] 对比2019年新冠肺炎疫情暴发前全国居民人均消费支出21,559元、人均服务性消费支出9886元、人均服务性消费占居民人均消费支出45.9%的数据，尽管经历了2020年居民消费支出水平的回落，但2021年居民消费在疫情防控常态化和线上消费渠道的保障下取得明显增长，服务性消费支出和商品性消费支出均有所提高，其中服务性消费支出增长的贡献率略有降低，商品性消费支出表现出更强的韧劲和潜力。

从消费支出的细分类别来看，食品烟酒、居住、交通通信、教育文化娱乐成为居民消费的关键组成部分，医疗保健支出与疫情暴发前相比有明显提升（见图4-4）。此外，根据2022年1月国家统计局发布的数据，2021年我国社会消费品零售总额44.1万亿元，比上年增长12.5%，比2019年增长8%；全国网上零售额比上年增长14.1%，其中实物商品网上零售额增长12%，两年平均增长13.4%，[③] 增速明显高于线下消费。这不仅表明疫情深刻影响了我国居民的消费意愿和对消费品类别的偏好，也表明疫情下随着我国电子商务等线上业务的成熟，中国消费者的消费渠道发生了变化，线上消费由于具备灵活、稳定、便捷等优势，在疫情后激发居民消费潜力、培育新的经济增长点等方面发挥了重要作用。

近年来日益丰富的线上文化娱乐活动和我国居民日益培育起来的线上消费习惯是电子竞技产业发展的良好助力。通过多样化的互联网平台，有关电子竞技产品和服务的信息进入公众视野，在触达广泛用户群体的基础上，电子竞技产业经营主体为用户设置了便捷的产品和服务接入端口，用户可以在线上实现对相关内容的浏览、产品与服务的体验。得益于广泛应用的线上支付手段，电子竞技产业可以完全在线上实现其产品和服务的销售环节。随着近年来我国居民对知识付费等形式的接纳程度的提升，电子竞技相关衍生内容的付费传播也成为现实，电子竞技赛事等也可通过线上渠道实现营收。总体来看，我国日益丰富的消费类别和消费者的线上消费习惯为电子竞技产业的发展提供了良好的发展环境与机遇。

① 服务性消费支出是指住户用于餐饮服务、教育文化娱乐服务和医疗服务等各种生活服务的消费支出。——引自《中华人民共和国2021年国民经济和社会发展统计公报》

② 中华人民共和国2021年国民经济和社会发展统计公报［EB/OL］.（2022-02-28）［2022-08-10］.http: //www.gov.cn/xinwen/2022-02/28/content_5676015.htm.

③ 数据来源：国家统计局官网 http: //www.stats.gov.cn/。

### 3. 社会文娱氛围

自古以来，中国文化体系中对游戏的评判都是谨慎的，尽管众多文艺作品和史书中记载了人们丰富的游戏活动，但整体来看对游戏的批判多于赞扬，如“玩物丧志”等说法将游戏等器物/事物视为荒废时间、阻碍人与社会发展的“祸源”。这些由来已久的对游戏和娱乐的审慎态度影响了当代电子竞技产业在我国的发展，尤其是电子游戏和电子竞技在国内出现的早期，社会公众普遍认为这是一种蒙蔽青年使其不务正业的“毒药”，加上一些青少年沉迷电子游戏的现象切实存在，我国电子竞技产业是在争议中起步和成长的。

随着经济社会的发展、改革开放的深化、居民受教育水平的提高，我国整体的社会文化氛围发生了巨大变化，公众的思想价值、文化理念向更包容、更开放的方向发展。一方面，整体的社会文化氛围更能理解“玩”作为个人和群体全面发展的一个领域所发挥的价值，另一方面，越来越多的人认识到电子竞技和单纯的娱乐的区别，电子竞技的体育属性和产业属性受到社会关注。

**【知识窗】**

**电子竞技被正式纳入体育竞技的范围**

2003年国家体育总局将电子竞技确认为第99个正式体育项目，电子竞技逐渐在国家政策层面作为体育竞技的一个分支得到认可，极大地促进了社会大众对电子竞技产业的看法和态度。在此之后，国家体育总局于2008年重新将电子竞技定义为国家的第78个体育项目，将其正式纳入体育竞技的范围。

在政策的引导下，中国社会对电子竞技的认知和接纳程度有了明显提升。此外，电子竞技在各类商业主体关注和尝试中明确了产业化的发展趋势，体育场馆、酒店、日用品、影视作品、旅游、餐饮等多样化的产业类别与电子竞技产业形成跨界融合趋势，全面渗透社会公众的日常生活，同时也将孵化出更多的“电竞+”生活新业态，产生了巨大的经济与社会效益，使我国公众对电子竞技产业的了解程度进一步加深，电竞与社会文化实现了更紧密的融合，进一步助推了电子竞技运动和产业在全社会的发展。

在政策和社会产业主体等多重作用下，社会公众逐渐认识到电子竞技与电子游戏的区别，电子竞技体育化和电子竞技运动产业化的观念逐渐被更多人接受。2022年中国杭州亚运会中作为正式比赛项目的电子竞技运动势必会受到更多关注，为电子竞技运动和电子竞技产业的社会化、大众化提供良好的契机。

## 四、电竞与政策环境

对任何一个产业类别而言，法律与政策环境对其发展的影响都是刚性的，电子竞技产业的发展同样深刻受到我国国家与区域政策的影响。在我国，电子竞技产业的政策环境主要分为国家与区域的管制扶持政策、行业自身的监管与自律政策两大类，其中国家与区域的管制扶持政策是整个产业政策的“风向标”，在对市场和社会各项因素进行综合评判的基础上，国家出台了相关政策对电子竞技产业进行指导和规范；地方政府和有关部门根据区域电子竞技产业发展情况和对综合指标的评判出台区域性电子竞技产业政策，为本土电子竞技产业的发展提供指导和帮助；电子竞技产业的行业相关主体在国家和区域政策给定的框架内活动，同时也得益于其与市场的紧密关系，能制定一些更具前瞻性和实践性的行业自律规范。不同层面的产业政策和规范为我国电子竞技产业的发展提供了健康、可持续的发展环境。

### 1. 国家与区域产业政策

（1）国家法规与政策

根据目前我国对电子竞技产业的定位，其一方面与游戏产业紧密相关，归属于文化产业的门类，另一方面又是体育产业的重要分支。因此，对电子竞技产业的政策分析应涵盖文化产业政策、体育产业政策两个主要方向。

文化产业政策方面，我国文化产业的发展特征倾向于“政府驱动型发展模式”，文化产业发展的每个阶段都离不开政策的驱动和指导。2000年以后我国进入以政策推动文化产业发展的时期，各类文化产业政策密集出台，文化产业开始形成并逐渐提升到国家战略的重要地位，起点即2000年10月中共十五届五中全会上通过的《关于非公有资本进入文化产业的若干决定》，之后《文化产业振兴规划》《中共中央关于深化文化体制改革推动社会主义文化大发展大繁荣若干重大问题的决定》《文化产业促进法（草案征求意见稿）》等政策文件相继出台，鼓励供给端和消费端两端双轮驱动推进文化产业，在促进文化安全、推动文化走出去、构建现代文化市场体系等方面给出产业指导，尤其是2021年5月印发的《“十四五”文化产业发展规划》

中明确提出“促进电子竞技与游戏游艺行业融合发展”，表明电竞逐渐向大众文化产业核心靠拢，融合发展的态势也愈发明显，昭示了未来电子竞技产业发展的广阔市场空间。

体育产业政策方面，在被划定为体育项目后，电子竞技受到体育产业政策的指导，标准化和规范化程度逐渐提升。国务院办公厅率先于2010年3月发布《关于加快发展体育产业的指导意见》，后续《关于加快发展体育产业促进体育消费的若干意见》《关于加跨发展体育健身休闲产业的指导意见》《体育标准化管理办法》等政策文件的出台，为中国体育的标准化、产业化和休闲化提供指导，对中国体育产业规模的扩大和结构优化有重要作用。2016年7月国家体育总局发布的《体育产业发展“十三五”规划》指出“以冰雪、山地户外、水上、汽摩、航空、电竞等运动项目为重点，引导具有消费引领性的健身休闲项目发展”，电子竞技等休闲项目刺激消费和休闲娱乐的价值进一步受到重视。

（2）区域产业政策

电子竞技产业在新冠肺炎疫情期间呈现出巨大的逆向生长动能，其社会与经济影响力受到政府的关注。继上海提出打造“全球电竞之都”的相关政策后，北京、广东、浙江等地从电子竞技配套设施、电竞媒体建设、电竞关联企业培育、电子竞技人才培养等多个层次出台相关扶持政策，促进电子竞技产业蓬勃发展。

**表4-2　近年电子竞技产业地方扶持政策举例（根据网络公开信息整理）**

| 省市 | 机关 | 扶持政策 | 核心内容 | 时间 |
|---|---|---|---|---|
| 上海市 | 中共上海市委宣传部、上海市文化和旅游局、上海市体育局 | 《关于促进上海电子竞技产业健康发展的若干意见》 | 大力扶持电竞原创生产；搭建电竞赛事体系；加强电竞媒体建设；优化电竞空间载体布局；做大做强电竞产业主体；构建电竞人才培养体系；优化电竞产业发展环境。 | 2019.05.20 |
| | 上海市静安区发展和改革委员会、上海市静安区商务委员会 | 《上海市静安区促进电竞产业发展的扶持政策（试行）》 | 支持电竞产业聚集发展；支持电竞企业提升原创能力；支持电竞场馆建设和运营；支持承办和参与电竞赛事等活动；对接多层次资本市场。 | 2019.01.24 |
| | 上海市静安区人民政府、上海市静安区文化旅游局 | 《静安区关于促进影视、电竞产业发展的实施意见》 | 为影视与电子竞技企业落户静安区提供资金和用房资助；鼓励相关产业人才落户；支持载体平台建设大力支持在静安投资建设影视、电竞产业园区、基地、众创空间、专业场馆等产业载体；为满足条件的优质游戏项目、优质电子竞技赛事活动以及消费场所等给予发行奖励。 | 2021.08.27 |

续表

| 省市 | 机关 | 扶持政策 | 核心内容 | 时间 |
| --- | --- | --- | --- | --- |
| 北京市 | 中共北京市委、北京市人民政府 | 《关于推进文化创意产业创新发展的意见》 | 深挖动漫游戏产业，通过动漫平台建设、优秀创作作品扶持、原创游戏产品出口等途径和方式提升区域动漫游戏产业竞争力；同时优化动漫游戏产业经营环境，加强相关出版物的内容审核与平台运营监督，促进游戏产业高质量发展。 | 2018.06.21 |
| | 北京市推进全国文化中心建设领导小组 | 《关于推动北京游戏产业健康发展的若干意见》 | 激励精品创作；规范游戏出版；培育发行平台；强化科技支撑；激发创新活力；推进园区建设；加强游戏理论研究；推动游戏走出去；打造电竞产业集群。 | 2019.12.24 |
| | 中共北京市石景山区 | 《中共北京市石景山区第十二届委员会第十二次全体会议》 | 坚持创新驱动，促进产业转型升级加快构建高精尖经济结构。 | 2020.12.28 |
| | 北京市人民政府办公厅 | 《北京市人民政府办公厅关于促进全民健身和体育消费推动体育产业高质量发展的实施意见》 | 大力发展体育竞赛表演业；完善体育赛事体系，支持体育赛事与文化娱乐深度结合，推进体育竞赛表演业创新发展；鼓励体育社会组织和市场主体举办电子竞技比赛活动；提高青少年和校园体育赛事影响力。 | 2021.06.17 |
| 广东省 | 广州市委宣传部、文化广电旅游局等 | 《广州市促进电竞产业发展三年行动计划（2019–2021年）》 | 立足实现广州电子竞技产业的国际影响力，从龙头电子竞技企业、优质电竞游戏产品、尖端电子竞技团队和电子竞技赛事等方面着手，同时配套以一流的电子竞技场馆和电子竞技综合产业园，到2021年基本建成“全国电竞产业中心”。 | 2019.08.30 |
| | 深圳市文化广电旅游体育局 | 《关于加快文化产业创新发展的实施意见》 | 支持企业参与制定文化软件标准，研发一批数字内容、动漫游戏、移动社交等领域的应用软件。推动游戏商用引擎优化迭代，提高游戏自主研发能力。同时鼓励和扶持绿色健康、具有中国文化特色和自主知识产权的原创游戏产品、电竞赛事，支持精品游戏衍生品和服务的开发及出口。 | 2020.04.26 |
| | 深圳市南山区 | 《深圳市南山区关于支持电竞产业发展的实施意见》《深圳市南山区关于支持电竞产业发展的若干措施》 | 立足打造顶级电竞赛事举办地、中国电竞产业总部基地、粤港澳电竞产业中心等三大电子竞技产业建设目标，从产业品牌、产业主体、产业空间、产业人才、产业服务等方面，给予政策引导和资金支持。 | 2021.01.05 |
| | 广州市天河区科技工业和信息化局 | 《广州市天河区关于扶持游戏产业健康发展的实施意见》 | 支持重大电竞产业项目落地天河，对天河区经济发展具有重大效益的电竞产业项目、新建的电竞场馆、曾获得国际性/洲际性大型电竞赛事前三名或全国性大型电竞赛事冠军的知名电竞俱乐部新给予落户奖励；引导企业积极参与电竞赛事，对规模性赛事活动的主办方给予奖金支持。 | 2021.01.25 |

续表

| 省市 | 机关 | 扶持政策 | 核心内容 | 时间 |
|---|---|---|---|---|
| 重庆市 | 忠县人民政府办公室 | 《忠县人民政府办公室关于促进电竞产业发展的若干政策意见》 | 调动县内各类产业资源，建立不少于1亿元的电竞产业发展资金，从企业引进、人才引进和专项政策落实等方面着手，对县内电子竞技产业的发展提供保障与支持。 | 2017.12.18 |
| 江苏省 | 太仓市人民政府 | 《关于推动现代服务业转型升级创新发展若干政策》 | 优先发展电子竞技产业。对全口径税收达到100万元以上的电子竞技企业，前两年按形成太仓市地方实际贡献的100%、后三年按50%予以奖励等。 | 2017.06.10 |
|  | 苏州人民政府办公室 | 《苏州发布关于促进电竞产业健康发展的实施意见》 | 围绕电竞产业发展生态，致力于区域内电子竞技产业的联动发展、品牌化发展，同时通过培育和引育的双重手段强化区域内市场主体和产业载体，此外《意见》从加大游戏产品研发、拓展电竞内容传播业态、构建人才培养体系、优化产业发展环境等八个方面提出工作要求，指出应进一步发挥电子竞技运动协会等行业协会的产业价值，支持电竞产业联盟、行业协会搭建公共服务平台。 | 2021.01.20 |
| 浙江省 | 杭州下城区人民政府 | 《杭州市下城区人民政府关于打造电竞数娱小镇促进产业聚集发展的实施意见（试行）》 | 简称“电竞16条”，从房租用地和补贴、产业扶持手段、俱乐部入驻和赛事补贴到创新研发的奖励等，系列新政涵盖电竞数娱产业链上下游，覆盖面齐全，且财政支持的力度大，效果明显。 | 2018.04.09 |
|  | 温州浙南沿海先进装备产业集聚区（经开区、瓯飞）管委会 | 《关于支持电竞文体数字产业发展的若干意见（试行）》 | 进一步强化电子竞技产业的市场化特征，引导社会资本组建设立不少于20亿元的电竞文体数字产业发展基金，支持龙头企业做大做强、孵化中小企业创新发展。此外以产业发展基金决策委员会为决策单位，对相关企业单位进行最高不超过5000万元的产业投资。 | 2019.12.24 |
| 四川省 | 成都市人民政府办公厅 | 《关于推进“电竞+”产业发展的实施意见》 | 打造多层次赛事体系，支持引进一批品牌赛事，培育一批自主IP赛事；同时加强载体建设，积极加强产业载体规划，培育一批在全市乃至区域范围内有影响力的大型专业化电竞场馆，搭建完善的产业载体体系；积极推动融合发展，支持“电竞+文创”；加强人才队伍建设，全面引进电竞软件研发、赛事执行及活动运营等全产业链人才；优化产业发展环境，从顶层设计、政策体系、运营指导、产业链拓展等方面做好各项工作。 | 2020.05.13 |

续表

| 省市 | 机关 | 扶持政策 | 核心内容 | 时间 |
| --- | --- | --- | --- | --- |
| 西安市 | 西安曲江新区管理委员会 | 《西安曲江新区关于支持电竞游戏产业发展的若干政策（试行）》 | 抓住发展电竞产业的良机，深耕电竞产业“新蓝海”，强政策、引头部、办赛事、建园区，全面深入推进电竞产业生态化、集群化、尖端化发展，助力西安电竞加速领跑。 | 2020.03.09 |
| 海南省 | 海南省旅游和文化广电体育厅 | 《“海南国际电竞港专项政策”——“海六条”》 | 海南生态软件园计划设立10亿覆盖产业全生命周期的电竞产业专项基金；研究制定海南电竞人才“千人计划”；针对对地方财税有突出贡献的企业加大补贴和优惠力度；为促进区域电子竞技产业的国际化发展，进一步简化出入境手续；简化赛事审批流程，优化产业发展环境；探索拓展在网络之外的直播渠道。 | 2019.06.20 |

从以上有关电子竞技的产业政策文件来看，我国各地方对电子竞技产业的扶持政策可以归纳为以下几类：其一，通过用房和税费优惠等政策吸引电子竞技及相关产业的经营主体落户，吸引和培育行业内的重点企业；其二，支持电子竞技原创内容和服务的研发，包括人才优惠政策、优质产品奖励等；其三，支持电子竞技俱乐部在区域的发展以及电子竞技相关赛事的举办；其四，完善区域内硬件场馆与设施建设，为电子竞技平台载体类企业的落户和项目落地提供支持。由此可见，我国地方政府对电子竞技产业的政策主要集中在产业扶持方面，扶持的内容涉及电子竞技产业链条中的各个环节。从趋势上看，中国以一线和新一线为代表的城市逐渐认识到电子竞技文化和产业为城市赋能的巨大潜力，纷纷为电子竞技产业提供政策红利，电子竞技在我国地方的发展具备了更优质的政策环境。

### 2. 产业监管与行业自律

除国家和地方政府的产业扶持政策之外，电子竞技产业的健康可持续发展还需要一些限制性的规范进行约束。在我国，这类规范主要来自电子竞技产业的相关行业监管政策和产业相关主体的自律政策。

（1）监管政策

电子竞技产业有效的监管机制可以提升产业的整体水平，政府、电竞俱乐部以及相关组织机构一直积极配合，探索适合中国国情的电子竞技产业监管政策。与电子竞技相关的监管政策主要体现在互联网监管、游戏监管和直播监管等领域。

第一，互联网监管：网络环境的清朗与保障。

随着1994年中国全功能接入国际互联网，互联网监管同步引入。这一阶段国内初步具备了互联网监管的意识，也已经提出技术监管、内容监管的要求，但还主要集中在对接入互联网的管道控制，尚未触及互联网业务的监管，因此处于互联网监管的“启蒙”阶段。这一阶段，国家信息化领导小组和随后在国家信息化领导小组之下成立的国家网络与信息安全协调小组，标志着我国互联网监管领域形成了相对明确的管理单位和组织架构。

21世纪以来，以国家网络与信息安全协调小组为核心，我国基本完成了互联网监管体系的建设工作，搭建起包含网络层、接入层、业务层、内容层的监管框架，并重点针对网络的媒体属性，加强内容监管，为互联网环境的优化、互联网数字产业的成长奠定了良好基础。受2008年国内大部制改革的影响，国家信息化领导体制有所弱化，互联网监管部门的主体地位得到提升。同时伴随着产业发展程度的加深，互联网产业的门类日益复杂、体量进一步扩充，互联网领域的产业实践发生明显变化，超出原本监管范畴的新问题涌现，不正当竞争、电子商务与网络支付监管、网络信息泄漏等问题迫切需要监管体系的调整与优化。

2014年，我国成立中央网络安全和信息化领导小组，国务院对国家互联网信息办公室作出职能授权，标志着我国网络监管进入重构升级阶段。这一阶段的互联网立法层级更高，同时也在监管领域、监管程度、覆盖范围等方面有明显提升。近年来，国家净化网络环境、加强互联网监管的举措更加完善有力，国家互联网信息办公室推出“清朗专项行动”，旨在规范网上信息传播秩序、净化网络空间，切实维护广大人民群众的切身利益。逐步完善的互联网监管体系为电子竞技监管奠定了基础，技术、业务和内容层面的监管政策为电子竞技产业专项监管政策的制定和调整规定了宏观方向。

第二，游戏监管：从无到有的监管生态。

我国游戏领域的行业监管同样经历了从无到有、逐步健全的发展历程。2009年国家体育总局信息中心作为我国电子竞技主管部门，成立了电子竞技项目部，开始正式接管中国电子竞技项目的管理工作，但这一阶段的电子竞技及游戏监管还相对松散粗放。2016年起我国电子游戏相关的政策规定密集出台，这些监管政策主要体现在游戏产品运营准入、经营规范、青少年保护等方面。

2016年《关于移动游戏出版服务管理的通知》出台，也正是2016年之后，我国游戏行业的监管力度频频加强，从对游戏内容的审核变严格到强制要求游戏版号，游戏监管的平台端口也从PC端游戏拓展至移动端游戏，此后移动游戏逐渐规范，比如规定国内运营发行移动网络游戏的企业需取得《网络文化经营许可证》，未经国家新闻出版广电总局批准的移动游戏不得上网出版运营；又如提出移动应用注册用户实名制等。

同时，为了对青少年起到更好的保护作用，以及促进行业的健康发展，我国也针对青少年保护出台了不少相关政策，其中以青少年防沉迷为主要工作内容，各个游戏厂商也响应国家呼吁，针对自身游戏性质出台了各自的防沉迷措施。2021年8月国家新闻出版署印发《关于进一步严格管理切实防止未成年人沉迷网络游戏的通知》，针对未成年人过度使用甚至沉迷网络游戏问题进一步严格管理措施，明确所有网络游戏企业仅可在周五、周六、周日和法定节假日每日20时至21时向未成年人提供1小时服务，不得以任何形式向未实名注册和登录的用户提供游戏服务等。相关游戏监管政策在短期内对主要面向青少年的游戏产品造成了影响，但总体来看，此类游戏监管政策是游戏及电子竞技产业健康发展的“保护伞”，为产业的持久健康生态保驾护航。

第三，视听监管：网络视听与直播净化。

电子竞技产业链中的一个重要组成部分即电子竞技赛事等内容的制作和传播，因此包括网络直播在内的网络视听监管政策也与电子竞技产业息息相关。我国对网络视听内容的监管始于2007年前后，以广电总局和网信办为代表的机构单位对互联网视听节目的经营许可、内容规范、服务门类等进行规范，如《互联网视听节目服务管理规定》等，但短期内没有出现专门针对互联网直播的监管政策。近年来，电子竞技直播平台获得井喷式发展，但其“野蛮生长”的状态也造成了一定程度的行业乱象，直播内容低劣、内容侵犯版权、隐私泄露等问题严重影响了行业环境。

近年来，国家对直播渠道与平台的管控加强，自2016年起国家规定未持有《信息网络传播视听许可证》的直播机构不得开展相应的直播业务，2016年国家互联网信息办公室出台《互联网直播服务管理规定》，此后，2017年4月网信办关停了18类传播低俗信息直播平台应用，同年5月文化部又关停了10家网络直播平台，全国“扫黄打非”办公室也针对10余家具有传播淫秽色情信息等“乱象”的网络直播平台展开了立案侦查。截至2017年年底，国家网信办根据规定依法关停了18款具有违法违规内容的网络直播类应用软件和12家网络直播平台，重拳出击整治互联网直播环境。

对互联网直播行业的肃清为竞技直播的内容生态和竞争秩序保驾护航，这些规定文件在许可证和市场准入、用户管理、转播规范等方面为电子竞技及相关产业的经营管理做出了指导。得益于系列网络直播的监管政策逐渐完备，我国网络直播市场环境得到了有效优化，野蛮生长的发展乱局得到了及时遏止。但同时也应警惕，一部分网络直播平台和直播用户打擦边球、钻法律漏洞的问题仍旧存在，再加上网络直播的特点和行业的特殊性，现在的网络直播监管体系与构建网络直播行业的良性健康发展环境之间还有一定差距。

总体来看，中国电子竞技产业监管机制尚不完善，与韩国、美国等电子竞技强国相比在赛事管理、投资经营、行业教育等监管领域仍有欠缺。由于各国具体情况有所不同，迄今为止还未形成成熟的国际性电竞监管组织、机构与章程，各国处于国内探索为主的阶段。为进一步提升电子竞技产业的规模与影响力，还应在行业标准化、公平性、发展性等问题上集中发力，提升政策系统性与针对性。

（2）行业自律

我国相关产业主体已在完善电子竞技行业规范方面做出了持续努力，按出台政策的内容侧重划分，可归纳为体育运动规范、从业主体自设经营规范和行业从业标准规范三个方向。

在设置电子竞技体育运动规范方面，早在2006年中华全国体育总会便公布了《全国电子竞技竞赛管理办法》①《全国电子竞技裁判员管理办法》②《全国电子竞技运动员注册与交流管理办法》③《全国电子竞技运动员积分制度实施办法》《全国电子竞技竞赛规则》④，这是我国第一次针对电子竞技运动项目集中出台规范管理办法，由体育工会牵头，为电子竞技发展设置行业标准。但总体来看，目前我国国家级行业工会对电子竞技运动的行业规范管理相对滞后，存在规范纲领“赶不上”行业变化等现实问题。

在电子竞技从业主体自设标准方面，行业内的头部企业加入行业规范的制定队伍，其中以2018年腾讯发布的《腾讯2018电子竞技运动标准》为典型代表，腾讯作

① 《全国电子竞技竞赛管理规定（试行）》[EB/OL].（2006-09-27）[2022-08-10].http: //www.ceg.net.cn/ceg2006/2006-09-27/933831.html.

② 《全国电子竞技裁判员管理办法（试行）》[EB/OL].（2006-09-27）[2022-08-10].http: //www.ceg.net.cn/ceg2006/2006-09-27/933832.html.

③ 《全国电子竞技运动员注册与交流管理办法（试行）》[EB/OL].（2006-09-27）[2022-08-10].http: //www.ceg.net.cn/ceg2006/2006-09-27/933841.html.

④ 《全国电子竞技竞赛规则》[EB/OL].（2006-09-27）[2022-08-10].http: //www.ceg.net.cn/ceg2006/2006-09-27/933839.html.

为LPL联盟化后的赛事官方，其主动牵头完成的《腾讯2018电子竞技运动标准》对赛事进行了详细全面的规范，对队伍成员资格、薪酬与奖金、队伍所有权和阵容规则、决定选手替换的自主权利、选手设备、场馆、比赛区域布局和日常安排、联赛赛制及日程、比赛进程、游戏规则、选手及教练行为、规则精神均设置了明确的规定。

在电子竞技行业规范健全方面，国家和相关从业主体持续扩大对电子竞技及相关产业的关注面，出台了一系列与电竞人才培养、电竞职业管理相关的规范性文件。2019年4月人力资源和社会保障部、国家市场监督管理总局、国家统计局发布的13个新职业中包含“电子竞技运营师”和“电子竞技员”，为完善电子竞技的行业与产业布局、提升电子竞技专业化水平提供了指导。多年来我国持续致力于推动国内电子竞技运动和产业标准化，于2020年8月成立了全国电子竞技联席会议，2021年发布了《电子竞技员国家职业技能标准》，对职业概况、基本要求、工作要求和权重表等方面的内容，及该职业的活动范围、工作内容、技能要求和知识水平做出明确规定，是我国电子竞技产业走向标准化、规范化的又一关键成果。

## 第二节　中国电竞发展问题及路径

### 一、中国电竞发展问题探析

近年来我国电子竞技产业的发展势头有目共睹，在供给侧涌现出一批优质的电子竞技游戏产品，国内电子竞技俱乐部和战队逐渐在国际赛事中彰显强劲竞争力，在需求侧电子竞技也在国内挖掘出较广阔的用户市场，国内消费者对电子竞技产业的产品和相关服务表现出浓厚的兴趣和消费意愿。但放眼全球，我国电子竞技在产业化和规范化等方面仍与国际电子竞技强国有较大差距，主要体现在内容原创力、产业链布局以及产业传播影响力等方面。

#### 1. 优质IP匮乏，原创版权营收能力低

IP（Intellectual Property）本意指知识产权，即人类在社会实践中创造的智力劳动成果的专有权利。随着概念的泛化，如今的IP经常作为一个商业概念出现，可以理解为一种将智力成果符号化后形成的无形资产，一项内容、产品甚至组织或个人的

"IP化"都能帮助相关主体进一步释放其产业与社会影响力，延长其产业生命力。电子竞技作为一项新兴产业，高质量的IP运营是其延长自身产业链与价值链、扩大社会影响的重要手段。

图4-5　任天堂旗下《集合啦！动物森友会》游戏界面

电子竞技产业的IP化发展主要包括两条路径：一是对自身的游戏产品与服务、电子竞技俱乐部与战队、电子竞技赛事等进行IP化的包装和运营，打造原生于电子竞技领域的IP内容或形象；二是引入在其他领域已经具备较高影响力的IP内容与形象，通过跨界合作等形式将知名IP引入自身产品和服务体系，以期实现"1+1>2"的效果。国外市场上的头部企业在这两条路径上都有较成功的尝试，如任天堂作为全球领先的电子游戏软硬件开发的公司，一方面充分挖掘自身包括《超级马里奥》《集合啦！动物森友会》在内的优质游戏产品的IP价值，推出动画电影、形象玩偶、主题乐园等衍生产品；另一方面依托自身头部IP与环球影城等跨领域IP达成合作，进一步扩大自身原创IP的影响力和传播力。无论哪一条路径，都要求电子竞技产业主体本身具备个性化、高品质的内容和产品，依托优质的内容和产品即可打造游戏IP、赛事IP、俱乐部IP甚至选手个人IP。

但国内电子竞技在这方面的实力和水平还相对较弱，主要表现在原创内容与产品匮乏、内容与产品IP化开发运营不足、版权保护与营收能力不足等方面。我国网络游戏产业萌芽于20世纪末，最早以PC游戏以及代理游戏为主。在世界范围内比较成功的《英雄联盟》《守望先锋》和《刀塔》等游戏均由外国游戏厂商研发，国内游戏公司仅代理运营。受到早期游戏代理业务的影响，我国国内目前发展迅速的电子竞技游戏产品均有国际头部游戏产品或企业的痕迹，如近年来风靡的《英雄联盟》作为电子竞技领域的头部游戏产品之一，是由美国拳头游戏开发、中国大陆地区腾讯互娱天美工作室代理运营的。这表明国内电子竞技产业链上游的游戏研发与发行企业在游戏产品的原创研发和IP挖掘方面还存在较大的成长空间，只有培育和挖掘更多国内优质电子竞技IP，才能更大程度释放国内电子竞技产业的国际影响力和生命力，在国际电子竞技产业竞争中获得更多的主动权。此外，从赛事IP改编和跨界运营等方面看，我国电子竞技产业也存在较大不足，在泛娱乐背景下，各产业联动融合程度逐渐加深，电子竞技与影视、文学、动漫等其他泛娱乐行业跨界合作，围绕内容和产品IP打造泛娱乐生态产业链已成为当前电子竞技产业发展的重要趋势，而我国在这些方面的尝试明显尚处于初级阶段。

IP的培育和版权保护的推进是紧密相关的两项重要工作：原创IP的开发是释放电子竞技产业活力和生命力的关键举措，而版权保护意识的提升和版权规范工作的落实是保障电子竞技产业市场环境、为原创电子竞技IP保驾护航、提升原创IP市场表现力的必要前提。除了IP培育和挖掘的欠缺，国内电子竞技产业还面临版权保护力度不足、版权市场混乱等问题。与传统的文学、电影等文化产品相比，电子竞技领域的游戏版权比对和侵权认定存在更多难点，特别是大型的扮演游戏和竞技游戏，它们基本都有多条故事线以及多变的结局，每个玩家不同的选择会触发各类剧情，所以难以像传统的电影作品一样，对画面进行逐帧比对。有的游戏更改了原游戏主角的名字、描述细节等内容，但是人物的刻画和主线情节刻画方面却仍是照搬照抄，这在侵权认定环节会比较困难。例如盛趣游戏公司打造了《传奇》《龙之谷》《冒险岛》等一系列经典游戏，但如《传奇》系列游戏，在2002年就出现了“私服”。近年来，涉及网络游戏侵权的类型也越来越多样，有的是“私服”的整体复制，有的是跨端的端游侵权，还有的是文字改编侵权，以及游戏直播、短视频侵权，反映出国内电竞行业亟须增强版权保护意识的现状。

### 2. 头部企业固化，多元化竞争不充分

随着电子竞技产业的发展，电竞产业链各环节均已产生较成熟的头部企业，尤其是游戏研发与发行、电竞赛事联盟、电竞俱乐部、电竞游戏公司、赛事制作公司、游戏直播平台等产业链中的主要参与主体，在长期的探索中形成了一批实力雄厚、影响力广泛的企业。但头部企业的崛起和发展一方面表明了产业领域稳定的发展势头，同

时也暴露了产业经营主体相对固化甚至头部垄断等问题，不利于市场的多元竞争和创新发展。

在电子竞技产业链上游，国内外均出现了一批相对成熟的游戏研发与发行企业，其中以动视暴雪、艺电（Electronic Arts，EA）、索尼、任天堂、育碧等为代表的国外电子游戏企业占据了国际市场的大部分席位，这些企业在电子竞技领域起步早、技术先进、代表作品多、盈利能力强，在国内电子竞技市场上也有着强大的市场影响力。放眼国内市场，以腾讯、网易为代表的老牌互联网公司在电子竞技领域的布局逐渐成熟，从游戏代理起步的国内电子游戏企业逐渐形成了具有自身特色的产品和服务体系，也推出了《王者荣耀》《梦幻西游》等一批在国内外市场广受欢迎的电子竞技游戏产品。目前营收能力较强的电子竞技游戏产品开发和运营归属于以上头部游戏厂商，国内如腾讯、网易、拳头游戏、巨人网络等企业占据头把交椅的同时，压缩了行业内中小企业的生存空间，优质的企业和产品经常面临融资困难、版权保护不足等局面。长此以往，头部游戏研发企业形成了对市场的绝对影响力，中小企业的营收能力进一步下降，被头部企业收购并购甚至面临破产。对整个电子竞技产业市场而言，将导致电子竞技产业链上游出现“马太效应”，头部企业依托其长期以来积累的发展优势越来越强，而成立较晚、资本实力较弱的优质游戏研发企业则面临严峻的生存挑战。

电子竞技游戏的研发和运营往往与赛事的运营深度绑定，产业链上游头部企业的垄断必然会导致产业链中游赛事运营领域的固化。作为电竞赛事的授权方、主办方，电子竞技游戏的研发与运营企业在赛事运营领域有着不容置喙的话语权。例如Valve公司主办的DOTA2国际邀请赛，Valve公司不仅负责该游戏的研究、发行与运营，也负责对DOTA2系列赛进行授权；上海落地的各项大型国际赛事，也都是由各大头部游戏厂商、游戏运营商主办，它们对比赛有着绝对的主导权。第三方电竞赛事运营商往往与头部上游厂商保持稳定紧密的捆绑，才能获得更大、更稳定的发展空间，比如VSPN背后拥有腾讯注资，手握《王者荣耀》《和平精英》等联赛运营权；香蕉集团主打的是《绝地求生》；NEOTV则主要运营网易暴雪系列赛事。在此基础上，头部企业对电竞赛事的版权保护意识也显著增强，所以如《王者荣耀》《英雄联盟》等游戏赛事无法有明确的整编标准，只能以邀请赛的形式进行，多数为表演赛，在这些已经成型、有固定受众的大型赛事中，其他产业主体很难参与其中，间接导致了第三方赛事难以出头。长此以往，中小电子竞技赛事运营企业的业务大幅缩水、赛事体量持续减少，严重限制了电子竞技市场的多样性和竞争的开放性、公平性。

电子竞技产业下游的内容制作与传播领域，同样面临着头部企业垄断市场的局面，国内部分头部互联网企业逐渐成为覆盖电子竞技全产业链的综合性游戏企业。如在目前的游戏直播行业中，虎牙、斗鱼、企鹅电竞等企业主体位列前茅，2020年腾讯旗下全资子公司Linen Investment Limited以约2.6亿美元的收购价向欢聚集团购买虎牙1652.38万股B类普通股，成为虎牙的最大股东，加上此前腾讯创设的电子竞技平台企业电竞、此前已完成股份收购的斗鱼，腾讯基本形成了一统游戏直播行业的格局。头部企业的固化将会进一步阻碍潜在竞争对手进入电竞直播行业，或者虽可进入该行业但根本无利可图，例如，由于腾讯在游戏直播行业的上游行业——游戏版权与电竞内容行业内占据主导性地位，因此如果它拒绝向准备进入游戏直播行业的一家平台企业授予腾讯互娱天美工作室衍生内容版权，那么可能直接导致该家平台企业无法进入游戏直播行业，无形中限制了行业内的多元化竞争。

### 3. 技术起步晚，自主创新能力待提升

电子竞技的技术竞争主要在于相关技术储备与创新研发，核心技术主要包括技术架构、技术模型、技术示范等成熟度，电子竞技行业的技术研发与创新速度，决定了企业的竞争技术壁垒与市场占有率。

在游戏研发环节，电竞项目核心科技的开发离不开大量的投入与漫长的周期，优质电子竞技游戏的研发需要具备相对健全的电子游戏技术体系，其中游戏引擎是游戏制作的基础，是整个游戏的底层代码，也是决定用户游戏体验感的核心。游戏引擎为游戏设计者提供各种编写游戏所需的工具，其目的在于让游戏设计者能快速地做出游戏程式。一般而言，一个完整的游戏引擎体系包含以下系统：渲染引擎（即“渲染器”，含二维图像引擎和三维图像引擎）、物理引擎、碰撞检测系统、音效、脚本引擎、电脑动画、人工智能、网络引擎以及场景管理等，游戏引擎的发展进化历程主要体现在引擎稳定性提升、渲染由2D变为3D等方面。目前中国的游戏开发厂商从2D进化到3D的时间相较国外还很短，虽然已经可以满足国内网游的绝大多数需求，但在高端渲染方面仍有很大不足，尤其是与国际行业巨头 Unreal、Unity等相比还有较大差距。近年来，国内一些游戏厂商涌现出一批优秀的开发人员，但国际蒂姆·斯维尼（Tim Sweeney）这样的高端技术人才还十分缺乏。除渲染技术外，我国如物理引擎、网络引擎等更加细分的技术领域也处于很大的空白期，国内电子竞技技术的量变到质变仍需要时间。

在电子竞技产品与赛事运营环节，国际市场引入了越来越多的显示与影像技术来提升电子竞技赛事的沉浸感和转播内容的视听冲击力。同国际市场较早发展起来的电子竞技赛事与内容运营相比，我国的付费电视节目、影院电视、交互电视游戏等产品形式是20世纪末才陆续出现的，专业的电子竞技赛事和内容运营的发展更晚。尽管国内早期的电子竞技赛事和内容运营商也逐步开放了点播功能，但是这些功能的运行结构趋向于受众单向传递，用户的体验感和交互感较弱，与国际水平存在明显差距。

除了技术本身的发展局限，国内电子竞技产业还面临着技术的商业化运作不成熟等问题。仍以游戏引擎为例，国际上有着对游戏引擎技术成熟的商业化运作经验，通过将游戏引擎视为一个不依附于任何一个单一游戏产品的技术框架，国际电子竞技产业主体实现了游戏引擎技术价值发挥的最大化。目前中国不乏一些引擎研发公司正在逐步进行商业化运作，比如最近新上线的H5/3D/VR国产原创引擎C2engine，其公布的全中文操作界面、无编程化的操作体验或将打破游戏引擎市场的现状，甚至进军内容创作者平台以进一步释放游戏引擎技术的市场价值。除商业化运作的产业思维，我国电子竞技领域也缺乏完善的公共技术综合服务系统，缺乏整体性的产业发展思维。大部分电竞研发企业也都抱着急功近利的想法，只重视短期经济效益而在很大程度上忽视了产业长远的发展目标。由于软件代理要求低，大量电竞生产商纷纷转向进口产品代理权，对项目研发资金方面投入不足，研发团队的定向培养也不完善，对电竞产品研发与设计人才培育的不重视直接导致了电竞软件高端技术人才的稀缺，普通的企业技术人员很难独立研发出产品质量好、技术含量高、具备自主知识产权、市场发展潜能与空间大的国产电竞产品，从而限制了我国电子竞技游戏产品研发环节的技术升级。

### 4. 运营模式单一，传播与影响力不足

电子竞技产业社会影响力的扩大和综合价值的释放离不开产业链下游内容制作与传播环节的加持。截至目前，我国已经初步形成以电子竞技赛事为核心的电子竞技新媒体传播生态，其中电子竞技直播和衍生音视频在新媒体环境下成为电子竞技产业开拓用户的主要形式。但与其他文化与体育产业类别相比，电子竞技产业在全媒体环境下的运营与传播影响力仍有较大差距。

一方面，我国电子竞技产业运营与传播环节存在传播渠道单一、内容形式不够丰富等问题。目前我国电子竞技的衍生内容主要集中在斗鱼、虎牙等垂类直播平台，同

时在哔哩哔哩、抖音、快手等平台也有部分以短视频形式存在的电子竞技相关内容，但主流平台、传统长视频平台上缺乏相关内容，很大程度上限制了用户的触达范围，不利于产业影响力的进一步扩大。此外，各个内容传播平台往往是“各自为政”的状态，内容和形式的同质性较高，渠道和平台之间竞争激烈。内容环节竞争的一大表现即版权的竞争，斗鱼和抖音等平台在赛事版权等方面占有优势，其他综合类短视频平台常常面临版权侵权等问题，不同平台之间尚未形成体系化的高效协同架构，在限制了电子竞技相关内容在互联网渠道的传播之外增加了不同平台之间的内耗，长远来看不利于产业信息的自由流通。

另一方面，与国际电子竞技强国相比，目前我国对电子竞技产业的社会认可度相对较低，主流媒体对电子竞技运动与产业的态度也相对谨慎，一定程度上限制了电竞产业社会影响力的扩大。基于我国传统的文化惯性，在我国公众的语境中电子竞技往往被视为“打游戏”“玩”，加上与电子竞技紧密相关的电子游戏产品确实与部分青少年的游戏沉迷现象相关，因此电子竞技产业的营销和传播推广受到的社会阻力较大，与其他文化产业及体育产业项目相比，出现在主流媒体平台上的正面信息较少，受众的圈层相对固化。但近年来得益于我国电子竞技俱乐部和战队在国际电子竞技赛事中的优异表现，越来越多与电子竞技赛事相关的信息被发布在社交媒体平台上，增大了社会公众对电子竞技运动及电子竞技产业的感知，这对电子竞技产业主体而言，无疑是拓宽内容传播渠道、打破产业刻板印象、吸纳新一批电竞产品与服务用户的良好机遇。

整体来看，电子竞技产业内容的制作和营销传播是电子竞技产业发展的重要一环，其媒介传播效果甚至关系到我国体育与文化传播体系的建构。

电子竞技产业传播的效果深刻影响着产业的社会影响，良好的产业传播效果能进一步释放电子竞技产业的积极社会价值，影响政府宏观调控的效果、行业发展的前景、平台努力的方向、用户规制的策略等，是未来产业相关主体应重视和努力的方向。

### 5. 区域发展不均衡，产业政策同质化

目前我国各地区的电子竞技产业发展水平较不均衡。从近年我国各省市电竞相关企业数量排行榜来看，各地电竞相关企业数量差距极大，排名靠前的广东省、上海市等地区电竞相关企业布局密集，几乎达到了排名中下游的各省市电竞相关企业的数量总和。除企业数量外，这种区域产业发展不平衡的问题还体现在重大赛事举

办次数、电竞相关设施建设、人才培养重视程度等各个方面。除广州、上海等公认的“电竞之都”以外，大部分城市都缺乏行业发展需要的物质保障与硬件设施的完善，包括急需升级的网络速度与稳定的技术支持等，否则就算是承办比赛，也会存在延迟、掉线、暂停比赛排查异常等情况，严重限制了当地电子竞技产业的发展和产业影响力的提升。

区域电子竞技产业的发展离不开国家和地方政府的大力支持，国家和地区的相关扶持与引导政策为电子竞技产业的健康发展准备了条件。为进一步推动电子竞技运动发展，更好地规范电子竞技赛事运行，2022年，国家体育总局根据《体育总局关于推进体育赛事审批制度改革的若干意见》和总局有关要求出台了《电子竞技赛事管理规定》，但由于尚未明确其研发产业属性，故电子竞技领域还面临多政府部门交叉管理的局面，在政策出台和落实实践中仍存在一些弊端。目前，我国政府对游戏前期出版的把控相对严格，基于版权保护、内容审查等多重考虑，电子竞技产品和服务进入市场之前要面临较长周期的申请审核环节，每年能拿到游戏版号上线的游戏产品逐渐减少，电子竞技赛事的申办和落地也需要完成较长的行政审批流程，一定程度上限制了电子竞技的区域产业实践。与电子竞技产品和服务获取资质上线前的繁杂审批相比，产品和服务上线后的政策监管又不尽完善，市场上部分电子竞技相关企业钻政策的漏洞，利用“马甲包”规避版号收紧的风险，甚至试图通过后续对游戏内容的修改走边缘路线，不惜传播低俗文化获取非法利益。

图4-6　齐鲁电竞科创小镇基地签约仪式

来源：http://www.sohu.com/a/209536058_769999

分区域来看，目前我国电子竞技产业的区域发展存在优势地区“赢者通吃”、其他地区盲目效仿的情况。在电子竞技产业红利尽显的当下，我国具备一定互联网产业发展基础的地区均在试水电子竞技，但这些尝试的效果不尽相同。有些地区虽然出台了相关政策，但是力度不足、方向有误或盲目复制成功地区经验，例如2017年江苏太仓、重庆忠县、河南孟州、浙江杭州、安徽芜湖、山东章丘等多个县市纷纷展开行动，对外宣布了建设电竞小镇的计划，并开始招商引资，多地投入资金超过20亿元，但许多地区时至今日仍因规划等问题没有完成基础场馆、电竞园区的建设，计划依然停留在纸面之上，完成之日遥遥无期，造成了人力物力等资源的严重浪费。随着国内头部电竞赛事LPL和KPL主客场制度确立，在腾讯电竞地域化运营的策略之下，大量赛事资源开始向一、二线城市汇集，许多地区已经建成的电竞小镇也因此陷入了无比赛、无大赛可办的尴尬境地。由此可见，我国电子竞技产业区域发展不平衡是与地区综合发展环境紧密相关的合理现象，但区域电子竞技规划的出台应避免盲目，若忽视区域发展现实、“跟风”建设电子竞技项目，则易造成投入大、收益小甚至资源浪费等问题。

### 6. 人才短缺，培育与保障体系待完善

随着电子竞技产业的迅速发展，与电子竞技相关的产业政策、技术能力、资金体系、基础设施等均加速完善，进入了精细化发展的新阶段，唯独人才培养和保障体系的健全是一个需要更长的时间与投入的领域。目前我国电子竞技相关产业人才的缺口较大，且面临结构性失衡的问题，人才建设水平的局限成为我国电子竞技产业发展的一大限制。

首先，电竞行业快速扩张、产业急速发展带来了人才短缺的困扰。根据2019年4月人力资源和社会保障部、国家市场监督管理总局、国家统计局的规定，电子竞技员、电子竞技运营师被正式认定为新职业，6月人力资源和社会保障部《新职业——电子竞技员就业景气现状分析报告》显示，目前我国只有不到15%的电子竞技岗位处于人力饱和状态，未来五年我国电竞人才需求量近350万人。[①] 巨大的人才需求量和目前我国电子竞技产业人才的储备量是严重不匹配的，电子竞技产业链上游从事优质竞技游戏研发和运营的高水平人才缺乏、产业链中下游电子竞技国际赛事运营和内容制播人才不足，造成了产业发展水平的整体受限。

---

① 许鑫.电子竞技人才建设现状及发展对策研究［J］.人民论坛，2022（08）：76-79.

其次，电子竞技专业领域的人才存在人岗匹配度低的结构性失衡。就电子竞技产业的完整产业链而言，电竞人才不仅是电子竞技运动员，与电竞产业相关的竞技游戏研发、赛事主办方、电子竞技解说、战队与俱乐部教练、数据分析师甚至竞技游戏陪练等，均属于电子竞技产业人才的范畴。目前我国对电子竞技人才的培养明显集中于电子竞技运动员，社会公众对这一群体的关注度更高，培养效果也更容易体现在竞技成绩上。但产业链条中的其他环节也需要与之匹配的专业人才，暴露了我国电子竞技产业相关专业多元教育滞后、产业人才培养体系不健全等深层弊端。

目前我国电子竞技人才的培养大致分为三类：第一类是传统教育体制内的高校开办电子竞技类专业和电竞学院，如中国传媒大学、四川电影电视学院等一批本科院校以招生的形式开启了电子竞技人才培养进程；第二类是一些知名社会培训机构大规模布局电子竞技人才培养领域，包括新华电脑学院、蓝翔技校、七煌电竞等多家机构；第三类是电竞相关头部企业对人才的选拔与培养，如广州趣丸网络科技有限公司、WE电子竞技俱乐部等企业通过青训招募活动，向全国招募有潜力的年轻选手作为青训营成员，以保证能够自给自足输送人才。但整体来看，目前我国电子竞技人才的培养与产业岗位需求脱节，并且没有明确、统一的要求和标准，如何培养人才，培养什么方向的人才，在已经开展电子竞技类专业培养的高校中思路也尚未明确，对比其培养方案可以看出，无论是人才培养理念、就业指导分析还是课程设置均不同，某些学校倾向于对赛事主持类人才的培养，课程体系倾向于传媒、播音主持类，某些学校则重点培训人才的游戏设计能力、产业管理能力等，往往最应该学习的电竞专业课程只是在此基础之上的附加课程。

人才培养的分级方面也相对滞后，各学校在招生过程中并未明确本科、专科、中职或者社会培训之间的定位差异，更难以达成是按照普通类招生、美术类招生还是表演类招生的共识。课程教学也是在已有的师资团队的基础上，以“电竞”作为噱头吸引学生，实际教学中“因人设课”，没有完善的系统性架构。什么样的人属于电子竞技人才？在学校尚未明确这一概念时，更别提以经济为第一导向的电竞企业，它们在招收人才时也没有统一的岗位衡量标准，对人才的培养与指导完全随心而定，这一新兴行业的职业资格认证工作也尚未落实。电竞人才拥有什么样的核心竞争力？电竞从业人员职位划分与晋升通道是什么？国家对应的考评机制是什么？这一系列问题都亟须解答。只有统一企业用人的标准，建立人才自我完善和提高的通道，才能规避电竞人才成长的风险。

最后，电子竞技运动员的退役保障机制还不健全，大部分电竞选手没有将职业生涯与退役后生活进行规划联动发展，退役后的生活保障、再培训和继续教育进修等事务完全依赖于就职企业进行疏导管理。而俱乐部本身的盈利性目标定位，也使其拒绝为电竞人才提供长远的生活保障。所以相对于其他竞技运动员，电子竞技运动员的身份属性并不明了，更接近于企业员工或者媒体包装的明星。目前一线明星电竞选手的工资极高，拿到大型赛事名次还会额外有巨额奖金，"挣快钱、快挣钱"是目前电竞从业者的普遍价值观，这正是退役后生活无法得到保障的不安感所导致的。如果电子竞技人才培养和职业发展的标准体系不能尽快推出，退役后的再就业渠道不能拓宽，围绕电子竞技人才培养的后续动力就会缺乏，很大程度上会成为人才培养与输送体系的一大限制因素。

## 二、中国电竞发展路径探析

综合以上对电子竞技产业发展局限的分析，我国电子竞技产业当下存在的问题可以归纳为产业内容与产品的原创力不足、产业集聚效应欠缺、产业传播影响力不足，这些问题与人才体系、技术体系、传播运营体系等因素相关。为进一步提升我国电子竞技产业的发展水平、克服现有发展困境，需要从增强原创力、强化产业链整合效应以及优化产业传播力、影响力等角度入手。

### 1. 健全人才技术体系，激发产业创新活力

无论何种产业，人才的培育、引进和保障都是产业发展的重要基础性因素，人才的缺口和结构失衡将造成产业发展的不平衡、不持久。因此我国电子竞技产业发展的一条基础路径即健全人才培养与引进体系，搭建领域齐全的高水平电子竞技人才储备体系，从而为电子竞技产业的全产业创新发展引入人才"活水"，提升电子竞技产业的创新活力。

（1）引育高端人才，夯实产业基础

在人才的培育和引进方面，首先应作为重中之重的是高校培养机制的调整与升级。根据我国国情，应从以下几个方面入手：一是根据人才市场现状，重新衡量基础教育中的文理分科状况，全面推动高校学科融合，不再单一路径储备人才；二是加大英语和计算机教育力度，提升学生和家长对其的重视程度，以实用性为导向，多元化

考核；三是拓展高校教师的评教资格方式，除科研成绩外，关于游戏的行业知识与实践经验也应该被纳入评测一列，建立起以结果为导向的评审机制；四是明确并梳理高校在游戏产业的资源优势，利用优势整合国内电竞市场人力资源需求，直接对接企业需求，达到资源最大效率化，以解决人才供需平衡落差问题。现如今，多所高校已经率先付诸行动，如中国传媒大学、四川传媒学院等院校纷纷开设相关专业，投入先进师资，努力完善培养体系和课程体系，从源头发展，培养高标准、多层次、宽领域的综合型专业人才，从而反哺于国内电子竞技事业。

高校之外，政府和相关企业主体也应承担起人才引育的责任。政府应调整电竞产业与人才培养相关政策，以吸纳高层次科技人才与海外学者的方式，为电子竞技发展赋能。同时，在电子竞技已有产业布局基础上，发挥地域性优势，助力部分城市发展为电竞特色小镇，设立电竞教学标准研发中心、电竞运动员资质认证中心、电竞师资培训和学生实践实训中心等新型机构，推进我国电子竞技向着科学化、常态化、绿色化道路迈进。

（2）重视研发创新，提升上游竞争力

当前，我国游戏产业发展势头良好，在移动端游戏领域已经居于全球领先地位。但面对欣欣向荣的电子竞技产业，我国在核心技术方面仍面临桎梏，且本土优质游戏产品缺乏，凸显出我国在竞技游戏研发领域缺失核心竞争力的现状。随着全球5G时代到来的是GPU计算能力、图形渲染能力和数据传输能力等技术的大幅度提升，这意味着适用于各种电子竞技游戏的装置也会更加轻便化。可以说，5G网络会掀起游戏的新一轮大变革。

截至目前，我国在全球范围内的5G布局占据明显优势，这为我国电子竞技产业在技术领域实现“弯道超车”准备了条件。利用新一代信息技术，电子竞技产业相关主体可以以高端技术为突破口，研发新一代竞技游戏产品，提升竞技游戏产品的性能，增强我国电子竞技产业上游的整体竞争力。得益于5G云端渲染技术能够将高性能的GPU处理器放在云端的能力，终端设备的计算压力和复杂程度被明显降低，为移动端竞技游戏的推广提供支持；同时，5G及其他高新技术契合了玩家看重的终端移动性和游戏内容高质量性，如AR/VR体验，玩家可以抛却安装和游戏介质约束享受云游戏；此外，5G所支持的物联网还能让游戏中的角色和环境互动，使玩家产生超凡体验，消费者无须很高设置的主机和设备就可以享受大型极致游戏，为移动终端竞技游戏的研发提供了更多可能。因此，着力提升5G等新一代信息技术在电子竞技产业领域的应用程度、以新技术优化产业产品与服务水平，成为我国电子竞技产业发展的必由路径之一。

（3）掌握核心技术，经营自主产权

中国游戏与电子竞技产业的持续发展，始终绕不开核心技术问题，大力开发拥有自主知识产权的游戏引擎技术、操作系统、游戏芯片等成为当务之急。同时，国内正在填补当前自主研发网络电竞的空白市场，这就需要申请自己的电竞IP。一方面，紧跟国家宏观政策，将资金投入着重放在产品研发维度上，组建独立研发团队，从源头上夯实电竞产品研发的物质基础；另一方面，国内电商也应向国外借鉴、学习其优势，省却以往与国外电竞技术公司交涉的烦冗步骤和资金问题，研制出真正集核心技术与自主知识产权于一身的独有电竞游戏。从研发制作游戏的角度来说，应该结合电竞产业特性，兼之游戏内容深度融合，从源头下手，真正做到从技术层面、内容层面双向增强电竞游戏的创作独特性与原创能力。

在采纳高新技术进行新竞技游戏研发的基础上，我国电子竞技产业相关主体应进一步树立产权意识，经营自主产权，从而掌握国际电子竞技产业竞争的主动权。近年来，自主知识产权这一概念随着经济知识时代的发展越来越得到社会关注，它可以是任一自主研发品牌、书籍或某种核心资源。随着我国电竞产业的不断发展与扩张，知识产权这一板块也亟待与国际接轨，尤其是在电竞产业领域。正如前文所析，我国电子竞技产品的核心技术多依赖国外，自主创新能力不足，尤其缺乏体系完备的软硬件生产商，致使电竞赛事产业链上游始终动力不足。此外，由于我国游戏自主知识产权不足，导致侵权事件多发，主要包括游戏外挂盈利、抄袭、山寨、盗版等，形成了恶性循环，一度成为我国电子竞技产业发展的一大痛点。

因此，研发具有自主产权的高质量电子竞技游戏产品，并进一步扩大推广范围，如国际电子竞技赛场，解决游戏内容自主产权与核心技术短缺问题，是产业发展策略的重中之重。

### 2. 优化IP运营模式，提升产业传播影响力

电子竞技产业的IP化运营成为近年来调动竞技游戏这一核心资源、释放电子竞技无形资产价值的新潮流，有助于提升产品与服务本身的传播影响力、优化产品与服务的价值定位，更有利于电子竞技产业传播影响力的整体提升与社会感知的全面优化。对电子竞技产业的IP运营有赖于新一代传播营销技术的应用，以及IP运营思维

的梳理和IP矩阵的搭建。

（1）新一代移动通信为IP运营赋能

5G等网络新一代数字信息技术的加速普及为各类智能化技术、移动智能终端设备的发展奠定了基础，新的技术环境搭建了高带宽、低时延、高传输、高质量的平台，为电子竞技产业的多样化营销传播准备了条件。

图4-7　网易影核《节奏空间》全国VR电竞挑战赛全国总决赛优胜选手

来源：https://baijiahao.baidu.com/s?id=1680953149350481348&wfr=spider&for=pc

近年来，基于新一代5G云技术、虚拟现实技术的全新电子竞技产业生态正在形成，中国5G基建与终端普及带来的新一波红利正在酝酿。在此背景下，电子竞技产业链条中的内容制播主体应借助5G技术的传输优势，更新终端设备，推动VR技术产品化、轻量化发展。此外，应将5G应用于电子竞技赛事的转播，使AR/VR游戏赛事转播成为可能。2020年10月18日，由网易影核与中国电信天翼云VR联合举办的《节奏空间》电竞挑战赛全国总决赛于“2020世界VT产业大会”期间开打，开启了“VR游戏+电竞”系统性发展的先河。整场赛事覆盖了全国28个省市、100余座城市、千余家线下VR门店，共计3000余名选手参赛。与其他探索性VR游戏电竞不同，该赛事结构完整，包含了全国多阶段选拔、营销宣传、线下线上直播、多种亚文化元素的融入，为VR电竞进入大众传播视野铺设了较好的样板。在5G技术的支持下，未来VR游戏赛事将会获得更好的观赛体验，为优质游戏内容传播打下基础。

除了电子竞技赛事内容的制作和转播，新一代信息技术的发展更有利于多样化内容体系的搭建以及电子竞技产业IP矩阵的形成。一方面，高速率、低时延的技术环境打造了“人人握有麦克风”的强互动传播生态，网络平台中的电子竞技用户除了仍然作为官方内容的接收者，更扮演了衍生内容生产者与传播者的角色，尤其是在各类社交媒体平台，社会公众对电子竞技相关内容的传播与互动成为电子竞技产业社会影响力扩张的重要渠道。另一方面，新技术为电子竞技产业的衍生产品与服务开发提供了更多可能，传统音视频形式的衍生产品不再是电子竞技产业开发的唯一选择，多渠道、多形态的电子竞技衍生产品和服务为单一电竞品牌的开发提供了多样选择，同时更为电子竞技产业整体提供了无限机遇。

（2）打造IP矩阵实现跨界破圈传播

在技术基础之上，我国电子竞技产业逐渐搭建起健全的传播渠道矩阵与IP产品开发矩阵。在传播渠道方面，应充分调动线上线下优质传播资源，利用微信、微博、快手、抖音等综合型新媒体，以及斗鱼、虎牙等电子竞技垂类流媒体，广泛传播电子竞技产业信息与内容产品，形成正面积极的营销传播效果。借助传统媒体的内容与品牌优势，培育和发挥新型媒体的流量聚集与引导作用，调用媒体平台矩阵释放产业传播力、影响力。

此外，应培育健全的电子竞技IP产品矩阵，如竞技游戏《王者荣耀》从一款现象级的手游起步，逐步建立起包含动漫、音乐、影视、综艺、戏曲、小说、赛事等多维度的IP矩阵，通过源头IP创造具有多元价值的衍生内容，进而不断扩充和丰富IP的内容及影响力，最终实现IP的跨业态发展，实现社会效益和经济效益的多重成果。在电子竞技产品IP化运营的体系中，应充分提升品牌无形资源的挖掘力度，使电子竞技全产业链朝着精细化、工业化和体系化的方向发展，制定完整统一的开发标准，[①] 从而增加符合产品调性的高质量衍生产品，实现电子竞技IP版权全产业链的成功运营。

## 第三节　中国电竞发展的趋势特征

### 一、电竞与本土发展规模

近年来，我国电子竞技产业迎来良好的发展环境，电竞已经得到官方“身份”认

① 宋湘绮，胡沛晨.我国电子竞技产业发展的困境和出路［J］.北方传媒研究，2021（01）：79-83.

证，成为我国第99个体育项目，也将成为2022杭州亚运会的正式比赛项目。在政策鼓励、资本关注、大众接受程度提高等背景之下，产业链加速完善并快速发展，上游游戏研发运营、中游衍生内容制作以及下游内容传播平台均逐步实现成熟化运营，电子竞技市场呈现爆发式增长。

### 1. 市场规模

结合当下电子竞技产业实践，我国电子竞技的市场规模主要包括端游电竞游戏市场规模、移动电竞游戏市场规模、电竞生态市场规模以及游戏直播内容及游戏主播等赛事之外的产业链核心环节产生的收入。其中，端游电竞游戏市场规模和移动电竞游戏市场规模主要指中国大陆地区的用户为端游电竞游戏和移动电竞游戏消费的总金额，而电竞生态市场规模主要包括赛事门票、衍生周边、消费者众筹等用户付费，电子竞技赞助、广告、版权等企业围绕电子竞技赛事产生的收入，以及电子竞技俱乐部和选手的收入，不包括电竞教育与电竞地产规模。

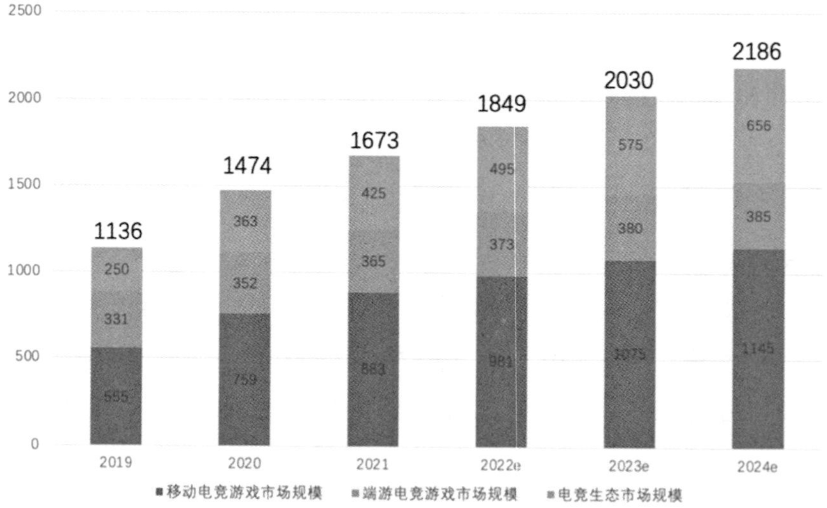


图4-8　2019—2024年中国电竞整体市场规模

来源：艾瑞咨询《中国电竞行业研究报告》

根据2022年5月市场调研机构艾瑞咨询发布的《中国电竞行业研究报告》，2021年我国电子竞技市场规模约为1673亿元，同比增长13.5%。结合近年来我国电子竞技产业市场规模的数据，可以发现我国电竞市场规模保持平稳增长态势，电子竞技产业进入平稳增长阶段。随着大量政策扶持及资本力量的介入，中国电竞行业将加速向正规化、专业化方向发展，产业规模前景可观，未来中国将迎来“全民电竞”时代。

## 2. 细分市场规模

以上对电子竞技产业整体市场规模的数据表明，电子竞技产业各个细分市场的规模也呈现出稳步提升的趋势。但从细分市场的结构占比来看，不同细分领域的市场规模具有明显差异。

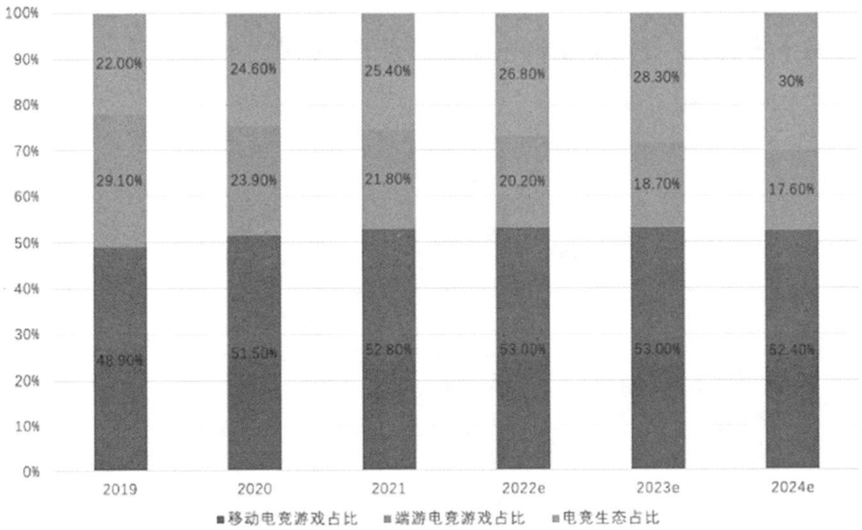


图4-9　2019—2024年中国电竞细分市场规模占比

来源：艾瑞咨询《中国电竞行业研究报告》

随着近年来移动终端设备的普及和新一代移动通信技术的推广，电子竞技产品和服务越来越多地呈现在移动终端中，为电子竞技产业收获了一批新用户的同时也显著提升了用户在移动端消费的规模。数据显示，目前移动电竞游戏收入占电竞市场整体收入的半数以上，在未来的一段时间内仍将占据电竞市场收入的半壁江山。在移动端电竞游戏市场规模和占比扩大的同时，端游电竞游戏市场的增长相对较慢，在细分市场中的收入占比逐年下降。在移动电竞游戏和端游电竞游戏之外，近年来我国电竞生态市场规模稳步扩大，且2020年以来电竞生态市场占比已超过端游电竞游戏市场占比。这表明，除游戏产品收入外，我国电竞赛事、电竞直播和电竞衍生内容作为电竞生态最主要的组成部分，发展态势良好，成为驱动电竞市场发展的新兴力量。

## 3. 营收规模

随着电竞市场规模的扩大，电子竞技产业的营收能力与盈利规模更受关注。

2014年全球电子竞技营收规模仅14亿美元，2018年突破60亿美元，预计2022年全球电子竞技营收规模将达130亿美元。[①] 目前，我国电子竞技市场主要包括游戏收入、衍生收入（直播、俱乐部）和赛事收入（门票、周边及赞助）三大部分，其中电子竞技游戏收入是我国电竞行业收入的主要环节。但从国际市场来看，中国电子竞技游戏产业在专利营收方面与美韩等电子竞技强国仍有较大差距，衍生收入和赛事收入两大部分是未来中国电子竞技产业发展应注重提升的营收点。

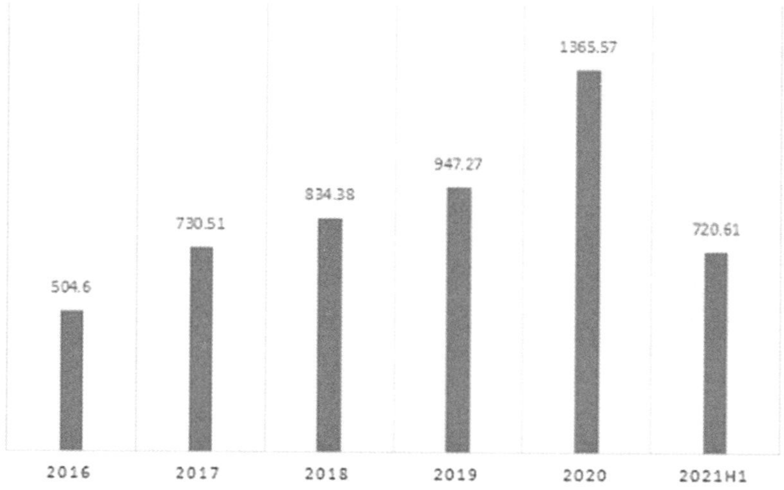


图4-10　2016—2021年上半年中国电子竞技游戏市场实际销售收入统计

来源：中国音数协游戏工委公开数据整理

在游戏收入方面，中国音数协游戏工委公开数据显示，自2017年上半年起中国电子竞技游戏市场实际销售收入平稳增长，2020年上半年增长最为迅猛；2021年上半年中国电子竞技游戏市场实际销售收入达720.61亿元，较2020年同期增加了1.25亿元，同比增长0.17%。在游戏行业监管趋严、直播行业规范化持续加强的背景下，电竞游戏及电竞直播收入增速有所放缓，加之近年来受到新冠肺炎疫情的影响，电子竞技产业的营收受限，但与其他产业类别相比呈现出逆势增长的趋势，电子竞技产业仍有不可低估的市场营收能力。

① 2019年中国电子竞技行业营收规模及行业发展趋势分析[EB/OL].(2019-11-27)[2022-08-10].https://www.chyxx.com/industry/201911/810217.html.

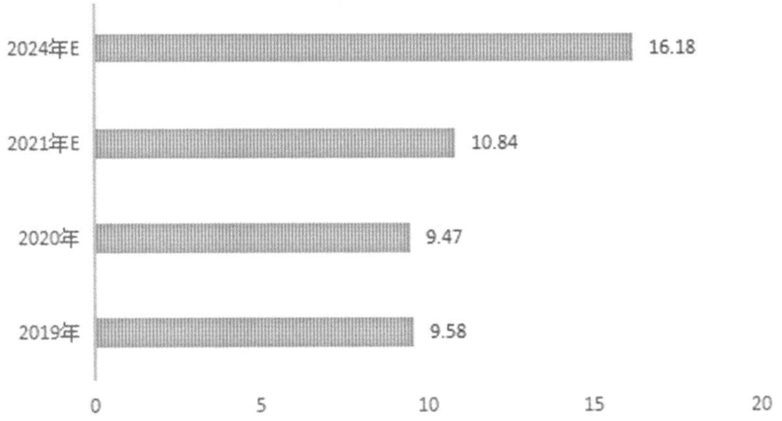


图4-11　2019—2024年全球电竞赛事营收规模及预测（单位：亿美元）
来源：Newzoo《2021年全球电竞与游戏直播市场报告》

在赛事营收方面，Newzoo最新数据显示，2021年全球电竞赛事营收规模将达到10.84亿美元，其中中国凭借3.6亿美元的预计收入将成全球赛事收入最高的电竞市场。① 受疫情影响，在线下赛事与各类电竞活动营收不同程度萎缩的背景下，直播和虚拟商品的收入分别增加了50.4%和25.7%，增长明显。而随着电竞赛事和电竞内容影响力的快速提升，电竞版权、赛事赞助、内容制作等电竞赛事商业化仍保持着较高的增速。这表明，未来电子竞技产业的线上产业类型的营收能力具备更强的抗风险能力和更大的潜力，且随着电竞入亚带来的体育化和商业化机会，以及元宇宙、Web3.0等新兴业态和电竞结合带来的发展空间，电竞产业未来的营收增长驱动将更加强劲。

### 4. 用户规模

中国如今已成为全球最大的电竞用户市场。各类统计报告一般将观看电竞比赛、直播，玩电子竞技游戏以及电子竞技产业相关从业人员称为电竞用户。根据Newzoo发布的《2021年全球电竞与游戏直播市场报告》，在全球2.34亿名核心电竞爱好者中，中国地区人数达9280万人，成为拥有核心电竞爱好者最多的区域。

① Newzoo：2021年全球电竞与游戏直播市场报告[EB/OL].(2021-04-21)[2022-08-10].https://www.199it.com/archives/1282893.html.

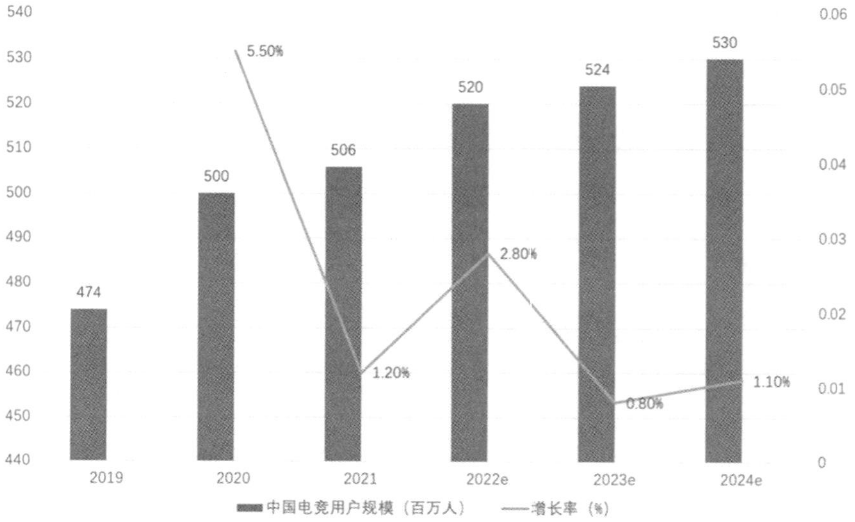


图4-12　2019—2024年中国电竞用户规模及增长率
来源：艾瑞咨询《中国电竞行业研究报告》

艾瑞咨询《中国电竞行业研究报告》的调研数据显示，2021年中国电竞用户整体规模约为5.06亿人，同比增长1.2%。同2020年电子竞技用户5.5%的增长率相比增速回落，但这在很大程度上与2020年疫情特殊背景下电竞用户激增有关。尽管电竞用户增速有所放缓，但在英雄联盟S11全球总决赛中国战队EDG夺冠、杭州亚运会电竞项目公布的背景下，艾瑞咨询预测电竞用户规模有望在2022年得到进一步增长。除用户规模的扩大之外，用户结构也将在游戏行业未成年人保护政策逐步落实的背景下得到优化，电竞用户的年龄、性别结构也将更加平衡。

## 二、电竞与本土用户特征

随着电竞产业在全球范围内的扩张式发展，围绕其日益发展壮大的用户群体成为电竞产业研究的重要对象元素。在全球电子竞技产业市场中，我国的电竞产业用户具有自己的特点。首先，从年龄性别分布上看，性别分布差异明显，我国的电竞用户仍以男性为主，近些年女性电竞选手的数量逐渐增长；电竞用户的年龄分布范围也呈现出扩大的趋势。其次，从消费能力上看，中等收入水平的电竞用户占比较高，中等收入水平的收入结构决定了中等消费水平的支出结构，现有电竞用户的收入水平还有进一步提升的潜力。最后，从用户的行为心理特征来看，电竞用户的兴趣主要集中在短视频、在线影视、社交媒体等方面，电竞赛事直播则受到了更广泛的关注。

### 1. 用户年龄与性别特征

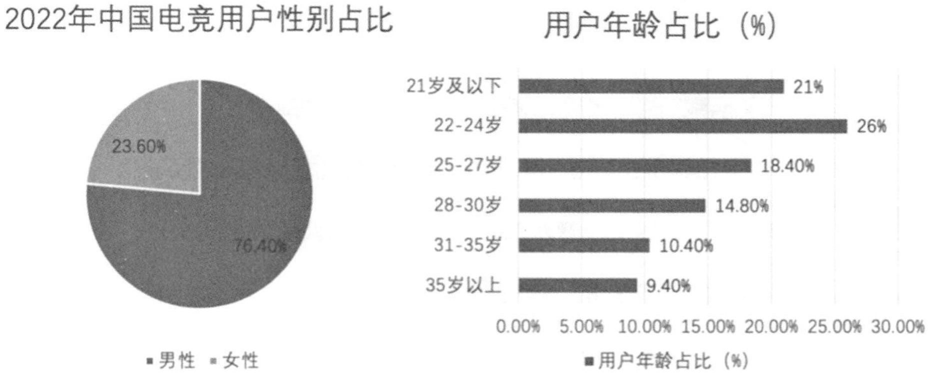


图4-13　2019—2024年中国电竞用户性别及年龄分布
来源：艾瑞咨询《中国电竞行业研究报告》

根据2022年艾媒咨询发布的《中国电竞行业研究报告》，2022年我国电竞用户中，年轻男性用户占比最高，女性电竞选手初露锋芒。以上数据显示，我国电竞用户仍以男性为主，占比达到76.4%，女性占比23.6%；用户年龄集中在22—24岁，占比为26.0%。在性别特征方面，电竞用户存在性别占比失衡的问题，女性用户的占比相比2021年数据而言有所下降，一定程度上表明电子竞技产业对女性用户与消费者的持久吸引力不足。但长远来看，随着移动电子竞技项目的发展、电竞赛事体系的完善以及社会对电竞的认知度提升，女性用户更多接触并关注电竞领域，电竞游戏成为许多女性用户的娱乐选择之一，女性用户群体的比例在未来几年将呈现上升趋势。

除电子竞技游戏和赛事本身，部分优秀的电子竞技选手被包装成有商业和流量价值的明星，更有本身具有高流量、高热度的娱乐明星通过电子竞技衍生影视剧等形式普及电子竞技运动，为多元用户接触电子竞技运动及相关产业创造了机会。在多重机遇下，粉丝经济在电子竞技领域找到切入点，众多非电子竞技原始用户的粉丝群体开始接触并关注电竞领域，这些用户既深度参与电子竞技内容的消费，同时也存在转化为电子竞技玩家和其他产品消费者的可能，这一趋势无疑会催化电子竞技产业用户的年龄性别比例的变化。

## 2. 用户收入与消费特征

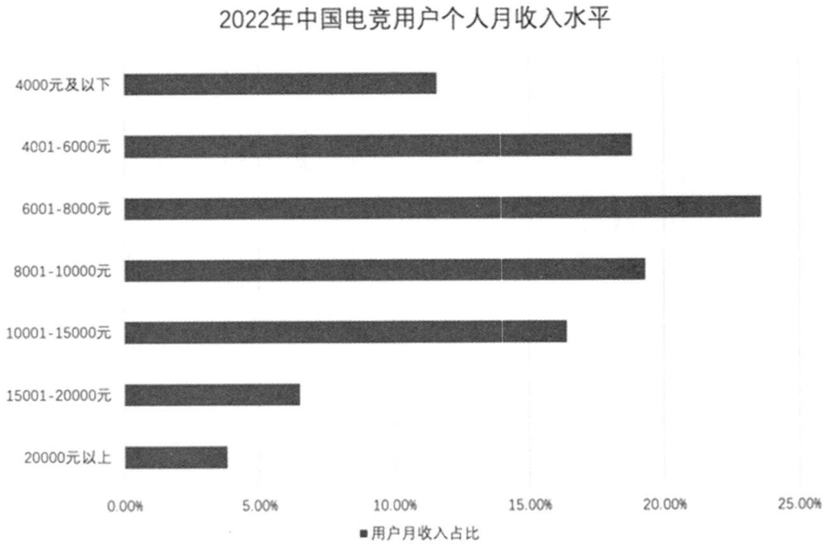


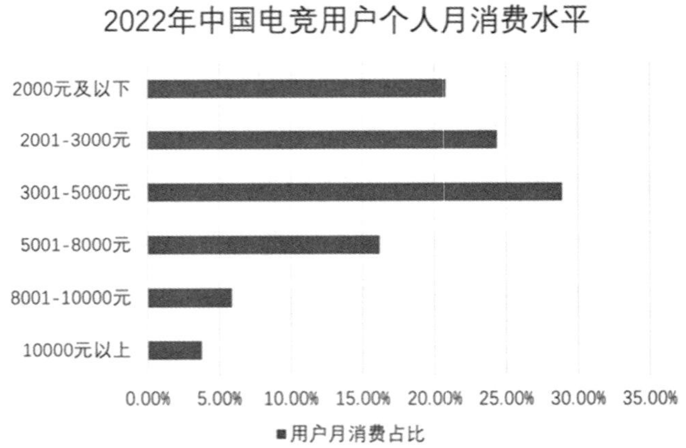


图4-14　2022年中国电竞用户个人月收入水平及消费水平
来源：艾瑞咨询《中国电竞行业研究报告》

艾瑞咨询发布的2022年中国电竞用户个人月收入水平及消费水平数据显示，我国电子竞技用户的收入水平和消费水平有两方面的特征：一方面，中等收入水平的电竞用户占比较高，2022年中国电竞用户（除学生等无收入人群）中个人月收入在6001—8000元的占比最高，达到23.6%；另一方面，中等收入水平的收入结构决定了中等消费水平的支出结构，电竞用户个人月消费在3001—5000元的占比最高，达到23.9%。结合我国电竞用户的年龄结构可知，现有电竞用户的收入水平还有进一步提升的潜力，这是电竞产业的良好机遇。

### 3. 用户行为偏好及心理特征

（1）电竞游戏类型偏好

从电竞游戏类型来看，目前国内流行的电子竞技游戏类型主要有即时战略游戏（RTS）、第一人称射击类游戏（FPS），以及体育模拟类和卡牌类等。不同游戏类型性能有别，对玩家也有不同的技能要求，MOBA类游戏成为电竞游戏产品市场中的头部品类。

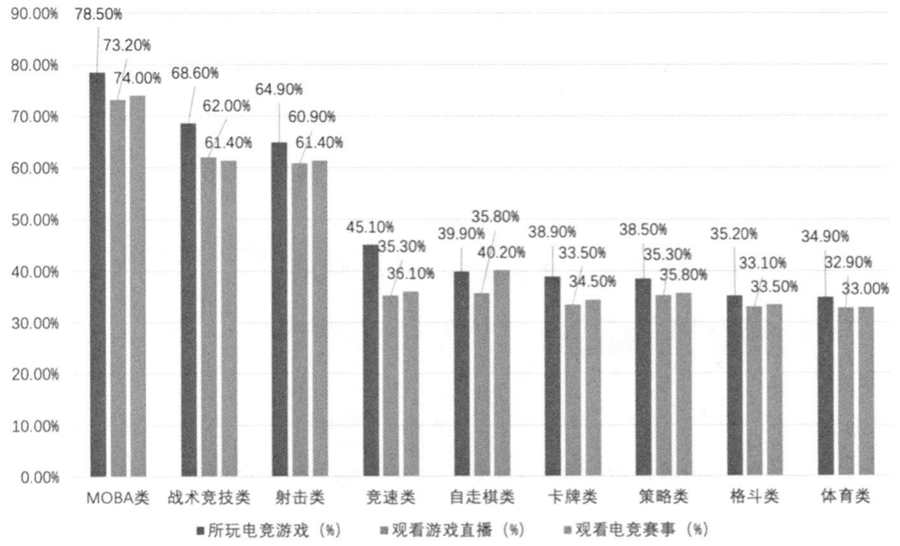


图4-15 2022年中国电竞用户偏好的电竞内容类型占比

来源：艾瑞咨询《中国电竞行业研究报告》

根据艾瑞咨询2022年的调研数据，[①] 从电竞用户偏好内容看，MOBA类、战术竞技类和射击类电竞内容最受用户欢迎，在所玩电竞游戏、观看游戏直播及观看电竞赛事的占比中，三者的渗透率均超过了6成，而其他类型电竞内容仍处于用户培育阶段，用户渗透率尚在5成以下。这一调研结果表明，竞技类游戏产品的用户普及程度与该游戏产品的类型与特性紧密相关。MOBA类游戏无须操作RTS游戏中常见的建筑群、资源、训练兵种等组织单位，难度相对较低，在非职业玩家大量涌入的背景下，用户对MOBA类游戏内容的接受度明显更高；RTS强调“实时策略”，对于玩家的操作要求较高，在高效操作各个作战单位的同时，还需要进行策略思考，游戏强度较高。

① 请问在过去一年中，您所玩电竞游戏的主要类型是？请问在过去一年中，您观看电竞游戏直播的主要游戏类型是？请问在过去一年中，您观看电竞赛事的主要游戏类型是？样本：N=1202，N=1177，N=1115；于2022年4月通过艾瑞智研平台–消费洞察数据库调研获得。

FPS最大的特点是玩家视角的变化，此类游戏充分发挥屏幕作为玩家与游戏世界交互的介质的功能，通过屏幕中视角的搭建和转变，实时代入感和真实感最佳，因此RTS和FPS类型游戏内容的传播度较高，电竞用户对此类游戏的赛事和直播的观看行为较普遍。

（2）用户付费行为特征

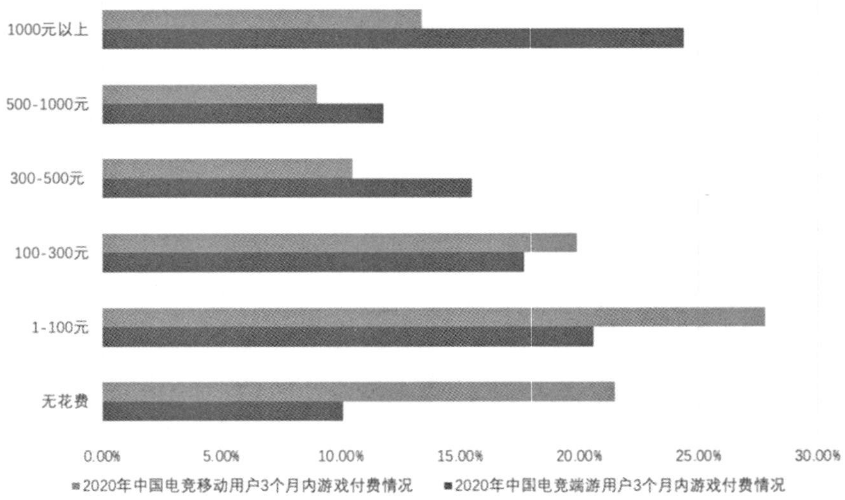


图4-16　2020年中国电竞用户3个月内的游戏付费情况

来源：艾瑞咨询研究院

电竞用户的收入结构和消费水平在一定程度上反映了其在电子竞技领域的付费水平。有数据显示，我国逾九成电子竞技用户均在调研日期截止前的一个季度内有过游戏付费情况，端游用户付费300元以上的人数明显高于移动端用户；除游戏付费以外，国内电子竞技用户还存在电竞直播付费、赛事付费、周边产品消费等与电子竞技相关的支出行为。

随着国内知识产权教育的深入，知识付费、娱乐付费等观念被更多消费者接受，电子竞技用户在游戏软硬件、游戏内容以及其他衍生产品上的付费行为将更加频繁，为我国电子竞技产业市场规模的进一步扩大、产业运营模式的进一步丰富奠定了基础。

（3）用户的相关兴趣图谱

在行为偏好方面，我国电竞用户在休闲活动方面有明显的数字化特征，深度介入数字娱乐和新媒体社交，且国内电竞用户现已养成观看直播和短视频并承担线上数字内容付费的行为习惯，这与后疫情时代“宅经济”需求扩大的趋势相一致。综合来看，电竞用户的兴趣图谱呈现出电竞用户对在线影视、短视频、社交媒体等的使用偏好，其偏爱玩电竞游戏、观看电竞游戏直播和电竞赛事，表明与电子竞技游戏直接相关的文娱活动对其具有最强烈的吸引力。尤其是直播和短视频，成为近年来电子竞技用户偏爱的线上休闲娱乐活动。以虎牙为例，2020年第四季度虎牙总收入29.90亿元，其中直播收入28.15亿元，相比2019年同期的23.46亿元增长20.0%，这主要得益于虎牙付费用户数量以及付费用户平均花费均有所增加，用户对游戏和内容付费的承担能力和接纳程度显著提升，促进了电子竞技及相关产业的营收规模扩大，是电子竞技产业化发展的良好契机。短视频方面，有调研显示，2020年我国有超过七成的电竞用户观看电子竞技短视频内容，且观看最多的细分类别为游戏教学、赛事集锦以及主播日常等。

此外，同样存在大量电竞用户观看电影、电视剧、综艺、短视频、网络小说、动画动漫等电子竞技衍生内容产品，表明在电子竞技IP化的过程中，这些内容形式都是电竞用户喜闻乐见的，有巨大的开发空间；另有部分电竞用户偏好其他非竞技类游戏，比如刷微博、微信等社交媒体，表明该群体存在线上社交的行为偏好。

（4）用户的群体心理特征

从我国电竞用户的年龄结构来看，年轻用户居多。结合我国电竞用户年龄与性别特征，初步判定其普遍具有情感认同度高、衍生消费意愿高、乐于分享、习惯跨界、有电竞社交基因、追求刺激等心理特征。对青年用户而言，其想象力和创造力丰富，对消费时尚较敏感，追求新潮、新颖的内容和产品，对新鲜事物的接纳程度和包容度较高，购买欲望和行为具备明显的冲动性和情绪性；对男性用户而言，竞技类游戏对其有更明显的吸引力，而近年来女性用户同样有接纳和追求经济刺激的消费需求。

参考这些心理特征与需求，是电子竞技产业相关主体优化自身产品、内容和服务的必要前提。比如结合青年用户对新奇性、时尚性的敏感度，电子竞技产业相关从业者应从产业和运营角度提升自身的创新水平和文化内涵；又如近年来女性用户更多地参与到电子竞技产品和服务消费队伍中，游戏研发商应更考虑女性玩家的操作习惯和心理定位，运营商也应提供更符合女性感性消费观的营销点；结合用户分享意愿强等心理特征，相关主体应更注重游戏产品或服务与国民社交分享平台的联动互通性，提升视听内容跨平台分享的便捷性、观赏性。

## 三、电竞与本土创新特征

### 1. 技术：智能技术加速布局电竞产业

目前，电竞逐渐开始依托以人工智能为特征的技术，主要包括传感器、虚拟现实、人机交互等等。这些技术的人工智能特征主要表现为对人类能力的模拟和对人类能力的加强和扩展，从而进一步增强电竞用户的游戏体验，满足电竞用户的需求。①

技术发展是游戏产业高速发展的内在驱动力，推动整个电竞产业的演变和升级。人工智能、大数据、5G、云计算等技术的应用引发了我国新一轮的电竞产业研发和创新，从而加速了我国电竞产业的升级发展。相较于传统体育项目，电子竞技可以包容和适应各种新兴技术的发展与创新。科技是第一生产力，云技术、虚拟现实技术正在带动信息科技的新一轮发展。在高速发展的数字时代，人工智能技术与文化创意产业的结合可以在产业升级、内容生产和用户参与等层面产生巨大变革，电竞产业面临巨大的发展机遇。

以VR技术为例，VR主要利用影像技术创建和模拟一个同现实无限接近的虚拟仿真系统。早在20世纪90年代左右，日欧游戏商就已经开始尝试将其引入游戏产业，但由于技术问题原因并未坚持下去。如今，随着5G通信技术的成熟，VR技术在电竞领域的应用将极大程度地带动电子竞技走上体育化之路。2021年4月，北京移动、当红齐天集团联合宣布将在“5G VR电子竞技全国挑战赛”上达成深度合作，带来颠覆性的电竞赛事体验，通过借助最新发布的处理器（Ice Lake-SP）使5G VR电竞获得巨大的性能优化、提升。这一技术可以使电竞游戏同场作战距离大大拓展，不但可以提供自由的室内多人比赛，可在一定范围内随意移动，甚至相距几公里、几十公里的异地玩家，都可以同时接入5G VR游戏，就像正常的联机比赛。此外，玩家不再需要背包，只需佩戴常规的VR眼镜，手持控制器，就可以轻装上阵，数据基本都在云端和边缘进行处理，再通过5G低时延、高速传输给玩家，从而大大提升用户的游戏体验，增强游戏沉浸感。

在新一代智能技术的加持下，电竞的对决将超越电子屏幕前的脑力对抗，同时

① 段鹏.智能媒体语境下的未来影像：概念、现状与前景［J］.现代传播（中国传媒大学学报），2018，40（10）：1-6.

也有赖于选手的体力运动，形成游戏和运动完美结合、真实世界与虚拟世界的交融。人工智能技术推动电子竞技产业工业化能力不断加强，不断提升电子竞技游戏质量与制作速度，成为新的产业增长点。未来我国电竞产业可以依靠VR等新技术手段，为电竞用户带来全新观感体验，使远程VR电竞和云游戏电竞成为可能，进而为电竞内容付费创造更多机遇。

### 2. 产品：优质IP打造高质量内容生态

随着电竞游戏逐渐发展成熟，知名游戏IP基于本体游戏世界观，衍生出各类游戏产品，从而提升游戏新鲜感，增强用户黏性。我国电子竞技产业的相关从业者也逐渐摸索出了电子竞技IP化开发和运营的经验，开始通过结合各游戏电竞赛事，打造游戏生态IP，使得电竞游戏IP的价值进一步提升，从而扩展了未来电竞市场。在电竞游戏和电竞赛事之外，头部电竞IP已开始逐渐打造自身的衍生内容，衍生内容矩阵逐渐形成。

电子竞技拥有带动游戏、数字内容、硬件以及泛娱乐等产业的能力，特别是电竞头部IP，除了自身赛事之外，还能延伸出许多动漫、影视、文学、体育等领域的周边衍生品，是产业升级、企业发展的重要驱动力。头部游戏IP背靠游戏本身，开发出衍生游戏内容，占领更多游戏细分市场，助推原有赛事升级为成熟赛事体系，提升电竞产业增量。

**【案例窗】**

**《英雄联盟》的商业之路**

以《英雄联盟》为例，其在影视剧、综艺、纪录片、虚拟女团、动漫、网文等商业领域均进行了大幅度拓展，未来还将向电影、主题乐园等领域推进，从而逐步打造电竞领域的“迪士尼”：影视剧方面，耀客传媒与腾竞体育合作，打造以英雄联盟职业联赛为主要内容的影视剧；综艺方面，推出由LPL官方授权的《英雄联盟》电竞真人秀栏目《超越吧！英雄》，节目将由明星召唤师召集三支战队，与战队经理人、队员一起深入电竞生态的各个领域，经历比赛、主题直播、赛事组织、俱乐部试训，并在电竞嘉年华上争夺“年度明星召唤师战队”称号，从而使观众感受到电竞乐趣，了解游戏魅力；纪录片方面，拳头游戏、腾竞体育、哔哩哔哩首次联合打造的官方纪录片剧集《来者何人》，聚焦LPL战队内外的电竞人生；*Arcane*亮相于去年的《英雄联盟》十周年庆典活动上，这部动画将探索《英雄联盟》中两个标志性的英雄以及她们决裂的起因；随着电竞IP衍生内容质量逐渐提升，爆款内容获用户高度认可。

除此之外，各种围绕电竞赛事、综艺、教育、服务而开发出的“电竞小镇”层出不穷，形成了一大批外延产业。2017年腾讯电竞宣布与超竞合作，预计在五年内于全国主要城市的核心地段布局超过十个泛娱乐电竞产业园；苏宁、阿里、腾讯等商业巨头也参与到电竞场馆的产业投资中，通过“电竞+”等模式，带动了上下游相关产业快速发展。

### 3. 营销：版权日渐规范，助力产业传播

电子竞技赛事版权成为电竞产业关注的焦点，如何最大限度发挥赛事版权价值将成为中国电竞内容传播平台未来的发展重心。

艾瑞咨询《2020年中国电竞行业研究报告》显示，2019年年末，随着赛事版权合约的陆续到期，新一轮电竞版权争夺拉开序幕，2020年，海外视频直播公司、美国最大的视频分享平台YouTube宣布斥资1.6亿美元（约合11.23亿元人民币），买下动视暴雪旗下包括守望先锋联赛、炉石传说相关赛事、使命召唤联赛等全部电竞赛事的三年独家直播权。除此之外，双方合作的范围不仅限于游戏直播，谷歌云服务将为动视暴雪提供云计算的便利服务，为用户在云游戏领域带来更好的用户体验。

在国内，各头部直播平台也纷纷高价购买知名电竞赛事版权。2021年，虎牙直播获得未来五年LPL联赛、LDL联赛、LPL全明星周末及颁奖典礼有关的内容资源的使用权（直播权和点播权）及将该等权利转授予第三方的权利，适用范围为中国大陆地区，总金额达到人民币20.13亿元。在大型赛事版权上，虎牙是唯一拥有《英雄联盟》LPL、LCK、LEC和LCS四大赛区版权的直播平台，内容全面，合作稳固，赛事板块庞大。而虎牙在头部版权的优势也使其具备了行业较高的用户黏性。根据艾媒咨询，虎牙每周观看1次直播以上的用户占比达87.9%，高于企鹅电竞的85.5%、斗鱼的84.8%。作为电竞平台未来的重点发展方向，赛事版权的购买能够吸引大量的用户关注，使中

国电竞内容传播平台获得大量经济收益。

4. 文化：电竞文化初成，社会认知提升

一个产业的发展，需要两个环境：一是“硬环境”，即产业本身的环境；二是“软环境”，即社会环境。而社会舆论的指向性、社会的文化认同感、大众的价值趋向等，都是社会环境的重要构成部分。良好的社会环境和社会氛围，是产业顺利发展的土壤和基石。长期以来，我国电子竞技与我国主流舆论和主流文化融合得较差，受到社会固有观念以及人们认知偏差的影响，同时没有在媒体上获得话语权，“电子竞技”在社会的关注度和认可度上长期处于劣势，在社会文化需求层面的存在感也不强。

图4-17　CCTV发现之旅频道系列纪录片《电子竞技在中国》发布
来源：https://ishare.ifeng.com/c/s/7v7j8TSSUoA

“不只是游戏：是体育，是艺术，也是文化。”2020年3月一部名为《电子竞技在中国》的纪录片在央视频道“CCTV发现之旅”播出，这是继2003年《电子竞技世界》后电竞相关节目再次登陆央视。该纪录片总历时457天拍摄完成，涉及20余项不同游戏的赛事，采访了超过80余位电竞行业资深人士，全方位覆盖了中国电竞行业的现状。在电竞发展的17年期间，电竞的内容形式、相关政策法规、大众认知等都发生了巨大变化，电竞产业原有的负面印象逐渐消退，社会对电竞这一新兴运动的认可度不断上升。该片也深刻体现了电子竞技产业对于国家文化传播的重要性，即电竞游戏承载着文化输出的功能。随着海外电竞大幅输出到中国，欧美文化也不断浸入本土文化，推动了文化融合创新机遇的同时，也为传统文化的生存和发展带来了挑战。“好归好，总归是别人家的孩子”，中国电竞仅靠代理和收购无法实现产业的长足发展，中国电竞产业需要做出属于中国的内容；基于电竞产业的数字文化属性，它对于中国传统文化的传承和弘扬也有责任，中国电竞需要发挥推动本土文化走出国门、加强文化输出的作用。

## 四、电竞与本土发展趋势

### 1. 保持持续快速发展，产业发展潜力较大

用户规模、市场规模等数据显示，我国电子竞技产业正处于快速发展的阶段。一方面，电子竞技产业主体隶属数字经济版图，在数字经济高速发展的宏观经济背景下，国内电子竞技产业有良好的发展环境和发展前景；另一方面，电子竞技产业被视为文化产业的一部分，作为朝阳产业的文化产业将为电子竞技产业及相关衍生业态赋能。

此外，在政策和社会的支持下，国内电子竞技产业已经搭建起相对完善的上中下游产业链，电子竞技产业生态进一步扩张，围绕电竞游戏、电竞赛事和电竞媒体等核心环节发展起一批龙头企业和优质产业集群，电子竞技产业的未来产业规模、产业拉动性和产业潜力均不可估量。

### 2. 产业链不断细化，仍处于产业发展初期

中国电子竞技产业链不断细化，形成了相对完善的以游戏研发和游戏运营为主体的上游产业，以赛事运营、电竞俱乐部、电竞内容制作为主体的中游产业，以电竞媒体和电竞直播为主体的下游产业，此外，“电竞+”地产、影视等衍生业态进一步推动了电竞产业链细化。

但同时我国电竞产业发展仍处于初期。首先，在自主研发和创新能力方面，中国电子竞技产业上游的游戏研发和运营尚处于较低水平，电竞相关企业缺乏自主研发能力，在版权和专利的国际竞争中处于劣势；其次，在营收方面，中国电子竞技产业尚处于“输血”阶段，不断扩大的市场规模背后是巨大的产业投入和有待提升的盈利能力，有待实现向“造血”的转变；最后，在人才储备方面，中国电竞人才需求增大和人才补充不足、人才流失严重、电竞教育尚未实现专业化体系化的现状之间存在矛盾。

### 3. 竞技赛事逐渐丰富，MOBA 成为主流

电子竞技赛事的丰富和赛事影响力的扩大是中国电子竞技产业高速发展的表征之一。电竞赛事一般以联赛的方式展开，目前在国内活跃的赛事主要有DOTA2国际邀请赛、英雄联盟职业联赛、英雄联盟全球总决赛、守望先锋联赛、王者荣耀职业联赛、王者荣耀世界冠军杯、和平精英职业联赛、绝地求生全球总决赛。

电竞赛事根据比赛项目的不同也有类型区别，现有电子竞技游戏主要类别有FPS类（第一人称射击类）、RTS类（即时战略类）、SPG类（传统体育类）、FTG类（格斗类）、MOBA类（多人在线战术竞技类）、CCG（卡牌类）等，而MOBA类游戏由于有公平竞技性高、门槛低易入门、游戏单局节奏快、游戏多样性强等特性，成为当下电竞游戏主流。

### 4. 培育多元市场主体，完善全产业链布局

在电竞普及化的过程中，电竞整体的交易规模随之扩大，相应所需的资金链也在不断扩张，这让国内大部分中小型电竞开发企业难以接受，逐渐出现了“头部企业固化、中小企业生存困难”的现实状况，电子竞技产业领域的经营主体逐渐固化并形成了较高的壁垒。尽管游戏与电子竞技产业的龙头企业渠道优势、资源优势、数据优势以及人才优势遥遥领先，体现了产业市场的巨大竞争力，但受制于相对单一的企业文化与发展目标，这一局面并不利于产业的长远发展。中国游戏与电子竞技产业的持续发展需要具有大量创新精神的中小企业的补充与完善，充分发挥腾讯、网易等企业的领头羊作用，同时尽快扶持更多游戏企业的成长，形成健康竞争的局面，推进产业持续进步、增强行业“内循环”，为中小电子竞技相关企业提供良好的发展与竞争环境，保障电子竞技产业市场的活力。

（1）挖掘创新型竞技游戏研发主体

在产业链上游，培育一批技术领先、原创能力强的竞技游戏研发主体。近年来，我国出现了一批新兴竞技游戏研发经营企业，这些企业主体发挥自身机制体制灵活、勇于创新的优势，开发了一批有代表性的原创竞技游戏产品，获得了良好的收益。如2011年依托上海市科技创业中心大学生创业基金会“雏鹰计划”成立于上海的米哈游科技（上海）有限公司，作为一个相对年轻的网络游戏研发企业，米哈游在卡通渲染、人工智能、云端游戏等领域积累了先进的技术能力，相继推出了《崩坏学院2》

《崩坏3》《未定事件簿》《原神》等高人气网络游戏产品，其中《原神》成功在各大网络平台积累了庞大的用户群，在企业IP开发成熟度、消费者数量、全球影响力等方面取得了良好成果，为国产竞技游戏研发与推广提供了良好案例。

图4-18　上海米哈游网络科技股份有限公司总裁刘伟在2021年度中国游戏产业年会上发表演讲

来源：http://www.gamelook.com.cn/2021/12/466016

这表明，我国电子竞技产业领域具备优质产品开发的强劲实力，也有一大批具备重大潜质的优质企业和研发经营人才。这一方面号召各级政府出台研发企业扶持政策，为相关主体提供优质的发展环境，扶持中小游戏企业的成长，健全多元竞争的电子竞技产业生态，另一方面也鼓励市场上的既有优势企业、行业金融机构等相关单位为优质中小企业提供发展空间，这将是我国电子竞技产业发展的必然要求。

（2）丰富电竞赛事主办与运营主体

在产业链中游，电子竞技赛事的运营管理同样需要优质的多元主体。大型国际电竞赛事作为电竞行业最受瞩目的环节，一直是各国、各地区争相举办的“香饽饽”。但从目前我国电子竞技产业区域发展的情况来看，在全国每年500多项具有影响力的电竞赛事中，上海获得了超过40%的举办权，是当之无愧的最受电竞赛事欢迎的城市。这在凸显了上海作为“电竞之都”的核心影响力之外，也体现出电子竞技产业区域布局差距大、赛事举办与运营主体相对单一的局面。

图4-19　2021年6月13日第七届王者荣耀高校联赛总决赛

来源：https://baijiahao.baidu.com/s?id=1702979647448942293&wfr=spider&for=pc

基于此，应积极鼓励其他有条件的省市结合区域发展基础与特色优势，举办和承办高质量国际电子竞技赛事，为全国电子竞技产业树立新的区域品牌。国内已有许多城市开始了这方面的尝试，如2019年青岛投入千万元资金引入英雄联盟德玛西亚杯，济南于2021年9月注资百万引入FIFA S8全国总决赛、2022年6月举办王者荣耀高校联赛全国总决赛……大规模国际电子竞技赛事在我国多个城市落地，既有利于提升城市的品牌影响力，也有利于电子竞技产业更广泛地接触中国市场，为电子竞技产业在全国范围内的蓬勃发展奠定基础。

（3）引入多元合作的传播营销主体

产业链下游的电子竞技内容制播环节，则更需要建立多元的、健全的传播营销体系，促进电子竞技产业内容的多元传播，提升产业影响力。在“互联网+”、媒介融合发展背景下的全媒体时代，对于电子竞技及其相关内容的推广传播和运营营销更应该遵循与互联网思维相匹配的传播规律，培育形式多样、覆盖渠道广泛的电子竞技内容传播与运营主体，搭建健全的电子竞技产业开发网络。

站在横向拓展的角度上来看，电子竞技产业的相关主体涉及文化创意产业、体育产业等多个领域，多产业门类的不同主体进行跨界合作，如影视传媒、文旅基建等产业门类均可以与电子竞技产业耦合释放“1+1>2”的产业价值，共同服务于电子竞技产业的IP化、市场化、产业化开发。多元传播营销主体的跨界合作将成为我国电子竞技产业发展的重要方向。

### 5. 5G技术创新发展，推动电竞产业升级

2019年5G商用标志着中国正式进入5G商用时代，也为中国产业经济，尤其是数字经济产业门类带来了巨大的发展机遇。

对电竞游戏和游戏用户而言，5G技术意味着更快的网络连接速度和更广的连接范围，新技术的应用不仅降低了电子竞技产业研发和运营的成本、提升了赛事制作的效率，同时也通过呈现更全面、更沉浸式的比赛内容，实现了对多样化观赛用户、游戏玩家的多样化需求。对电竞赛事与媒体转播而言，超高速率、超低延时均是5G技术的优势，由此带来电竞赛事观赛体验全面升级，全民电竞、全网链接、虚拟与现实完全融合将成为不远的目标。

此外，5G技术的发展为我国移动电子竞技游戏和用户的发展创造了机遇，除了为职业玩家创造条件，5G也为普通电竞玩家享受电竞乐趣提供了可能，基数扩大的电竞用户和消费者将为产业带来衍生效应，无论是游戏厂商对游戏的开发和发行，赛事的门票、版权、赞助，还是电竞外设的生产、售卖，都会受到正向的激励。

## 【思考题】

1.试概述中国电子竞技产业发展的宏观社会环境。新冠肺炎疫情暴发后多变的社会环境对电子竞技产业的发展将产生什么影响?

2.2019年系列主题纪录片《电子竞技在中国—亚运特辑》在CCTV发现之旅频道播出，这是继2003年《电子竞技世界》后电竞相关节目再次登陆央视。请谈谈你对这一现象的理解。

3.近年来，我国电子竞技产业发展迅猛，在技术研发、运营推广等方面取得了长足的进步。试分析各相关主体还能在哪些方面促进我国电子竞技产业发展、提升我国电子竞技产业的国际竞争力。

4.电子竞技用户的心理与行为特征对电子竞技产业链条中各个环节的经营主体有何启发？谈谈你的看法。

## 【延伸阅读】

1.兰小欢.置身事内：中国政府与经济发展[M].上海：上海人民出版社，2021.

2.恒一，陈东.电子竞技产业分析[M].南京：江苏人民出版社，2017.

3.黄淼，王蕾，张桐.电子竞技游戏用户需求分析[M].广州：中山大学出版社，2020.

4.马化腾，等.指尖上的中国：移动互联与发展中大国的社会变迁[M].北京：外文出版社，2018.

# 第五章 电竞案例研究

**【本章学习要点】**

1.了解世界电子竞技大赛和英雄联盟全球总决赛两大典型赛事模式。

2.理解电竞赛事体系的联盟化转向。

3.了解上海电竞产业的发展现状和特性。

4.理解“上海模式”的成功背后和可持续发展所在。

上一章从中国电竞本土环境、发展问题、路径和趋势等方面详细阐述了中国电竞产业的发展概况。本章聚焦于具体的电竞赛事和产业，从时间维度上分析世界电子竞技大赛和英雄联盟全球总决赛两大曾经的顶级全球赛事和中国本土电竞“上海模式”的发展。在电子竞技运动飞速发展的二十年间，电竞赛事作为电竞产业链的中流砥柱，为电竞事业的蓬勃发展贡献了巨大力量。无论是处于产业链“上游”的内容授权还是产业链“下游”的内容传播，都离不开电竞赛事的反哺。时至今日，无数激动人心的电竞赛事仍历历在目。在21世纪的前十年，由韩国主办的世界电子竞技大赛（WCG）在全球范围内吸引了众多电竞职业选手和业余爱好者，不断普及推广电竞运动这项事业，并与美国的电子竞技职业联盟（CPL）、法国的电子竞技世界杯（ESWC）合称为21世纪初期世界三大电子竞技赛事。2009年，拳头游戏正式发行《英雄联盟》，随即引爆网络、风靡全球。《英雄联盟》有着完备的电竞赛事体系和全球深厚的产业链，不断推进电竞赛事的联盟化。在全球疫情期间，上海最先敏锐察觉到了线上电竞赛事模式的可行性，成为全球首个启动电竞线上赛事的城市，并为未来移动电竞赛事的发展提供了经验。

# 第一节 全球顶级电竞赛事模式

## 一、2000—2010年：世界电子竞技大赛

虽然电子竞技运动发源于美国，但是真正让电竞脱离人们普遍印象中的单纯娱乐项目而成为一项职业运动的却是韩国。作为21世纪初东方电竞大国，韩国不断拓宽电子竞技产业的版图，开展现代体育竞技运动式的电子竞技职业联赛。在政策和技术的推动下，韩国电子竞技作为一项竞技运动一路高歌猛进。其中，世界电子竞技大赛被誉为电子竞技赛事中“奥运会”（PRE-Olympics）。作为全球首个多种项目国家对抗的电子竞技赛事，WCG秉持着“Beyond the Game, More than Sports”的理念，将电子竞技职业运动这一概念推广到了全世界。尽管世界电子竞技大赛经历了后续的停办和重新出发，辉煌不再，但在电子竞技运动发展史中仍然留下了不可磨灭的痕迹。

### 1. 大赛发展历程

世界电子竞技大赛（WCG）是由韩国国际电子营销公司（International Cyber Marketing, ICM）主办，并由三星电子、SmileGate和微软等公司提供赞助的一项运动赛事。这项大赛创立于2000年，并于2001年举办了首届赛事。同奥运会一样，WCG也设有选手村，并从2004年开始每年更换举办城市。目前，除去2000年首届挑战赛，WCG已经在全球各地举办了15届，汇集了全球顶尖的电子竞技职业选手，吸引了大量观众。作为当时规模最大的电子竞技盛会，WCG每年吸引着百万余人参观。2000—2010年是WCG的巅峰时期，在WCG比赛中夺得冠军、荣升名人堂成为无数职业电子竞技选手的梦想。作为最具影响力的全球性电子竞技赛事之一，这项大赛不仅促进了电竞运动的普及与推广，让世界将更多的目光聚集于此，也推动了全球电竞行业的健康成长与飞速发展。

2000年10月7日，WCG前身世界电子竞技挑战赛（World Cyber Game Challenge）在韩国京畿道龙仁市的爱宝乐园举办，共持续9天，官方公开的奖金池为20万美元。尽管当时的比赛项目只有《星际争霸：母巢之战》《FIFA 2000》《雷神之锤3：竞技

场》和《帝国时代2》四个，仍然吸引了美洲、亚洲、欧洲的17个国家的180名职业选手参加，WCG的国际化之路由此打开。

2001年，世界电子竞技挑战赛正式更名为世界电子竞技大赛，并加入了《半条命：反恐精英》《虚幻竞技场》等比赛项目，逐步扩大其赛事规模。当时，中国共有四千多名选手参加地区选拔赛。其中，来自中国的马天元和韦奇迪赢得了《星际争霸》2V2项目的第一块金牌。作为世界首个电竞全球大赛，在为期5天的比赛中，共有来自37个国家的389名选手参加，现场观众多达3万人，赛况盛世空前。

2002年，德国的Christian Höck和韩国的林耀焕分别在《虚幻竞技场》《星际争霸：母巢之战》中获得两连冠，成为WCG史上首次进入名人堂的选手。2003年，暴雪娱乐开发的角色扮演即时战略游戏《魔兽争霸3》项目正式加入WCG，这届比赛吸引了全球60万名职业选手参加预选赛，最终来自55个国家的562名选手成功获得决赛入场券，参赛人数开创历史新高。被誉为德国FIFA双子的Daniel和Denise Schellhase兄弟横扫"FIFA 2003"单打和双人赛，Denise Schellhase成为世界电子竞技大赛史上首个赛事双冠王，德国由此成为当年综合冠军。

2004年10月6日，WCG第一次走出韩国，在美国旧金山比尔格雷厄姆市政礼堂盛大召开。这是大赛第一次将《极品飞车》等赛车游戏列为正式比赛项目。此外，Xbox平台上的电视游戏也被列入正式的比赛项目中，WCG的赛事规模进一步扩大，共有来自63个国家的642名选手参加了为期5天的比赛，《魔兽争霸3》职业选手开始崭露头角。

2005年WCG大赛中，中国选手李晓峰（Sky）在《魔兽争霸3》项目中顶着重重压力，击败强劲对手，问鼎冠军，并于2006年在意大利成功卫冕该项目世界冠军，进入名人堂，这两届比赛被誉为史上最难打的淘汰赛，李晓峰的卓越表现和辉煌战绩，为中国电子竞技运动史画上了浓墨重彩的一笔。

图5-1　李晓峰

来源：WCG官网

2008年在德国科隆举办的WCG共有78个国家的800多名选手参加。大赛共开展14个正式比赛项目，开创史上最多。其中，《狂野飙车》成为首个手游正式比赛项目，NeoTV成为中国区承办方。然而，随着全球金融危机的蔓延，资本市场遭遇了巨大冲击，由于赛事模式和商业模式的缺陷，WCG主办方和三星公司的矛盾逐渐加深，WCG的停办危机开始浮现。

2009年，WCG在中国成都举办，这也是中国承办的第一个世界性电竞总决赛。2011年，团队游戏《英雄联盟》《穿越火线》《特种部队》被选为WCG新的正式比赛项目。

图5-2　2009年WCG首次在中国举办

来源：WCG官网

2012年，共有来自40个国家的500多名选手来中国昆山国际会展中心参赛。中国选手冯永强作为首个《穿越火线》项目二连冠得主，成功进入WCG名人堂。最终，中国以3金、2银、2铜的压倒性优势和傲人成绩首次获得综合冠军。

2013年，WCG同样在中国昆山举办，中国的郎帅、许宏宇摘得《穿越火线》桂冠进入名人堂，韩国选手第13次卫冕《星际争霸》冠军。2014年，WCG主办方宣布停办WCG世界总决赛。

2019年，时隔6年，WCG重新开张，并选择在中国西安举办，吸引了全球111个国家约4万名玩家报名参加线上预选赛，最终34个国家的506名选手参加了总决赛。其中，《魔兽争霸3》项目的中国选手Infi时隔十年再次在WCG中夺冠，成功入选WCG名人堂。中国代表队在《穿越火线》《王者荣耀》《刀塔2》项目中夺冠，最终为中国拿下了综合冠军。

图5-3 2019年WCG在中国西安举办

来源：WCG官网

2020年，WCG更名为“WCG 2020 CONNECTED”，旨在承担“连接”全球电竞爱好者的重任。为保障赛事期间所有人员的身心健康，大部分赛程选择在线上开展，并通过YouTube和Twitch，韩国的AfreecaTV，中国的斗鱼、企鹅电竞、虎牙直播、哔哩哔哩、快手，东南亚的ASTRO，俄罗斯的GG等全球范围内的10个直播平台对所有的比赛项目进行实况直播。总决赛在中国上海和韩国首尔同时开展，包含《魔兽争霸3：重制版》《王者荣耀》《穿越火线》《FIFA ONLINE 4》四个正式竞赛项目。中国选手陆维梁获得《魔兽争霸3：重制版》个人赛和所属团体赛双冠王，完成15年的追梦。中国战队XYG获得《王者荣耀》项目冠军。

**表5-1 世界电子竞技大赛赛事概况**

| 时间 | 举办地址 | 参赛国家 | 比赛项目 | 比赛奖金（万美金） |
|---|---|---|---|---|
| 2000.10.7—15 | 韩国龙仁市 | 17 | 4 | 20 |
| 2001.12.5—9 | 韩国首尔的COEX | 37 | 6 | 30 |
| 2002.10.28—11.3 | 韩国大田世博会公园 | 45 | 6 | 30 |
| 2003.10.12—18 | 韩国首尔奥林匹克公园 | 55 | 7 | 35 |
| 2004.10.6—10 | 美国旧金山 | 63 | 8 | 42 |
| 2005.11.16—20 | 新加坡新达城国际会展中心 | 67 | 8 | 43.5 |

续表

| 时间 | 举办地址 | 参赛国家 | 比赛项目 | 比赛奖金（万美金） |
|---|---|---|---|---|
| 2006.10.18—22 | 意大利蒙扎国家赛车场 | 70 | 8 | 46.2 |
| 2007.10.3—7 | 美国西雅图世纪互联体育场 | 75 | 12 | 44.8 |
| 2008.11.5—9 | 德国科隆国际会展中心 | 78 | 14 | 47 |
| 2009.11.11—15 | 中国成都世纪城新国际会展中心 | 70 | 11 | 50 |
| 2010.9.30—10.3 | 美国洛杉矶国际会展中心 | 60 | 10 | 25 |
| 2011.10.8—12 | 韩国釜山的BEXCO | 60 | 10 | 30.3 |
| 2012.11.29—12.2 | 中国昆山国际会展中心 | 40 | 5 | 25 |
| 2013.11.28—12.1 | 中国昆山 | 38 | 7 | 30 |
| 2019.7.18—21 | 中国西安市曲江新区 | 34 | 10 | 58 |
| 2020.11.5—8 | 中国上海、韩国首尔 | / | 4 | 30 |

来源：世界电子竞技大赛官网

### 2. 大赛运营模式

一般来说，电子竞技运动赛事的运营资金主要来自虚拟门票、广告版权、游戏发行、主播或选手经纪和赞助等方面，而以全国电子竞技大赛为代表的国内大多数电竞赛事的营收渠道主要依靠赞助商的资本输血与游戏直播平台版权出售。

投资方对电子竞技运动赛事的赞助偏好与信息技术的发展有着密不可分的关系。20世纪初，随着电子计算机的发展，销售显示器成为各大电子公司的主导业务，而电子竞技运动赛事恰恰是宣传计算机显示器等硬件的最佳舞台。许多电子公司巨头纷纷将目光转向可以吸引广泛计算机使用者且对设备有较高要求的电子竞技运动赛事。2000年，三星公司为WCG赞助700万美金，并成立韩国国际电子营销公司（ICM），负责组织和管理赛事运行。三星公司的赞助为WCG十余年的国际推广和发展提供了源源不断的动力和坚实的支撑。然而，国际竞技赛事需要雄厚的资金供给，仅凭一两家赞助商维系比赛存在很大的风险。一旦赞助商停止输血，赛事就会面临停办危机。2014年世界电子竞技大赛的停办，正是由于其赞助商三星集团的撤资。进入21世纪10年代，显示器业务由于利润率过低逐渐被边缘化，三星电子集团的销售主力产品从显示器逐步转变为智能手机。电子竞技运动也跟随着信息时代迅速转变，同厂商自行筹办的电竞比赛相比，高度依赖开发商的赞助和管理的WCG大赛备受掣肘。2014年2月5日，WCG首席执行官李秀垠通过官方邮件对外宣布：“WCG组委会将不再举办任何赛事。”赞助商和主办方的分道扬镳，宣告了一时叱咤风云的全球顶级电子竞技大赛的退幕。直到2017年3月29日，在线游戏开发商SmileGate（《穿越火线》的游戏生产商）宣布向三星正式取得WCG商标授权，将以独立营运方式重办赛事，WCG才再次回到电子竞技职业选手的视野中。2018年，WCG宣布于次年7月18日在西安曲江新区开展WCG2019赛事。尽管WCG盛世不再，作为一代电子竞技职业选手的梦想和无数电竞爱好者的青春回忆，WCG的复活回归仍吸引了许多目光。作为世界电子竞技发展史上开创国际赛事模式的先锋，WCG对电子竞技运动在全世界的推广和普及起到了至关重要的作用。

就版权出售来说，韩国的“电子竞技+电视媒体”模式是电子竞技运动的现代化传播典范，后续也影响了我国的电子竞技赛事直播事业。2005年，我国共青团中央与韩国文化观光部合作，成功举办了CKCG2005中韩电子竞技大赛，第二年改名为国际数字娱乐嘉年华（International E-Cultural Festival，IEF），活动内容包含国际电子竞技大赛、国际高校电子竞技邀请赛、网络歌曲大赛、博客比赛、机器人比赛、网络动漫比赛、数字擂台挑战赛等。2007年，上海文广互动电视有限公司（SiTV）旗下的全国数字电视频道游戏风云主办并制作了国内首个电子竞技电视联赛——G联赛，即黄金（Golden，参与者在联赛中获得的价值提升）、玩家（Games，属于电竞玩家的联赛）、常规（General，容纳更多大众娱乐化电子竞技项目），赛事的宗旨是在电竞中做自己（In the game，Be myself）。

## 二、2011—2021年：英雄联盟全球决赛

电子竞技包含RTS、FPS以及MOBA等多种游戏种类。MOBA作为近十年最受欢迎的电子竞技运动类型，包含《星际争霸》《魔兽争霸》《反恐精英》《刀塔》《王者荣耀》等经典项目。《英雄联盟》由MOBA类电子竞技鼻祖《刀塔》原班人马打造，拥有数百个英雄角色，独特的排位系统、符文系统和人性化的匹配系统，是一款具有高品质和高竞争力的电竞运动。《英雄联盟》灵感来自《魔兽争霸》中的地图编辑器功能。而相比于《星际争霸》，《英雄联盟》将玩家从烦琐的建筑群、训练兵种等组织单

位中解放出来，令其可以将更多的时间和精力投入自己所选英雄角色中，具有更强的竞技性。精美的画面制作和操作的简化，为《英雄联盟》21世纪第二个十年间在全球范围内的盛行奠定了基础。2008年，拳头游戏融资800万美元，引入了腾讯等投资方。腾讯作为《英雄联盟》在中国大陆的代理运营商，为《英雄联盟》带来了巨大的用户流量，推动了中国电子竞技的成熟和发展。2015年，腾讯收购了拳头游戏剩余股份。

### 1.《英雄联盟》发展概况

2009年10月27日，拳头游戏正式发行《英雄联盟》，并于同年获得Game Spy玩家投票的年度最佳PC游戏奖项。2010年，凭借精美的游戏画面和故事制作，《英雄联盟》在游戏开发者大会（Game Developers Conference，GDC）上获得“玩家最佳选择”“最佳网络游戏开发技术”“最佳网络游戏视觉艺术”“最佳网络游戏设计”“最佳新网游”等诸多奖项，在世界电子竞技圈中名声大噪，并迅速占领核心地位。

2011年9月22日，腾讯互娱天美工作室将《英雄联盟》引进中国内地，开启了《英雄联盟》盛世，国内无数电子竞技爱好者开始将对《刀塔》的热忱转移到《英雄联盟》上。在2011中国游戏风云榜上，《英雄联盟》获得“十大新锐网络游戏”“十大最受欢迎网络游戏”“最佳休闲竞技类网游”三大奖项，引爆国内电竞消费。2013年，美国政府承认了《英雄联盟》电子竞技从业者的运动员身份，也仅有《英雄联盟》的职业选手获得了这一身份认可。同年，腾讯互动娱乐成立英雄联盟职业联赛。2014年，《英雄联盟》创下同时在线750万人、月活跃用户700万人的记录。到了2016年，《英雄联盟》已经拥有超过1亿的月活跃用户，成为电子竞技行业当之无愧的标杆产品。2018年年初，视频直播统计网站Gamoloco称，2017年《英雄联盟》Twitch平台的总观看时间超过了十亿小时，遥遥领先于第二位的《绝地求生：大逃杀》。

2018年5月14日，亚奥理事会、亚组委、亚洲电子体育联合会联合发布，《英雄联盟》等六项电子体育项目成为第18届雅加达亚运会表演项目，这意味着电子竞技运动作为“后现代体育”的代表，其竞技性内核已被广泛认识。2019年，时值《英雄联盟》发行十周年之际，据官方统计，《英雄联盟》仍保持着单日在线800万玩家的惊人数据。作为一款游戏，能够在十年日新月异的变化中保持着如此高的热度，与时俱进、不断创新是其制胜法宝。

2021年11月5日，杭州亚组委宣布《英雄联盟》等八款游戏入选第19届亚洲运动会的电竞比赛项目，所获得的奖牌将计入国家奖牌榜。这也是亚运会第一次批准电竞运动项目成为正式竞赛项目。

### 2. 英雄联盟全球决赛

伽马数据《2018电子竞技产业报告（赛事篇）》显示，《英雄联盟》是目前最受欢迎的电竞运动之一。凭借校园系列赛事、国内职业赛事、国际赛事等多样立体的电竞赛事体系，《英雄联盟》成为目前全球范围内赛事体系最完善的电子竞技项目之一。依靠遍布全球的深厚产业链，《英雄联盟》打造了“英雄联盟季中冠军赛”“英雄联盟全球总决赛”“英雄联盟全明星赛”全球电子竞技运动赛事体系，形成了其独特的电子竞技赛事文化，推动了全球电子竞技的发展。

《英雄联盟》目前最高规格赛事为拳头游戏官方举办的S系列赛，即英雄联盟全球总决赛。该赛事是《英雄联盟》一年一度最为盛大的比赛，也是《英雄联盟》比赛项目中最高荣誉、最高含金量、最高竞技水平、最高知名度的比赛。[①]截至2021年年底，英雄联盟全球总决赛已经举办共计11届比赛，这项赛事不断为《英雄联盟》这款现象级MOBA类电竞运动注入新鲜活力，输送优质职业选手。《英雄联盟》共有LPL（中国大陆区）、PCS（中国港澳台地区和东南亚）、LEC（欧洲）、LCK（韩国）、LCS（北美洲）、LCL（独联体）、CBLOL（巴西）、LLA（拉丁美洲）、TCL（土耳其）、LCO（大洋洲）、LJL（日本）、VCS（越南）12个赛区。只有12个赛区中表现极其出色且成绩稳定的顶尖队伍，才可以参加每年10—11月举办的英雄联盟全球总决赛。以中国大陆赛区LPL为例，经过多年的细节完善和赛制优化，形成了以LPL为核心，LDL（原LSPL）、德玛西亚杯、城市英雄争霸赛等众多赛事组成的《英雄联盟》赛事体系，成为赛事数量、赛事梯度、赛事结构都较为健全的电竞赛事生态。从赛制上来看，全球性的赛事体系使得电子竞技向着深度职业化和体育化不断迈进。

---

① 新生不息2019全球总决赛［EB/OL］.［2022-08-10］.https://lpl.qq.com/es/worlds/2019.

图5-4　英雄联盟2021全球总决赛

《英雄联盟》首创联盟化赛事和主客场制度，拳头游戏耗时五年搭建了全球职业联赛体系，12个赛区遍布四大洲。每年两次的锦标赛（MSI季中赛、S总决赛）和一次全明星赛以及德玛西亚杯、洲际系列赛、发展联赛等赛事使得《英雄联盟》赛事持久不间断。以职业联赛中国赛区（LPL）为例，2013年，腾讯携手拳头游戏，在城市英雄争霸赛的基础上，举办了英雄联盟职业联赛，是中国赛区最高级别的《英雄联盟》职业比赛。在这一届LPL大赛上，共有WE、OMG、皇族、IG、PE、TL、WOA、Spider八支队伍参赛。大赛设置了高额的奖金，并有常规化的赛程和官方的转播，吸引了无数关注。

从2011年《英雄联盟》正式进入中国市场，到2013年中国正式举办第一届英雄联盟职业联赛，国内的《英雄联盟》赛事逐渐与国际赛事接轨，赛事体系展露雏形。2014年，由腾讯主办的英雄联盟甲级职业联赛（LSPL）共有16支队伍参赛，赛事战况激烈，并为2015年的LPL赛事选送了四支新队伍。2015年参赛队伍扩充至12支，这是LPL首次宣布扩军，LPL的赛程也随之丰富，职业电竞运动员和俱乐部有了更加健康完善的舞台。2017年，英雄联盟S7全球总决赛在中国举办，关键词“英雄联盟”的百度指数达到了全年的最高值，成为当年中国电竞领域的大事件。在《体坛周报》发布的“2017中国十大巅峰体育赛事”中，英雄联盟全球总决赛排名第五，成为前十唯一入榜的电竞赛事。2017年4月30日，《英雄联盟》电竞战略发布会在南京召开，联赛官方宣布向美国职业篮球联赛学习，实施“LPL联盟化”与“主客场制”电竞改革计划，各大俱乐部在全国各地建立自己的主场阵地。

2018年LPL春季赛，联赛战队名额由12支扩充至14支。同年，《英雄联盟》中国LPL队伍囊括了亚运会、季中赛、洲际赛和世界赛冠军，吸引了全球超过2.05亿的玩家观看，将《英雄联盟》赛事化推到了顶峰。11月3日，英雄联盟全球总决赛最高荣誉“召唤师杯”的争夺赛中，来自中国的IG战队以3∶0的压倒性优势战胜了来自欧洲的种子队伍Fnatic，代表LPL赛区夺得总冠军，无数国人为他们祝贺。近两年，《英雄联盟》的用户留存率不断走高，用户规模不断扩大。从普通玩家到职业选手，电竞的渗透率越来越高，尽管一二线城市的玩家占比较大，下沉市场用户亦不容小觑。其中，男性玩家占据压倒性优势，18—24岁的在读学生居多。《英雄联盟》的飞速发展离不开电竞赛事的引流。在以职业赛事为核心的电竞生态系统中，职业选手依托其高超的竞技水平吸引了众多粉丝，为电竞产业的商业生态打开了新的大门。2021年11月7日凌晨，在英雄联盟S11全球总决赛中，中国战队EDG对战韩国战队DK，经过5个小时5轮比赛，EDG最终以比分3∶2击败DK，赢得S11总冠军，在举起象征冠军的“召唤师杯”那一刻，无数国人为他们欢呼。

图5-5　英雄联盟S11全球总决赛中国战队EDG夺冠

来源：EDG电子竞技俱乐部

疫情前，《英雄联盟》官方赛事流程已较为固定。每年10月至11月，是英雄联盟全球总决赛的举办时间，主要分为预选赛、小组赛和季后赛三个阶段，赛制主要为小组赛及单人淘汰制。LPL春季赛从1月初持续到4月末，每周进行4天比赛，玩家可根据自己的时间进行选择性观看。在5月初春季赛结束后，拳头游戏会举办一次世界级的锦标赛（MSI季中赛），参赛战队是来自《英雄联盟》全球五大赛区的冠军队伍和国际外卡赛冠军，以此来调动全球LOL玩家的观赛热情。接下来，玩家可以继续观看5月末到8月末的夏季赛，其赛制和春季赛相同。9月初会进行英雄联盟全球总决赛中国区预选赛，9月末至10月末会进行代表LOL世界最高水平的S总决赛，是LOL玩家一年一度的盛宴。随后的11月末会举行德玛西亚杯赛线下总决赛，以加强LSPL和LPL队伍之间的交流。12月末会举行LOL全明星赛，由玩家选出本赛区最受欢迎的5名选手代表赛区参赛，是年末最受关注的LOL赛事。

**表5-2 英雄联盟全球总决赛（S 赛）2011—2021 届赛事概况**

| 时间 | 举办地点 | 参赛国家（地区） | 比赛奖金 | 比赛场数 | 团队数量 | 高峰时期观众人数 | 平均观众 | 观看时长 | 播出时长 |
|---|---|---|---|---|---|---|---|---|---|
| 2011.4.2—2011.6.20 | 瑞典延雪平 | 美国、德国、菲律宾、新加坡、加拿大、法国、比利时、中国、芬兰、波兰、西班牙 | 98,500美元 | 28 | 8 | | | | |
| 2012.7.26—2021.10.13 | 美国洛杉矶 | 中国大陆、中国台湾、中国香港、韩国、美国、越南、俄罗斯、中国台湾、加拿大、德国、丹麦、西班牙、亚美尼亚、比利时、法国、中国香港、英国、委内瑞拉 | 200万美元 | 31 | 12 | | | | |
| 2013.7.3—2013.10.4 | 美国洛杉矶 | 韩国、美国、中国大陆、立陶宛、菲律宾、中国台湾、俄罗斯、加拿大、爱沙尼亚、法国、中国香港、西班牙、保加利亚、丹麦、芬兰、德国、荷兰、挪威 | 250万美元 | 63 | 14 | | | | |
| 2014.8.13—2014.10.19 | 中国台北、新加坡、韩国釜山首尔 | 中国大陆、韩国、中国台湾、美国、巴西、丹麦、德国、土耳其、荷兰、加拿大、芬兰、挪威、西班牙、瑞典、英国 | 213万美元 | / | 16 | | | | |
| 2015.8.14—2015.10.31 | 法国巴黎、英国伦敦、比利时布鲁塞尔、德国柏林 | 韩国、中国大陆、中国台湾、美国、泰国、巴西、丹麦、法国、加拿大、西班牙、瑞典、德国、中国香港、荷兰、罗马尼亚、英国 | 213万美元 | / | 16 | | | | |

续表

| 时间 | 举办地点 | 参赛国家（地区） | 比赛奖金 | 比赛场数 | 团队数量 | 高峰时期观众人数 | 平均观众 | 观看时长 | 播出时长 |
|---|---|---|---|---|---|---|---|---|---|
| 2016.8.27—2016.10.29 | 美国旧金山、美国芝加哥、美国纽约、美国洛杉矶 | 韩国、中国台湾、中国大陆、丹麦、美国、巴西、加拿大、乌克兰、中国香港、波兰、俄罗斯、克罗地亚、希腊、罗马尼亚、新加坡、斯洛文尼亚、西班牙 | 570万美元 | 77 | 16 | 1,620,065 | 671,311 | 22,936,435 | 34 |
| 2017.8.26—2017.11.4 | 中国武汉、中国广州、中国上海、中国北京 | 中国大陆、韩国、越南、丹麦、巴西、美国、澳大利亚、阿根廷、加拿大、智利、中国香港、中国台湾、日本、土耳其、法国、墨西哥、乌克兰、英国、亚美尼亚、克罗地亚、德国、拉脱维亚、新西兰、秘鲁、俄罗斯、新加坡、西班牙、瑞典、乌拉圭 | 4,596,591美元 | 119 | 24 | 2,102,206 | 572,944 | 73,623,301 | 129 |
| 2018.10.1—2018.11.3 | 韩国首尔、韩国釜山、韩国光州、韩国仁川 | 韩国、中国大陆、中国台湾、中国香港、美国、越南、澳大利亚、巴西、丹麦、泰国、智利、日本、秘鲁、波兰、俄罗斯、土耳其、阿根廷、加拿大、法国、瑞典、乌克兰、亚美尼亚、比利时、保加利亚、哥伦比亚、克罗地亚、意大利、新西兰、葡萄牙、委内瑞拉 | 645万美元 | 119 | 24 | 2,050,475 | 651,178 | 82,428,261 | 127 |
| 2019.10.2—2019.11.10 | 德国柏林、西班牙马德里、法国巴黎 | 韩国、中国大陆、中国台湾、越南、美国、丹麦、澳大利亚、巴西、加拿大、中国香港、日本、俄罗斯、泰国、比利时、保加利亚、智利、斯洛文尼亚、土耳其、亚美尼亚、克罗地亚、捷克共和国、德国、匈牙利、墨西哥、挪威、秘鲁、波兰、罗马尼亚、瑞典、乌拉圭 | 222.5万美元 | 120 | 24 | 3,985,787 | 651,178 | 82,428,261 | 127 |

续表

| 时间 | 举办地点 | 参赛国家（地区） | 比赛奖金 | 比赛场数 | 团队数量 | 高峰时期观众人数 | 平均观众 | 观看时长 | 播出时长 |
|---|---|---|---|---|---|---|---|---|---|
| 2020.9.25—2020.10.31 | 中国上海 | 韩国、中国大陆、中国台湾、丹麦、巴西、波兰、俄罗斯、瑞典、阿根廷、澳大利亚、德国、日本、美国、加拿大、捷克共和国、香港、斯洛文尼亚、土耳其、白俄罗斯、比利时、保加利亚、克罗地亚、法国、意大利、墨西哥、新西兰、罗马尼亚、越南 | 222.5万美元 | 114 | 22 | 3,882,252 | 1,113,702 | 139,862,355 | 126 |
| 2021.10.5—2021.11.6 | 冰岛首都雷克雅未克 | | 222.5万美元 | | | | | | |

## 第二节　中国本土电竞发展经验

电子竞技在中国的发展起步较慢，这与我国当时的信息技术和计算机普及程度有关。进入21世纪，我国的互联网技术得到了极大的发展，网络基础设施逐步完善，网络资费开始下调。据不完全统计，截至2000年年底，全国网民数量达到了2250万人。[①]彼时，网吧等互联网上网服务营业场所提供的公共空间，为不少电竞爱好者进行团体游戏提供了便利。电子竞技作为一种新型的社交活动，开始流行起来。

2001年，中国的电子竞技玩家开始参加各种世界电子竞技赛事，这使得电子竞技的竞技运动属性逐渐显露。正是这一年，中国迎来了第一个世界级的电竞赛事——WCG。在第一届WCG全球总决赛的赛场上，中国选手以2金1铜的战绩为中国拿下了综合成绩第二的名次，具有非凡的意义。2003年11月18日，在中国数字体育互动平台启动仪式上，时任国家体育总局局长助理何慧娴女士称，“网络是地球的神经，互联网正悄悄地改变着世界。让现实世界里的体育在网络世界中同样大放异彩，是我们的目标”。何女士随即宣布，经国家体育总局正式批准，将电子竞技列为我国第99个正

① 国务院办公厅关于进一步加强互联网上网服务营业场所管理的通知［EB/OL］.（2001-04-03）［2022-08-10］. http: //www.gov.cn/gongbao/content/2001/content_60776.htm.

式体育竞赛项目，电子竞技作为竞技类体育得到了官方的认可。2004年2月，中华全国体育总会为了更加规范和普及电子竞技运动，发布了国家级电子竞技联赛——全国电子竞技运动会（China E-sports Games，CEG），并向国际市场推广电子竞技运动，成功推广到49个国家，获得了空前的成功。

2005年，第一支中国人建立的国际电竞俱乐部——World Elite（WE）成立，来自WE战队的李晓峰（SKY）获得了当年WCG总决赛项目《魔兽争霸3》的冠军。2008年，成都第十一届运动会引入电子竞技成为正式的比赛项目。同年，国家体育总局整合现有的体育项目，将电子竞技运动列为第78号体育运动项目。2011年，电子竞技被提名为2020年东京奥运会比赛项目。尽管只是提名，也振奋了无数电子竞技职业选手和电竞爱好者。同年，WE战队夺得IPL5《英雄联盟》项目总冠军，成为中国大陆战队在《英雄联盟》国际比赛上取得的第一个世界级冠军。2013年3月19日，国家体育总局竞技体育司下发了关于确定第四届亚洲室内和武道运动会最终参赛人员的通知，电子竞技项目将组建一支17人的电子竞技国家队，出战第四届亚洲室内和武道运动会。在政府、厂商、俱乐部、赛事举办方、职业选手、高校智库等多方面的努力下，我国的电子竞技运动走上了更加规范的发展道路。

2016年4月15日，国家发改委发布《关于印发促进消费者带动转型升级行动方案的通知》明确指出："在做好知识产权保护和对青少年引导的前提下，以企业为主体，举办全国性或国际性电子竞技游戏游艺赛事活动。"同年9月6日，教育部公布的《普通高等学校高等职业教育（专科）专业目录》里新增"电子竞技运动与管理"等13个专业，并隶属于体育类，具有相关资质的高校将于2017年正式开始招生。同年8月，中国的Wings战队以3∶1的傲人战绩击败DC战队，获得了2016年DOTA2国际邀请赛冠军的殊荣，央视财经频道《新闻30分》栏目就这则夺冠消息进行了报道。2017年4月，腾讯游戏平台更名为"WeGame"，喊出"中国人自己的Steam"口号。紧接着，腾讯依托其成熟的电竞产业体系，不断聚拢泛娱乐和电竞用户，并基于电竞圈层文化，通过《战至巅峰》等一些电竞节目热度和艺人为品牌做电竞赛道的深耕和核心资源的放大。由此看来，中国电子竞技的发展随着电竞产业的深化和结构调整，大致分为三个阶段：1998—2008年的单机电竞时代、2008—2016年的PC电竞时代、2016年至今的移动电竞时代，电子竞技的发展不断呈现出"全民化、体育化、移动化"的特点。

图5-6　2022年5月电竞爱好者在杭州电竞中心主竞赛场馆观看电竞比赛

来源：新华社

在我国电子竞技发展的初级阶段，电竞运动的始发地为中西部地区的中小城市，而各大城市的高等院校则成为开展电子竞技的主战场。随着电子竞技产业的发展，竞技模式和电竞赛事的快速更迭，广东、上海等一线城市的电子竞技产业生态得到了长足的发展。

## 一、中国本土电竞区域分布与发展

智研咨询发布的《2021—2027年中国电竞游戏行业市场运营格局及前景战略分析报告》显示：近十年以来，中国电竞相关企业的年度注册增速呈波动上涨态势，2020年，中国电竞相关企业超28万家。从地域分布来看，位于第一名的是广东，有相关企业超9万家，占全国32.98%，其次是江苏和浙江。

表5-3　2020年中国各省市电竞相关企业数量排行榜

| 序号 | 省市 | 企业数量（家） |
|---|---|---|
| 1 | 广东 | 3918 |
| 2 | 重庆 | 3018 |
| 3 | 湖南 | 1218 |

续表

| 序号 | 省市 | 企业数量（家） |
|---|---|---|
| 4 | 海南 | 1154 |
| 5 | 安徽 | 758 |
| 6 | 河南 | 724 |
| 7 | 山东 | 656 |
| 8 | 四川 | 632 |
| 9 | 江苏 | 630 |
| 10 | 陕西 | 581 |
| 11 | 湖北 | 491 |
| 12 | 浙江 | 379 |
| 13 | 江西 | 339 |
| 14 | 山西 | 327 |
| 15 | 内蒙古 | 310 |
| 16 | 辽宁 | 304 |
| 17 | 北京 | 276 |
| 18 | 黑龙江 | 259 |
| 19 | 广西 | 256 |
| 20 | 上海 | 252 |
| 21 | 吉林 | 248 |
| 22 | 贵州 | 238 |
| 23 | 甘肃 | 225 |
| 24 | 云南 | 197 |
| 25 | 河北 | 195 |
| 26 | 福建 | 157 |
| 27 | 新疆 | 139 |
| 28 | 宁夏 | 122 |
| 29 | 天津 | 115 |
| 30 | 青海 | 103 |
| 31 | 西藏 | 91 |

从2020年我国各省市电竞相关企业数量排行榜来看，共有4省市电竞企业数在1000家以上。其中，广东电竞企业数量遥遥领先，共有3918家，占全国电子竞技企业的21.35%。重庆有3018家电竞企业，电竞企业数量排名第二，占比16.45%。湖南以1218家电竞企业排名第三，占比6.64%。电竞相关企业排名前三的省市企业合计占比为44.43%。

《2021年中国电竞行业研究报告》显示，2020年，电竞企业注册数同比增长超30%，全年电竞游戏市场收入达1365.57亿元，同比增长超44%，电竞用户规模同比上涨9.65%，中国已超越北美成为全球最大的电竞市场。国内的各个地区也都在持续不断地推动着电竞行业的发展。

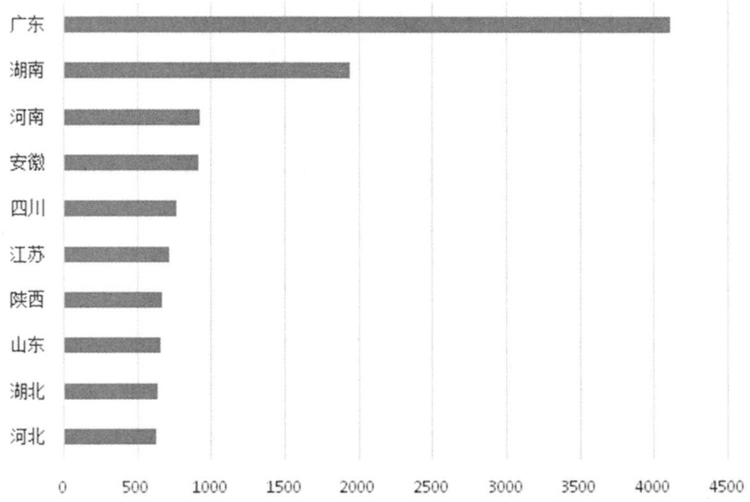


图5-7　全国各省市电竞相关企业注册量TOP
来源：企查查

从2021年全国各省市的电竞相关企业注册地域分布来看，我国电竞相关企业仍旧集中在广东、湖南等地，河南发展速度较快，安徽、四川以及山东也仍旧占有行业优势。

尽管上海被誉为“宇宙电竞中心”，但企查查数据显示，广东才是电竞企业最多的省份。从地域分布来看，广东以2017家位列榜首，湖南以1941家位列第二，河南以930家位列第三。

广东之所以能连续几年在电竞发展行业独占鳌头，有几方面原因。广东的电竞企业重视科技创新，并且具有市场敏感性，目前在国内收入前十的移动电子竞技中，有九款的背后都是广东电竞企业的研发和运营团队进行支持。这样浓厚的商业氛围使电竞产业能够蓬勃发展，在市场推广和培育方面节省了许多时间和经济成本。

广东广州在电竞行业作为头部发展领头羊，非常重视孵化顶级电竞战队，开拓电竞人才培养新路径，推动全球顶级赛事落地发展。

2021年6月26日，2021王者荣耀职业联赛春季赛总决赛成功落下帷幕。全新的广州TTG战队仅用一年的时间就站上了KPL总决赛舞台，除了选手的努力外，更离不开其所属集团公司趣丸网络的前瞻性布局。

在城市融合上，2020年趣丸网络促成广州TTG主场落地天河区，使得广州首次以城市电竞主场身份举办赛事并正式成为KPL第四座电竞主场城市。战队的落户填补了广州本土缺乏顶级战队的空白，进一步推动了区域电竞产业发展。

同时，深圳作为中国最年轻的城市之一也不甘落后，作为全球首个5G独立组网全覆盖的城市，5G基站建设密度全球第一。加之近年来伴随以英雄联盟全球总决赛冠军赛为代表的大型电竞体育赛事落地，年轻、创新的深圳为电竞带来了更多发展和可能，电竞也为深圳注入了全新的活力与动能，助力深圳建设成为国际著名体育城市。

2020年，深圳龙岗、南山两区相继发布电竞产业扶持政策，为深圳发展电竞产业奠定了基础。深圳正加快推动文体旅游高质量发展，全力打造深圳文体旅游品牌项目。深圳构建的粤港澳大湾区文娱业态新矩阵，不仅推动了电竞产业发展，更为深圳带来了新的城市标签和更丰富的文化内核。电子竞技作为一种广受年轻人欢迎的文化产业形态，与深圳开放多元的城市形象、文化特质相契合。深圳也以此为契机全力打造“全球电竞之都”。

而湖南能位居第二，主要源于对培养职业选手的重视，在国内各大俱乐部的职业玩家中，近半数都是湖南人。2016年数据显示，仅在英雄联盟职业赛中，湖南籍贯选手就占到了47%。若风、小苍、xiao8、Yao、麻辣香锅、S1mLz、Cool、Condi等众多电竞选手和解说，让“电竞湘军”名声在外。而湖南人对电竞独有的热爱程度，也使得当地的电竞产业欣欣向荣。

根据微热点研究院数据统计，2021年第二季度北京电竞相关信息最多，高达3076.9万条，遥遥领先排名第二的广东。经分析，已经将北京作为主场的JDG、TS、WB等多个职业战队均为北京贡献了较多的信息量。此外，电竞代练的相关信息也一定程度上拉动了北京电竞信息增长。广州TTG、深圳V5、佛山GK、南京Hero久竞等其他确定了主场的战队，同样也为本省市贡献了较多信息量，这从侧面说明了职业战队落户对当地电竞产业的影响力。

以微博平台为基础统计电竞潜在用户信息量，北京以24.1万条信息再次高居榜首，广东、江苏、浙江等次之，说明北京、广东、江苏等地的电竞产业潜力位居全国前列。

## 二、上海电竞产业发展现状与特性

在“全球电竞之都”“游戏创新之城”等一系列配套政策助推之下，上海电竞产业已步入快车道。智研咨询发布的《2021—2027年中国游戏行业市场运营态势及投资潜力研究报告》显示：上海电竞产业发展势头良好。中国大陆目前已超越美国、日本成为全球最大的电竞及移动游戏市场。而其中，上海更是占据着重要位置。2013年以来，上海网络电竞销售收入呈逐年增长态势，至2020年上海网络电竞销售收入999.2亿元，较2019年增长197.2亿元。目前，移动电竞是上海主要发力的电竞终端类型，上海目前拥有1600余家电竞游戏企业，既有盛大游戏等上海本土企业，也包括腾讯、网易等其他游戏大厂的子公司，还吸引了诸如索尼、拳头游戏、暴雪娱乐等国外游戏大厂。2020年上海移动游戏销售收入增速超40%，达到743.7亿元。《2019—2020上海游戏出版产业调查报告》显示，上海聚集了全国10.7%的上市电竞企业，此外上海A股上市电竞企业的占比达到77.3%，中国新三板挂牌电竞企业中，上海占了18.7%。

近年来上海新增的上市电竞企业数量虽然不多，但质量普遍较高，上海也非常重视中小电竞企业的发展，以期为中国电竞产业注入新鲜血液，保持产业活力，例如心动网络、游陆科技、哔哩哔哩、莉莉丝、叠纸游戏、米哈游、沐瞳科技、悠星网络、鹰角网络及友塔网络等，都是从小型电竞游戏企业成长为中大型电竞游戏企业的经典案例，每个企业都具备差异化的竞争优势。上海的电竞游戏企业阵营目前正快速壮大，而新势力厂商也为上海电竞游戏产业的发展带来了创新与活力，上海的电竞游戏企业凭借多样化的优势，成为目前中国电竞产业发展不可或缺的一部分。

流量成本上升倒逼企业立足于精品化研发，技术创新受到电竞产业的进一步关注，而上海本土电竞游戏企业在技术创新方面本就具备优良基础，加之政策大力支持，自主创新的效益日益显现。2020年，上海首发“千帆计划”，实现政策优势叠加，助力百亿电竞产业出海，电竞“出海”不单是产业爆发式增长的必然选择，更是优化升级文化贸易结构、触发贸易新增长点的机遇所在。

上海电竞产业的高速发展，得益于大力推进自主创新；而自主创新，得益于上海对于人才战略的高度重视。上海牢牢抓住人才培养的核心，在全国率先实行电竞运动员注册制，并在9家中高职院校和高校开设电竞专业，还将筹建电竞职业培训基地、组建省级代表队，产业相关服务型人才的培养也被同步纳入培育体系。

目前，依托多年来打造的良好人才生态，上海电竞产业人才领域表现突出，比如本科和研究生比例均超过全国，这也是上海电竞产业收入连年增长的根本原因。校企合作培养人才、强化本土企业人才吸纳能力也是上海聚集人才的重要途径。上海已吸引RiotGames、EA、Ubisoft等国际知名电竞游戏企业在上海设立分公司，它们在PC端电竞、主机电竞相关技术的经验积累有望助力上海电竞产业培养相关技术人才。从薪资情况来看，上海的情况也比较健康，高薪人才的比例大大超过全国平均水平。

除了政府对人才的重视，上海各大电竞俱乐部对人才的选拔和培养也功不可没。如今，上海已经集聚全国80%以上的电竞企业，俱乐部达到250余家，在价值TOP50的电子竞技俱乐部中，上海占比达到44%，不仅有曾夺得《英雄联盟》世界总冠军的FPX俱乐部，RNG、EDG、IG等知名俱乐部也全都位于上海，可见上海是头部电竞俱乐部首选的聚集地。

虽然根据《2021上海电子竞技产业发展评估报告》来看，目前的上海电竞产业不管是人才需求还是人才聚集都处于第一，但报告还显示，集中在上海的电竞人才有意愿去其他城市工作的占比达到18.1%，可见存在着人才流失的风险。这可能是由于近几年其他各城市均加大对电竞行业人才的引进力度，也可能是上海的高房价、昂贵的生活成本和严格的落户政策导致的生活压力过大。

虽然有一定的人才流失风险，但是凭借着大量的办赛经验和诸多国内外游戏、电竞大厂的入驻，基础设施的完善，上海的电竞赛事举办依旧处于领跑地位。上海举办的一系列重要赛事，包括英雄联盟S10全球总决赛，总决赛的总观看次数（包括直播和24小时的回放）超过10亿以上，全球实时观看接近4600万人。2020年年底，第三届上海电竞大师赛，全程线上观赛人次超过4000万，单平台峰值观看人次超过220万，这一赛事是对头部电竞赛事垄断化、寡头化发展的一大挑战，为电竞与城市体育文化产业相结合交上了一份新的答卷。

图5-8 2021电竞上海全民锦标赛落幕
来源：人民网-上海频道

《2021上海电子竞技产业发展评估报告》称，2021年上海电子竞技赛事收入预计进一步提升，占全国电子竞技赛事收入的比例预计达到50.7%。电子竞技转播的情况上，随着哔哩哔哩直播收入的增长，上海游戏直播收入预计在2021年将达到全国的14%。上海的办赛经验和取得的效果是毋庸置疑的，并且上海已经形成较为完整的电竞产业链，上游的电竞游戏研发公司紧跟市场动向，中游的发行、制播、赛事、直播等电竞内容公司也在注重版权保护的同时积极创新，电竞场馆等渠道层更是资源丰富。

## 三、“上海模式”经验总结与归因

在全球新冠肺炎疫情期间，上海最先敏锐察觉到了线上电竞赛事模式的可行性，成为全球首个启动电竞线上赛事的城市。2020年上海电子竞技赛事收入占全国的比重达到50.2%，电竞俱乐部收入达到6.7亿元，占全国的49.6%。从企业到政府，上海各方齐心协力推动电竞产业发展，向着“全球电竞之都”的目标不断迈进。根据虎牙直播与体坛电竞联合发布的《2019中国电竞城市发展指数》，上海获得99.21分，被定义为全国唯一的“超一线电竞城市”。2021全球电竞大会上最新发布的“电竞城市发展指数”显示，上海以78.7分位列综合排名第一。从赛事到场馆，从选手到协会，上海已创下一套“上海模式”，成为全国乃至全世界电竞产业发展的典范。上海的国际化程度、人才资源、文化底蕴，都是其发展电竞行业不竭的力量源泉。

### 1. 法律政策扶持

作为国内电竞产业最早起步的城市，2017年12月，上海发布“文创50条”，其中明确提出要加快“全球电竞之都”的建设目标；2019年6月，上海又发布“电竞20条”，为推动电竞产业发展指明方向。上海各区也相继发布相关具体扶持政策，如静安区出台《静安区关于促进电竞产业发展的实施方案》全面推进“灵石中国电竞中心”建设，助力上海建设全球电竞之都；杨浦区发布促进电子竞技产业发展23条政策，对符合总部条件的给予享受总部经济政策，给予享受办公用房补贴、经营性扶持、上市奖励、人才补贴和营商服务五大普惠政策；徐汇区出台《关于推动徐汇区体育产业高质量发展的实施意见》，提出依托徐汇区人工智能产业高地，发挥腾讯华东总部、游族网络等电竞头部企业集聚的优势，抢占电子竞技产业链高地，还将开展新一轮文化产业扶持政策的修订，重点对新电竞赛事项目研发、重要赛事举办、重要载体建设、赛事及电竞文化内容制作传播等产业链环节加大支持和培育力度；普陀区出台《普陀区加快发展电竞产业实施意见（试行）》，涵盖全产业链内容，支持优秀电竞行业企业引进、场馆建设、赛事举办、内容开发运营、平台建设、人才引进、电竞IP衍生品开发融合、电竞装备研发等。上海各区的这些政策为疫情常态化的电竞产业发展提供了重要支撑，推动数字娱乐产业创新发展。①

除此之外，2021年5月，上海市电子竞技运动协会法律工作委员会在静安区宣告成立，同时电竞法律服务平台正式挂牌。法律服务体系的建立是上海电竞产业发展过程中又一项具有引领意义的标准体系建设，将为电竞主体健康存续保驾，为电竞行业良性发展护航。

### 2. 龙头企业集聚

较好的电竞环境氛围吸引了众多电竞游戏研发、电竞赛事服务企业驻扎上海。据统计，2020年上海电子竞技企业中，有超过四成的企业从事电竞研发、电竞赛事服务。

---

① 高少华，孙丽萍，方喆. 电竞指数夺魁 上海稳步“进击”全球电竞之都[N]. 经济参考报，2021-08-05(005).

2021年，全国80%以上的电竞企业、俱乐部、战队和直播平台聚集上海，其中，内容授权类规模以上的企业257家、赛事企业242家、内容直播企业53家。在电竞品牌企业融资排行名单中，融资上亿元的企业全部落户上海，主要包括上海阳川电子科技有限公司、上海耀竞文化传播有限公司、上海埃甫奕技网络科技有限公司等。

上海拥有电子竞技场馆约37家，知名电竞俱乐部数量占全国的48.7%。目前，国内影响力排名较前的电子竞技俱乐部，如IG、EDG等，约半数总部设立在上海。

上海还拥有哔哩哔哩直播等在游戏直播领域深耕的企业，具备将电竞内容向用户深度传播的实力。另外，在新粉丝、新需求的激发下，诸多电竞赛事制作、泛娱乐节目制作与推广的企业也加速了电竞娱乐产品的研发与推广。

### 3. 培养高端人才

上海十分重视人才的吸引与培养，在硬件设施上，上海拥有其他城市难以望其项背的文化底蕴、独特的地理位置、最前沿的技术资源基础条件，这些都是上海打造成熟电竞生态产业系统最核心的竞争力，也深深地吸引着全国乃至世界各地的电竞人才。各大头部俱乐部在此的集聚也促使许多职业选手入驻上海，他们产生的带头作用促使上海的电竞产业规范发展，形成良性循环。

在头部企业汇集了职业选手、管理人才后，上海没有忽视科技人才的重要性。上海自主研发的各个电子竞技游戏之所以能在市场占有较大比值，带来丰厚的利润与产值，正是由于其对高新人才的重视和对自主创新研发电竞项目新技术企业的大力支持。这些原创电竞不仅在国内广受好评，在国外也有着较大的影响力，这些都奠定了上海电竞产业生态系统的扎实根基。随着线上赛事模式的新发展，赛制也在不断推陈出新，而敢于大胆尝试的上海赛事项目已经形成标杆效应，众多看出了赛事规模化效应的人才慕名而来。同时，上海也积累了一批中下游产业链发展必不可少的人才，如在艺人经纪、赛事运营、游戏直播、内容制播等不同板块上，上海都出现了一批十分活跃的领军人物。在俱乐部方面，SNG、RNG、EDG和IG等出过许多世界冠军的俱乐部都落户在上海；在赛事运营及制播方面，上海汇聚了哔哩哔哩电竞、VSPN、IMBA TV等具有专业水准的赛事运营和内容制作公司。

### 4. 积极举办赛事

大型的国际电竞赛事作为电竞行业备受瞩目的环节，一直是各城市争相举办的“香饽饽”，但是在全国每年500多项具有影响力的电竞赛事中，上海获得了超过40%的举办权，是当之无愧的最受电竞赛事欢迎的城市。2019年，上海成规模的电竞比赛有1500场，占近一半的全国规模赛事总量。上海仅在2020年11月这一个月就获得《决战！平安京》《刀塔2》《王者荣耀》这几项大型电竞赛事项目的落地。

能取得这样亮眼的成绩，离不开上海得天独厚的用户、地理、交通等优势。作为最早开始承办国内外品牌职业联赛的城市，上海有着其他城市无可比拟的丰富经验和雄厚基础。而能够成功吸引这些大型赛事的落地，有以下几方面原因：第一，上海的赛事举办经验十分丰富，软硬件都能跟上，基础设施建设的更新始终在国内前沿，并且构建了绿色、健康的电竞价值观。第二，上海已经打上深深的电竞烙印，许多俱乐部、电竞厂商都默认在上海举办的赛事会受到更多关注，目前排名前十的赛事中有60%都由上海参与举办，热度极高，反馈也十分良好。第三，上海企业在认识到电竞行业的重要性，发现了其潜力和连锁带动效应后，都想来分一杯羹，办赛热情非常高涨。第四，江浙沪地区的年轻人居多，用户基础良好，聚集了大部分的电竞玩家，能占到国内电竞用户的20%左右。第五，上海拥有多个专业化的电竞场馆，如虹桥天地、腾讯电竞体验馆、上海竞界电子竞技体验中心、风云电竞馆等，即便有时这些场馆已经被预约出去，梅赛德斯–奔驰文化中心、东方体育中心等场馆也具备雄厚的条件与经验，能够保证国内外顶尖电竞赛事的顺利举行。

在本土赛事方面，上海拥有全球首个以城市命名、以政府为赛事支持、以行业协会为评价主体的自创电竞赛事IP——电竞上海大师赛，作为我国一个重要的电竞赛事品牌，在行业内普遍被认为有着极佳的发展前景。不论是从品牌影响力，还是在赛事整体运营和制播方面，电竞上海大师赛都有着自己明确的规划路径，励志成为为城市文化经济赋能、与城市地位相匹配的上海新名片。

### 5. 配套资源丰富

2018年以来，北京、杭州、成都、深圳等城市催生了一批电竞赛事、厂商、俱乐部，这些城市纷纷展现自己的优势和潜力，都尝试把自己打造成电竞中心。但是上海凭借其在经济、文化、交通、设施、游客等方面的优势，发展电竞产业有得天独厚的基础，聚集了国内绝大部分的电竞赛事、俱乐部、厂商，迅速拉开了与其他城市的差距。正是这样丰富的配套资源使得大量企业闻风而来，形成了一批产业集聚区。2002年左右，静安区灵石路已经凭借成本优势和历史渊源，吸引了一批电竞头部产业，比如量子体育、香蕉游戏传媒、网映文化等，它也因此得名“宇宙电竞中心”。

上海深知差异化、专业化、品牌化发展的重要性，在上海电竞产业发展的生态圈中，如杨浦电竞主题园区、南虹桥电竞产业园、浦东森兰综合电竞园区都专注于市场的细分和打造自身独特的优势。虽然已经取得一定的成绩，但是上海自市级层面至区级层面都没有懈怠，反而积极布局，“腾笼换鸟”，推动建设了更多新的电竞潮流地标，并且实行“以旧换新”政策，将许多没有跟上发展的老建筑（如上海杨浦区）改造成为符合电竞赛事需要的场地、赛事演播室等。着力打造全球电竞之都一直是上海各方共同努力的目标，成果也十分亮眼，目前的上海在内容制作、IP授权、俱乐部建设、游戏开发与运营等各个环节都出现了一批行业领军人物与企业，不停丰富着电竞赛事体系。

### 6. 重视自主创新

自主创新，已经成为上海电竞产业发展的重要标志。上海在电竞领域进行了三方面的创新，第一大创新是在商业模式上，通过创意性的活动，推动电竞融合演艺、文化、网红等共同发展。例如，在上海梅赛德斯–奔驰文化中心举办的2021和平精英超级杯暨空投嘉年华就以顶级明星助阵为噱头，邀请到了《和平精英》品牌代言人华晨宇、王一博、吴宣仪等明星空降现场表演。据显示，除电竞游戏本体收入外，2020年上海电竞产业其他领域带来的收入达36.3亿元，主要收入来自直播，占比达45.1%。其他衍生产业也是如火如荼，例如各大电竞主题酒店、咖啡馆都成了“网红打卡地”，呈现出井喷式发展态势。

第二大创新是基础设施创新，对于失之毫厘的职业电竞赛事来说，哪怕是0.1秒的卡顿或网络延迟，也足以影响整个战局的进程和公平性。根据公开数据，目前4G技术的延时一般在30—70毫秒，而5G技术的延时则可控制在1毫秒以内，甚至超过了如今许多私域网络能够提供的最高速率，对于快节奏、高密度指令交互的电竞赛事来说，是更为缜密的解决方案。上海正是依托5G等新技术，推动基础设施向智能化、数据化发展，提升直播硬件水平，增强用户观赛体验。

对于内容生产者以及转播频道来说，最大的挑战在于如何将一项虚拟的运动呈现给真实的世界，让观众们能够跟游戏离得更近。这就给直播、转播带来了新的可能性。VR技术正是让对于电竞赛事的观看体验得到“升维”，这项技术在电竞行业的创新应用不仅能让屏幕前的用户以更身临其境的方式介入赛场，同时也将创造更多额外场景，例如多角度、高还原的虚拟赛场，与明星选手的虚拟记者会、见面会，还有实时动态的赛场战术细节等，在满足观众的同时，也为品牌和企业生成了更多投资空间，对于整个产业的可持续发展来说也是至关重要的。

AR技术目前也是电竞赛事中喜闻乐见的“宠儿”，在电竞中，它可以和虚拟的角色或者物体相融合，与真实世界一起呈现出MR的场景，并且不需要额外设备，在移动设备或电视上就能呈现。上海在2020年穿越火线双端职业联赛总决赛上，就创新性地采用了AR虚拟演播技术手段以及UE4引擎真实地还原了CF对战场景，让观众们能看到四支战队真实地在CF游戏环境中激烈对战，同时通过虚拟摄像机加速推进，令各大赞助商的广告权益顺势呈现，营造出强烈的视觉冲击感。还有通过对主持人以及多场对战虚拟场景进行无缝切换，令观众的代入感和临场感更加突出，观赛体验更为流畅。

**【案例窗】**

**《穿越火线》CF十二周年火线盛典**

在《穿越火线》CF十二周年火线盛典上，为展现上海120年后的电竞城市未来感，整体场景设计使用真三维虚拟场景技术进行虚拟构建呈现。整个虚拟场景超过900万个面，场景的东西向超过15公里，三幢主楼层高超过500米，效果宏大，充满了未来科技感，视觉效果震撼。它所应用的正是虚拟现实融合显示、人机交互等多种AR关键技术，并采用目前世界上最好的ZeroDensity虚拟引擎，利用RayTracing光线追踪技术，将真实的光感淋漓尽致地进行描绘。配套一整套虚拟系统用于实时虚拟成像，利用跟踪传感技术以及次世代实时渲染技术，与选手和比赛内容完美融合，将一个未来的、概念化的上海电竞之都展现在观众面前。同时，这座“未来电竞城市”还可进行礼花道具、视频连线等线上交互，给玩家带来充分参与的强互动观赛体验。

第三大创新则是通过跨界品牌合作，创作实体或虚拟产品，满足用户多元化需求。例如，2021年8月由平安银行携手哔哩哔哩电竞联合推出的平安银行电竞主题网点在上海金科路正式开业，这个融合了电竞体验区、弹幕区、综合业务区等多个哔哩哔哩特色的沉浸式空间，让客户们能够深度体验到最正宗的电竞文化，内容角度呈现之多样化、互动形式之丰富足以覆盖各圈层人群，在满足银行一体式金融服务要求的同时，也让电竞能够以此方式走入千家万户，实现近距离的大众化科普。

## 四、电竞产业“因城制宜”的未来发展方向

电竞产业作为一项新兴的、绿色的朝阳产业，目前已经衍生出一系列经济链，从上游的电竞游戏开发、电竞游戏运营，到中游的赛事运营、电竞俱乐部（包括战队选手）、电竞内容制作，再到下游的电竞直播、电竞媒体和其他衍生产品，都展现出蓬勃和持续上升的生命力，也带来了可观的经济效益。

那么，在现有发展格局下，如何更好地推动各地电竞产业高质量发展？一是落地打造代表城市的综合赛事IP；二是结合中国传统文化、城市文化进行新文创，打造符合年轻人口味的电竞新文创内容；三是电竞与城市的体育和文旅结合，发挥电竞线上与线下的特点，带动城市文旅、体旅的发展；四是打造城市空间，如落地俱乐部主场、打造电竞综合体等。总而言之，应该“因城制宜”，差异化发展是必行之路，切忌因为抱有迫切使电竞产业引领本城区经济的整体发展从而带动其他产业发展的想法，而盲目地“照搬照抄”“一哄而上”，应该找准定位，发挥自身特色。

不同省市拥有不同的发展环境和资源，在实现电竞产业发展的过程中，可以采用差异性发展模式。例如，浙江、广东、江苏、上海等地可以充分利用自身较强的科技创新能力和庞大的受众人群，集中区域资源，积极承办大型赛事，加强网络、竞赛场馆等基础设施建设，全面布局电竞产业发展，尽可能释放发展潜力；河南、四川等地虽然受到地域、网络等基础设施的限制，但是因为得到地区政府的大力支持，电竞相关企业“遍地开花”，可以通过制定更为完善的电竞产业发展规则、引进先进技术和人才、与头部企业合作等方式，营造良好的电子竞技发展环境，促进产业进一步发展；甘肃、西藏等地的创新资源存量相对匮乏，产业结构及技术缺乏创新活力，可以通过发掘自身特色，如特殊的地理特征和风土人情，与电竞产业结合，也可以有效吸引受众关注。

例如，西藏凭借高海拔，体育生态以登山运动作为开端，而2020年王者荣耀全国大赛—西藏自治区选拔赛作为西藏首次承办的大型电竞赛事，主题正是“上高地”，决赛日更是别出心裁地选择了藏族礼仪开幕，向与会嘉宾献哈达、青稞酒等。传统体育“登珠峰”到电竞产业“上高地”的巧妙过渡不仅能引起受众兴趣，更使得西藏凭借藏区文化在未来与电竞催生出新的合作可能。

当然，作为网络化、信息化和数字化的新兴产业，电子竞技并不像传统工业那样依赖自然资源，也不像电子制造业那样需要先进且密集的技术支撑，空间布局上的整合与政策措施上的联动亦可为之提供较为充分的基础和前景，所以电竞产业对于不同城市有着较高的适配性和包容性，其产业运转及赛事举办并不完全依赖当地经济的整体状况以及自然资源、地理位置、风土人情、文化底蕴等。

电子竞技行业的蓬勃发展也促进了衍生行业的起步，目前的电竞赛事涉及的已经不是单一的运营、举办等环节，而是衍生出了游戏开发、直播平台、IP文化、内容制作、周边产品营销等众多分支领域。它们作为产业链中的一个环节，并不局限于北上广深等一线城市发展，反而根据不同的市场环境在全国各地生根发芽，例如有的城市受众范围广，政策积极扶持，就会聚集起一批游戏开发与运营方面的人才；有的城市拥有良好的软硬件设施与发达便利的交通，就可以举办各类国际性大型赛事和交流活动；有的城市营商成本低，也有的城市具有较好的文化和娱乐氛围，不一而足。

正因如此，假如某一城市旅游业并不发达，基础条件亦不突出，想要引进和发展电竞产业，就可以放眼于庞大的产业集群，不强求完整布局，而是仔细研究电竞的生态链，“因城制宜”，选择最适合当地的某一环，例如可以为国内俱乐部提供专项服务，也可以专门做外设和硬件、做电竞教育等，还可以形成一个产业园。在找到适宜的立足点后，构建具备自身特色的差异化主题，首先在细分领域内不断提升自身核心竞争力，形成一定的竞争优势，再做大属于自己的那块“蛋糕”。国外已有波兰小城卡托维兹从“波兰煤都”转型为“欧洲电竞中心”的成功范例，该地区从对资源过度依赖、重工业逐步衰落致使大量年轻人离开的状况，转变为世界电竞爱好者的“朝圣之地”。

在“因城制宜”发展的同时，也要打破单一省市局限，充分发挥区域协作优势。例如电竞产业发达地区应该积极搭建合作平台，大力加强与欠发达地区的协作，立足区域资源禀赋，发挥地区比较优势，协商规划产业布局，引导区域优势企业组建企业集团，在电竞科技研发、硬件生产、标准制定、成果共享、衍生产品运营等方面形成产业发展共同体，推动欠发达地区的电竞企业由县域向区域、区域向国内、国内向国际开拓发展。同时，在一些发达城市中，电竞氛围火爆，赛事土壤成熟，而经济水平相对落后的地区，空有大量的电竞群众基础，缺少百花齐放的赛事舞台。发达城市也要积极交流经验，适当时候将赛事举办机会让给竞争力较差地区，以带动其共同发展。例如中国电子竞技娱乐大赛（CEST），全国已有超过10个省份的40多个城市加入其合作阵营，轮流举办该赛事，共同凝聚发展力量。

## 【思考题】

1.世界电子竞技大赛的停办对电竞赛事和产业的发展有何启示？

2.试思考线上电竞赛事发展的可持续性。

3.“上海模式”对推动各地电竞产业高质量发展有何启示？

## 【延伸阅读】

1.戴焱淼.电竞简史[M].上海：上海人民出版社，2019.

2.张轩，张大鹏.电子竞技史[M].北京：电子工业出版社，2019.

3.宋嘉.电子竞技概论[M].北京：机械工业出版社，2019.

4.超竞教育，腾讯电竞.电子竞技赛事运营与管理[M].北京：高等教育出版社，2020.

5.孙博文.电子竞技赛事与运营[M].北京：清华大学出版社，2019.

# 第六章 电竞专题研究

**【本章学习要点】**

1.了解《王者荣耀》全民电竞体系、赛事直播模式。

2.理解《王者荣耀》王者电竞的内涵与价值。

3.理解《王者荣耀》王者电竞的社会认同与用户培养。

上一章着重介绍了PC端电竞时代的两大国际赛事以及疫情下线上电竞“上海模式”的开创。本章聚焦于开辟移动电竞时代的《王者荣耀》,从《王者荣耀》的全民电竞体系理解王者电竞的时代意涵。王者电竞是新时代全民性竞技运动,是《王者荣耀》价值观和竞技运动价值观的融合外化,旨在通过全民观赏和参与电竞赛事,建立关系连接,沉淀高光回忆,实现人民大众对精神文明的更高追求。

# 第一节　《王者荣耀》与模式研究

随着移动互联网时代的到来，电子竞技运动也积极从PC端转向移动端。2015年11月26日，腾讯公司旗下的天美工作室推出了MOBA类国产手游《王者荣耀》，拉开了移动电竞时代的大幕。作为移动电竞时代的领头羊，《王者荣耀》一经发行，便风靡全国。2016年10月13日，《王者荣耀》国际版本《传说对决》（*Arena of Valor*）正式公测。2017年，《王者荣耀》的日活跃用户数最高达到了1亿。[①]同年12月，《王者荣耀》国际版正式登陆北美地区，并被IGN（全球规模最大的游戏娱乐媒体）评为"全世界最受欢迎的游戏"[②]。2018年，《王者荣耀》国际版被雅加达亚运会选为表演项目，为当年的亚运会添上了浓墨重彩的一笔。2021年11月5日，杭州亚组委对外宣布《王者荣耀亚运版本》（*Arena of Valor Asian Games Version*）入选2022年第19届亚洲运动会的正式竞赛项目，并成为赛场上唯一的中国自研5V5移动电竞项目，赛场的奖牌也将被计入国家奖牌榜。

## 一、《王者荣耀》的赛事模式

### 1. 赛事体系

《王者荣耀》赛事体系包含全国大赛（大众赛事体系）、女子公开赛、王者荣耀甲级职业联赛、王者荣耀职业联赛、王者荣耀世界冠军杯等重大赛事，旨在打通大众到职业的通路，全方位持续建设全民电竞体系，从中国走向全球。

① 徐丽，曹晟源.电竞简史［M］.北京：中国经济出版社，2020：107.
② 徐丽，曹晟源.电竞简史［M］.北京：中国经济出版社，2020：157.

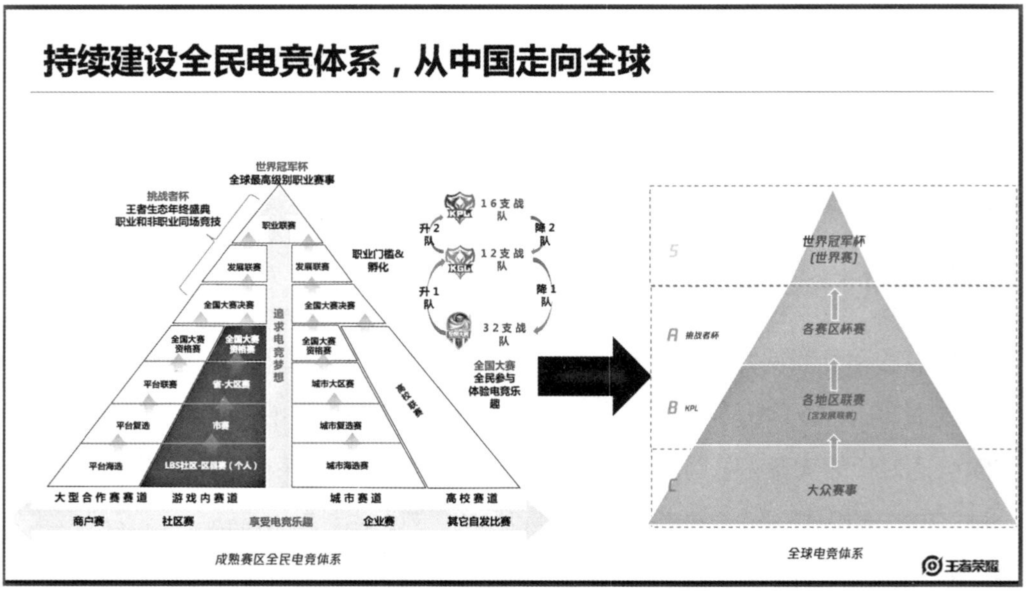


图6-1 《王者荣耀》全民赛事体系

（1）全国大赛

全国大赛，是《王者荣耀》赛事体系中级别最高的非职业赛事，号称“民间电竞天花板”，创建了多元化的参赛形式以便利全民电竞。2021年，《王者荣耀》全国大赛体系开启了全面升级，一共开辟出四条赛道，即游戏赛道、城市赛道、合作赛道与高校联赛。全国大赛不再受到地理条件的局限，渗透性与普及率更高，旨在达成全民电竞创造无限梦想与未来的预期。赛事历程包含海选赛阶段、资格赛阶段和决赛阶段。四条赛道的队伍会在资格赛中争夺晋级全国大赛决赛阶段的名额。在全国大赛决赛阶段表现出色的队伍，有望晋级到王者荣耀甲级职业联赛，与职业队伍同场竞技。作为全民电竞“首倡者”，全国大赛喊出“全民电竞，剑指荣光，指尖梦想，荣耀起航”的宣传口号，以期传递体育竞技正能量，开启全民电竞新纪元。大赛要求任何战队在比赛中都要时刻秉承良好的体育竞技精神，全力以赴，并始终保持诚实、公平的电竞运动原则不被破坏。全民电竞赛事体系也使得电子竞技赛事进一步下沉，帮助更多的人追求竞技精神的升华，完成职业梦想的追逐，不断地突破自我，挑战极限。

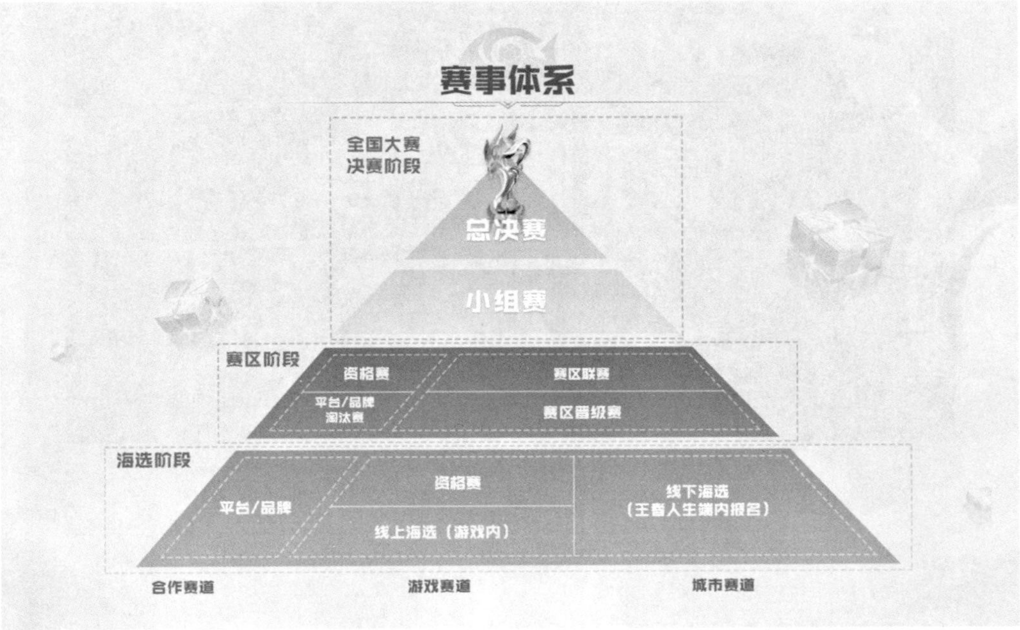


图6-2　全国大赛赛事体系
来源：《王者荣耀》官网

（2）王者荣耀女子公开赛

王者荣耀女子公开赛是《王者荣耀》为年满18周岁的女性玩家打造的专属赛事。随着电子竞技的全民化，中国电竞用户中的女性比例逐渐增大，在2020年的《电竞市场研究报告》中已经占据36%的比重。在此形势之下，2021年9月，中国文化管理协会电子竞技管理委员会与腾讯电竞联合推出王者荣耀女子公开赛，这是全国首个王者电竞女子专业赛事，彰显了女性玩家在电竞领域的重要地位，推动了中国女性电竞文化的发展。女子公开赛是更加开放的电竞生态，在项目启动之初，团队秉持平等、共赢、以人为本三大基调。女子公开赛严格贯彻竞技体育精神，为所有女性用户打造公平竞技的平台，并通过纪录片、人物特稿、短视频等传播形式，展现新时代女性的精神面貌。首届公开赛分为城市分站赛和年度决赛，吸引了8000多名女性玩家报名，历时4个月，于12月11日在上海落幕。王者荣耀女子公开赛，为女性在电竞领域的发展提供了一个广阔的舞台。

图6-3　2021年王者荣耀女子公开赛
来源：腾讯电竞

（3）王者荣耀甲级职业联赛

王者荣耀甲级职业联赛（简称K甲或KGL），即原王者荣耀职业发展联赛（KPL G-League），是作为承接王者荣耀职业联赛和王者荣耀全国大赛的官方职业电竞联赛。王者荣耀甲级职业联赛为KPL长期持续培养新俱乐部，输送优秀选手，不断提升《王者荣耀》职业体系的青训质量，促进《王者荣耀》职业电竞生态的稳定健康发展。王者荣耀甲级职业联赛全年包括春季赛、夏季赛两个赛季，每个赛季又分为资格赛、常规赛、季后赛及总决赛四个阶段。

（4）王者荣耀职业联赛

王者荣耀职业联赛创办于2016年9月。当年共有东西两部分共12支战队参加，赛事全年分为春季赛和秋季赛两个赛季，每季度联赛最后两名降入预选赛，预选赛的前两名升入KPL。东部场馆位于上海，西部场馆位于成都。2021年8月28日，主办方宣布王者荣耀世界冠军杯将联合《王者荣耀》国际版《传说对决》，打造全新的全球职业电竞赛事——王者荣耀世界冠军杯（Arena of Valor World Cup，AWC），并于2022年10月面世。作为王者荣耀世界冠军杯的重要赛区之一，为了更好地进行对接，KPL赛事从春季赛和秋季赛变更为春季赛和夏季赛，每个赛季又包括常规赛、季后赛和总决赛三部分。

（5）王者荣耀世界冠军杯

王者荣耀世界冠军杯是王者荣耀赛事体系中规格最高的专业竞技赛事，代表着王者荣耀的最高竞技水平，只有在KPL、KGL以及全国大赛等各项赛事中拔得头筹的队伍才有资格参赛。自2018年冬冠杯起，冠军杯FMVP将可以拥有自己的FMVP皮肤。2021年王者荣耀冬季冠军杯升级为王者荣耀挑战者杯，意指“挑战者皆王者”，大众赛事和次级联赛的队伍可以向顶级联赛的队伍发起冲击，打通了各级赛事之间的壁垒。

表6-1　冠军杯系列赛况

| 赛季 | 冠军 | 亚军 | FMVP |
|---|---|---|---|
| 2016年王者荣耀冠军杯 | eStar | 龙珠超会玩 | 不设 |
| 2017年王者荣耀冠军杯暨暑期盛典 | QGhappy | eStar | QGhappy.Fly |
| 2018年王者荣耀冠军杯国际邀请赛 | QGhappy | eStarPro | QGhappy.Fly |
| 2018年王者荣耀冬季冠军杯国际邀请赛 | Hero久竞 | QGhappy | Hero久竞.久诚 |
| 2019年王者荣耀世界冠军杯 | eStarPro | RW侠 | eStarPro.Cat |
| 2019年王者荣耀冬季冠军杯国际邀请赛 | QGhappy | eStarPro | QGhappy.Fly |
| 2020年王者荣耀世界冠军杯 | TS | DYG | TS.暖阳 |

来源：超凡电竞

## 2. 竞技模式

过去PC端的MOBA类游戏，操作难度较大，上手门槛较高，更适合专业玩家。《王者荣耀》依托“全民电竞”的设计理念，简化了操作。凭借易上手的双摇杆系统和简洁的操作界面，《王者荣耀》真正实现了MOBA大众化。[①]作为移动端的电子竞技，《王者荣耀》的玩法依然以英雄对战为主，对战的模式有1V1墨家机关道、3V3长平攻防战、5V5王者峡谷等多种PVP竞技对抗模式，满足不同电竞玩家的需求。排位的模式分为单人排位和多人排位，地图仍是王者峡谷地图，每一次排位对战结束，玩家会依据自己的表现获得相应积分。此外，玩家还可参与训练营、万象天工等PVE闯关娱乐模式。在所有的对战模式中，5V5竞技对战模式还原了PC端MOBA类游戏的玩法，两支队伍10名玩家共同操作配合完成对抗竞技运动。

《王者荣耀》中英雄的设定一共有六类：战士、坦克、刺客、法师、射手和辅助。战士属于近战英雄，根据不同的技能又分为防御英雄、突进英雄和团控英雄等，主战类英雄有吕布、曹操、赵云、孙悟空、花木兰、露娜等；坦克属于防御类英雄，又称肉

① 徐丽，曹晟源.电竞简史［M］.北京：中国经济出版社，2020：107.

盾，具有生命值高、防御力强等特点，坦克类英雄主要有程咬金、牛魔、白起、项羽等；刺客属于高爆发、收割类英雄，自身的防御力较低，主刺客英雄主要有韩信、荆轲、兰陵王等；法师属于魔法伤害类英雄，同样分高爆发英雄、突进英雄和团控英雄等，主要有貂蝉、妲己、嬴政等英雄；射手属于远程英雄，多以远程物理型输出为主，特点是输出伤害高、生命值低、防御力低，主要有后羿、鲁班七号、狄仁杰等英雄；辅助属于保护类英雄，技能主要以保护队友为主，属于团战增益性技能，主要有庄周、蔡文姬、孙膑等英雄。①

表6-2 《王者荣耀》英雄属性

| | |
|---|---|
| 战士 | 孙策、宫本武藏、铠、花木兰、李信、犟、马超、云缨、梦奇、程咬金、露娜、蒙恬、裴擒虎、老夫子、云中君、杨戬、刘备、孙悟空、墨子、狂铁、赵云、司空震、夏侯惇、哪吒、吕布、曹操、盘古、雅典娜、达摩、关羽、钟无艳、夏洛特、橘右京、典韦、亚瑟、曜 |
| 坦克 | 孙策、铠、阿骨朵、牛魔、吕布、刘邦、程咬金、太乙真人、猪八戒、廉颇、苏烈、蒙恬、达摩、盾山、夏侯惇、东皇太一、白起、嫦娥、钟无艳、刘禅、芈月、项羽、亚瑟、张飞、庄周 |
| 刺客 | 镜、司马懿、云中君、上官婉儿、百里玄策、元歌、犟、李白、澜、云缨、裴擒虎、百里守约、孙悟空、兰陵王、阿轲、赵云、花木兰、貂蝉、马超、韩信、不知火舞、橘右京、娜可露露 |
| 法师 | 高渐离、金蝉、钟馗、弈星、嬴政、司马懿、沈梦溪、上官婉儿、诸葛亮、墨子、米莱狄、干将莫邪、司空震、王昭君、扁鹊、张良、姜子牙、露娜、嫦娥、貂蝉、周瑜、女娲、梦奇、武则天、不知火舞、安琪拉、妲己、芈月、孙膑、西施、小乔、杨玉环、甄姬 |
| 射手 | 黄忠、狄仁杰、孙尚香、伽罗、成吉思汗、李元芳、公孙离、蒙犽、虞姬、百里守约、马可波罗、艾琳、后羿、鲁班七号 |
| 辅助 | 大乔、明世隐、牛魔、钟馗、桑启、太乙真人、苏烈、鲁班大师、盾山、鬼谷子、东皇太一、蔡文姬、刘禅、孙膑、瑶、张飞、庄周 |

## 二、《王者荣耀》的直播模式

我国的电竞直播发展历程可以划分为四个阶段。2013年之前为萌芽期，这一阶段电竞的发展催生了电竞直播的需求，视频网站与语音平台开始打造自己的直播子系统；2013—2014年为增长期，海外Twitch被并购刺激国内资本涌入直播平台，各平台旗下直播子系统独立运营，变为最早的直播平台，国家执行“光进铜退”政策，提升网速催生大量主播；2015—2018年为爆发期，《王者荣耀》等移动电竞的风靡推动了电竞直播行业的发展，虎牙、斗鱼相继上市，腾讯加大对头部电竞直播平台的投

① 恒一，查天齐.电子竞技发展史［M］.北京：机械工业出版社，2019：147.

资；2019年以后，电竞直播行业趋于饱和，在国家政策的监督下继续前行，有序发展，哔哩哔哩、快手、字节跳动等企业持续加大对电竞直播的投入。[①]

随着信息技术的迅猛发展，当前我国的电竞直播模式已经比较成熟，并不断发展开拓"直播+"等新型直播形式。虎牙、哔哩哔哩、熊猫、斗鱼、龙珠、战旗等直播平台在改善电子竞技赛事观看体验的基础上，不断搭建多元化内容生态，规范运营模式，调整营收结构，并开始向文娱、文产、教育等领域迈进。数据显示，2019年中国的独立电竞直播平台市场规模就达到了208亿元，其中直播业务收入占比超过93%，"直播电商""云游戏""泛娱乐""在线教育""游戏陪玩"等衍生业务拓宽了平台的盈利模式，加速了市场规模扩张。2020年中国的电竞直播市场规模达到了343亿元。

表6-3　2020年移动端游戏直播数据

| 2020年移动端游戏直播数据TOP5[②] | | 日均活跃观众数 |
|---|---|---|
| 1 | 王者荣耀 | 255.7万 |
| 2 | 和平精英 | 167.3万 |
| 3 | CF手游 | 12.3万 |
| 4 | 原神 | 10.8万 |
| 5 | QQ飞车手游 | 8.1万 |

来源：小葫芦大数据平台

### 1. 直播平台

当前整体的中国电竞直播行业已经逐步由蓝海市场转为红海。2014年，斗鱼TV、战旗TV、龙珠TV先后问世，推动了电子竞技直播行业的发展。此后短短几年内，电竞直播平台如雨后春笋般大量涌现，到了2019年，电竞直播平台数量已经破百。[③]随着虎牙、斗鱼等直播平台的敲钟上市，战旗、触手等直播平台的悄然退场，电竞直播行业的集中度不断加强并逐步呈现出"两超多强"的行业格局。《王者荣耀》的赛事直播采取与多家直播平台合作共享版权的方式，官方的播出平台主要有虎牙直播、斗鱼直播、哔哩哔哩、腾讯视频、快手等视频平台。

① 2021年中国游戏直播行业研究报告[EB/OL].[2022-08-10].https://m.doc88.com/p-98561769234466.html? r=1#.

② 日均活跃观众数根据发送弹幕观众数统计，不完全反映观看直播的用户数情况，检测范围覆盖虎牙、斗鱼、企鹅电竞、哔哩哔哩、网易CC、快手直播及YY直播等平台的游戏直播内容。

③ 恒一，查天齐.电子竞技发展史[M].北京：机械工业出版社，2019：128.

表6-4　2020年游戏直播行业整体竞争格局

| | | | | | |
|---|---|---|---|---|---|
| 上市平台 | 虎牙直播 | | | 斗鱼直播 | |
| 老牌平台 | 企鹅电竞 | CC直播 | | 火猫直播 | 游拍直播 |
| 视频平台拓展 | 哔哩哔哩 | 快手直播 | | 西瓜视频 | |
| 娱乐直播平台延伸 | yy直播 | 酷狗直播 | Now直播 | 一直播 | 爱奇艺直播 |

来源：艾瑞咨询

（1）虎牙直播

2014年11月21日，虎牙直播作为欢聚时代公司旗下的电竞直播业务平台正式上线。2016年8月，广州虎牙信息科技有限公司成立，虎牙直播正式独立发展。11月，虎牙直播正式启用HTML5直播技术，提升用户观看直播的体验。同年，虎牙直播平台签约了第一届KPL冠军战队仙阁战队，2017年3月虎牙直播又签约了KPL人气战队YTG，培养了一批《王者荣耀》《球球大作战》主播，在移动电竞直播市场获得了一定的先发优势。[①] 2018年5月11日，虎牙直播平台成功在美国纽约证券交易所上市，成为中国首家上市的电竞直播平台，为电竞直播行业的发展带来了极大的动力。2020年4月3日，虎牙直播宣布，腾讯已超越欢聚集团，成为虎牙最大股东。

在运作模式方面，虎牙直播在深耕电竞赛事直播内容的同时，积极拓展产业链上游业务，加强布局电竞娱乐节目，改善单一创收模式。虎牙公开的财报显示，截至2021年第一季度，在行业里连续多家直播平台宣布关停的环境下，虎牙已经连续十四个季度实现盈利。

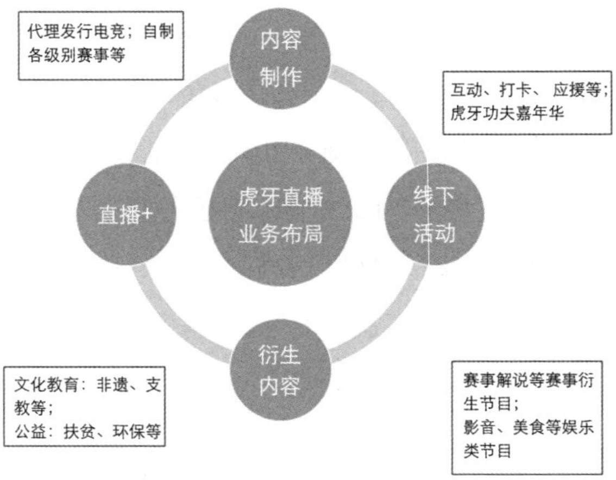


图6-4　虎牙直播业务布局

来源：艾瑞咨询研究院自主研究

① 恒一，查天齐.电子竞技发展史［M］.北京：机械工业出版社，2019：133.

(2) 斗鱼直播

2014年1月，奥飞动漫对斗鱼直播平台进行了2000万元的天使投资，助力斗鱼直播不断扩大市场影响力，短短4年内就完成了D轮融资。作为国内电竞直播先驱平台，斗鱼直播十分注重平台多元化内容的搭建。斗鱼直播通过签约电竞行业内的优质电竞主播、覆盖行业内顶级赛事等方式，加深平台各个电竞垂直板块内容的专业度。此外，斗鱼直播紧追赛事热点，积极提升赛事的实时讨论氛围，引导电竞主播和粉丝进行游戏类内容创作及讨论，逐步打破主播粉丝壁垒，沉淀赛事用户至相关社区，搭建平台内部的流量闭环。

### 2. 解说模式

我国本土电竞运动起步较晚，国家、省、市三级电竞训练网络体系还没有形成，开办电竞专业的院校较少，从事电竞行业人员接受正规培训和专业训练的机会更是凤毛麟角。2016年，教育部发布《关于做好2017年高等职业学校拟招生专业申报工作的通知》，新增包括"电子竞技运动与管理专业"在内的13个专业。目前已经有部分高校开设了电竞相关专业的课程。2018年，上海体育学院开始招收播音与主持艺术（电竞解说方向）专业学生，为赛事输送经过了专业训练的电竞解说人才。

目前，我国的电竞赛事解说主播（Streamer）主要分为两类：一类是退役职业选手，同时也是最早的电竞解说的来源。此类赛事主播在电竞圈具备一定知名度，对电竞的熟练度和专业度较高，具备丰富的赛事经验，对于比赛战术、赛事发展具备一定的前瞻力，自带粉丝流量。另一类是非职业选手，尽管对于电竞赛事的专业度不高，但往往具备较强的语言表达能力，吐字清晰流畅，不乏幽默感和文学性。

相关平台监测数据显示，2020年加入中国电竞直播行业公会的主播总数约83.3万人，其中电竞主播58.6万人，占比达70.4%。电竞主播作为电竞产业链中重要的内容生产者，开始参与到各种形式的电竞内容生产之中，这也促使更多相关企业投入和发展主播经纪业务。

## 三、《王者荣耀》的绿色电竞模式

随着越来越多的青少年接触电竞并将电竞作为职业理想和未来发展方向，我国对青少年绿色电竞越来越重视。2020年人民体育和中国下一代教育基金会携手推出"青少年绿色电竞教育计划"，通过《我是电竞人》《电竞·家》《电竞·营》三大模块全面介绍电子竞技，切实解决青少年电竞爱好者和其父母家人的困惑，传播电竞正能量。

作为国内最大的移动电竞，《王者荣耀》一直以来关注未成年人健康上网问题，并率先采取了一系列措施。2018年9月15日，《王者荣耀》开始接入公安权威数据平台校验，并对新用户进行更加严格的实名校验，健康系统启动升级。同年10月25日，《王者荣耀》再次升级健康系统，并以北京地区为起点，对全部用户实行强制实名注册的准入机制，一个未成年人的实名信息仅允许用于微信区和QQ区每个平台的一个账号的校验，并禁止未通过校验的账号登录。2020年5月15日，《王者荣耀》宣布对未成年用户实行“限玩”“限充”措施，限制其娱乐时间和消费金额。2021年8月4日，《王者荣耀》再次升级健康系统，禁止未满12周岁用户充值，12—16岁用户单次充值上限50元，每月充值上限200元。2021年8月31日，《王者荣耀》继续升级防沉迷措施，根据国家新闻出版署发布的《关于进一步严格管理切实防止未成年人沉迷网络游戏的通知》，将未成年用户的娱乐时间调整为周五、周六、周日和法定节假日的20时至21时。

《王者荣耀》面向未成年人和家庭推出了成长守护小程序，旨在帮助未成年用户培养健康的娱乐习惯。腾讯未成年人保护体系贯穿始末，通过共享电竞娱乐数据，“账号绑定”开启“守护模式”，构建专业科学社区，助力未成年用户合理娱乐。电竞娱乐前，家长可以绑定账号，直接管理未成年子女的娱乐时间和娱乐消费，也可以在家庭教育课程和交流社区学习、咨询孩子健康电竞的管理方案；电竞娱乐中，《王者荣耀》通过人脸识别，保障用户的电竞体验和身心健康；电竞娱乐后，为避免未成年人在绕过家长监管的情况下进行非理性消费，《王者荣耀》专门设立未成年人电竞监管热线，受理未成年人非理性消费申诉并退费。

## 第二节 《王者荣耀》与社会认同

### 一、《王者荣耀》的文化资本

《王者荣耀》本体的设置中参考了许多中国传统文化中历史神话人物和故事，设计出合适的英雄形象、地图景观、背景音效。从皮肤设计到配乐音效，《王者荣耀》注入浓浓的国风元素，让传统文化真正走入大众玩家。在电竞外，《王者荣耀》官方举办各种文化传承活动，成立了王者文化站，形成全面立体的王者文化体系，积极传播中国传统文化。

### 1.《王者荣耀》的游戏设定

（1）角色命名

《王者荣耀》国内版电竞多通过神话故事和历史人物来命名角色英雄，大部分英雄的角色名字和故事背景都有出处。其中，源自中国神话人物的英雄主要有两类：一类是猪八戒、孙悟空、哪吒、妲己、太乙真人等《西游记》《封神榜》中的人物；另一类是女娲、盘古、后羿、钟馗等上古传说或民间传说中的人物。源自中国历史人物的英雄主要有项羽、虞姬、刘备、关羽、张飞、花木兰、李白、成吉思汗等耳熟能详的人物。尽管整个电竞的设计选择了架空历史的世界来展开英雄故事，但仍能在很大程度上引起受众对中国传统历史文化的兴趣。这种从传统文化里面找来现有符号作为电竞的正主本体的命名方式，对内能够直接召唤出玩家的情绪认同，对外能够输出具有角色特性的文化符号。

**【知识窗】**

**《王者荣耀》与本命英雄**

关于人物设定的原则，游戏执行制作人黄蓝枭曾表示："英雄一定得是人，要有自己的性格缺陷，绝对不能是神，不能凌驾于其他人之上。"由此可见，《王者荣耀》的世界观之中，英雄之所以为英雄，不是因为天赋异禀，不是因为能力碾压，而是因为每一个角色的成长和迭代都超越了自我。也正因为如此，玩家才能够在其中代入自我，与英雄产生连接，而连接的底层原因是那些共同的缺陷，是面对缺陷、改善缺陷的成长路径，玩家也会因此在电竞中获得启迪。而这些能够产生连接的英雄角色，被玩家称为"本命英雄"。

**表6-5　《王者荣耀》角色分类**[①]

| | |
|---|---|
| 纯虚构人物 | 铠、露娜、阿轲、安琪拉 |
| 欧洲神话人物 | 雅典娜 |

① 赵倩倩.中国传统文化与网络游戏的融合发展研究——以《王者荣耀》为例[J].今传媒，2018，26（12）：79–82.

续表

<table>
<tr><td>中国神话人物</td><td colspan="2">孙悟空、杨戬、钟馗、东皇太一、牛魔王、后羿、太乙真人、哪吒、女娲、妲己、干将莫邪、钟馗</td></tr>
<tr><td>日本武术名家</td><td colspan="2">宫本武藏</td></tr>
<tr><td>游戏派生人物</td><td colspan="2">橘右京、不知火舞、梦奇、娜可露露</td></tr>
<tr><td>欧洲历史人物</td><td colspan="2">马可波罗、亚瑟</td></tr>
<tr><td rowspan="7">中国历史人物</td><td>周朝</td><td>姜子牙</td></tr>
<tr><td>春秋战国</td><td>老夫子、墨子、白起、廉颇、鬼谷子、芈月、扁鹊、钟无艳、庄周、高渐离、鲁班、白起</td></tr>
<tr><td>秦汉</td><td>嬴政、项羽、虞姬、刘邦、韩信、张良、王昭君</td></tr>
<tr><td>三国</td><td>曹操、刘备、关羽、张飞、赵云、黄忠、夏侯惇、典韦、吕布、貂蝉、甄姬、诸葛亮、蔡文姬、周瑜、刘禅、孙尚香、小乔、大乔</td></tr>
<tr><td>魏晋南北朝</td><td>兰陵王、达摩、花木兰</td></tr>
<tr><td>隋唐</td><td>程咬金、狄仁杰、武则天、李元芳、李白、苏烈、明世隐、百里玄策、百里守约</td></tr>
<tr><td>元朝</td><td>成吉思汗</td></tr>
</table>

（2）皮肤乐舞

英雄皮肤作为《王者荣耀》的主要盈利来源之一，承载了设计者诸多心血。皮肤品质主要有荣耀典藏、正版授权、传说、限定（战令）、史诗、勇者、赛季皮肤、活动专属、伴生皮肤等，皮肤的类型主要分为商业合作联名类型、职业联赛推广类型、独创类型、活动推广类型、传统文化类型等。①其中，传统文化类型的皮肤深度融合英雄特色和国风文化，打造具有中国特色的现象级电竞。2018年10月，《王者荣耀》和敦煌研究院合作推出了“遇见”系列的第一款皮肤“遇见飞天”，也是杨玉环的三周年限定皮肤。“遇见飞天”在唐朝飞天形象的基础上，融合了敦煌经典的元素纹样进行二次创作，整体造型采用了敦煌飞天中著名的反弹琵琶，意指通过进入洞窟让玩家洞见历史，探索更多的敦煌历史文化。2020年4月，瑶“遇见神鹿”皮肤的推出是《王者荣耀》同敦煌研究院的第二次牵手。这款皮肤以“守护”为设计理念，化用九色鹿形象，有着对敦煌文化守护和瑶作为辅助英雄对团队守护的双重意涵。“遇见神鹿”选取了敦煌莫高窟第257窟壁画的重要题材《九色鹿本生》为皮肤设计的原型，让更多的玩家感受敦煌艺术之美。貂蝉的“遇见胡旋”皮肤延续了敦煌经典的色

① 牟帅.《王者荣耀》游戏文化研究［J］.文化产业，2021（09）：58-59.

系，以白色搭配石绿色为主色调，参照敦煌莫高窟第220窟《东方药师经变画》的人物形象，选择西域胡旋舞作为原型，为玩家带来了别具一格的电竞运动体验。除了敦煌“遇见”系列，《王者荣耀》还积极融入中国传统戏剧元素，设计了许多精美的国粹皮肤。

项羽和虞姬的“霸王别姬”皮肤化用京剧中“霸王别姬”形象，并加入京剧中的台词；甄姬的“游园惊梦”皮肤源自昆曲名剧《牡丹亭》中的曲目《游园惊梦》；梦奇的“胖达荣荣”皮肤是《王者荣耀》和四川大熊猫基地合作推出的一款融合川剧变脸元素的皮肤；上官婉儿的“梁祝”皮肤出自越剧《梁祝》，以“楼台一别恨如海，泪染双翅身化彩蝶”的化蝶情节为表现重点，并将戏剧中“死生契阔，与子成说”等诗词元素贯穿局内特效的设计，呈现出独特的戏剧魅力。此外，还有代表佛山南海醒狮文化的“狮舞东方”皮肤、代表中国武术文化的“李小龙”皮肤、代表水文文化的“白鹤梁神女”皮肤。

《王者荣耀》的国风特色还体现在配乐音效中。2020年新春推出的“山河志·五岳”系列鼠年限定皮肤搭配了不同的民族器乐去呈现英雄特色：韩信的“飞衡”皮肤以赤色为主色调，以火焰作为主要设计元素，音乐上搭配笛子、萧等民族木管乐器，凸显韩信自信张扬的英雄气质；伽罗的“太华”皮肤音乐采用了弦乐，在古琴和古筝的碰撞中将华山的险峻陡峭和伽罗的射手身份结合起来；庄周的“玄嵩”皮肤运用了大量大地山脉的元素，通过古琴和埙的古朴音质将中岳嵩山的深奥幽静和庄周英雄气质巧妙地结合；典韦的“岱宗”皮肤选择青色为皮肤主色调呼应东方的泰山（东方属木，木为青色），以中国大鼓和箫的特殊奏法体现泰山的雄伟，突出典韦战士的特性；甄姬的“幽恒”皮肤在设计中尝试了山的形式感，音乐上结合了中国的音阶和西方的和声，突出北岳恒山之“幽”和甄姬的灵动。除了皮肤音乐，《王者荣耀》的英雄主题音乐也充满了传统元素。2021年8月，《王者荣耀》和作曲家刘冬先生牵手国家首席琵琶演奏家赵聪老师，共同推出了新角色英雄云缨的主题音乐《赤焰之缨》。在英雄故事背景音乐的录制中，赵聪老师融合了传统演奏和现代元素，加上拨奏、轮指、扫弦等多种琵琶技法，最终呈现出峡谷中行云流水般琵琶演奏，突出了云缨这个少女英雄大大咧咧又满怀正义感的气质，种种尝试使得古风在流行趋势中泛起浪花。①

（3）赛年叙事

以往的MOBA类电竞相比角色叙事更注重竞技体验。而《王者荣耀》在近几年的

① 陈欣悦.网络游戏中当代艺术全新的表现形式——以游戏《王者荣耀》BGM为例阐述当代音乐的跨界融合[J].艺术评鉴，2022（04）：171-173.

发展中，不断加强竞技运动的IP叙事和文化表达，从单一的文化主题皮肤开始向多维的数字文化IP转型，将文化融入游戏的点点滴滴之中。赛年是《王者荣耀》围绕其IP世界观展开的电竞叙事概念，一般情况下是四个赛季的总称。2021年1月14日，《不夜长安》CG正式上线，标志着《王者荣耀》第一个赛年的到来。尽管时长只有不到5分钟，也给玩家带来了许多惊喜。在云中漠地的赛年剧情中，云中漠地由金庭城、千窟城、玉城、都护府四座大城、十余座小城和王者峡谷构成。2022年1月6日，英雄菲CG《玉城之子》正式上线，时长达10分钟。从2015年推出第一个赛季（S1）到2021年官方开启第一个赛年，从5分钟到10分钟，《王者荣耀》越来越注重整体表达和叙事。在S26玉城故事中，菲诞生于传统玉文化，和弟弟晟共同守护玉城，十二根玉柱和玉之刃等元素凸显了“玉文化”的美。《玉城之子》CG动画和《碎玉新生》玉质概念片完善了王者故事线，强化了王者英雄的角色塑造、叙事逻辑和文化底色。玩家们也表达了对电竞娱乐中“赛年连续剧”的喜爱。

### 2. 官方活动

《王者荣耀》不仅在主体设定中带有诸多中国传统文化的印记，在电竞外也积极推广中国传统文化。《王者荣耀》在官方网站上成立了王者文化站，旨在做传统文化的“现代索引”，通过“王者历史课”“荣耀诗会”“历史上的TA”“王者音乐课”这四个板块，打通竞技娱乐和传统文化的区隔。

《王者历史课》是由腾讯电竞《王者荣耀》官方出品的广泛性文化常识普及视频栏目，是一档文化类棚内综艺，节目邀请众多文化名人客串“历史老师”，围绕“借古喻今、以典说新”的主题，生动有趣地讲述历史文化常识和人物故事，打造“王者历史学院”古风学堂。这档类脱口秀节目在带给大家趣味的同时，为受众普及了历史文化常识。《荣耀诗会》是诗歌《王者荣耀》官方出品的朗诵类视频栏目，选取与角色原型有关的诗词歌赋，并邀请游戏配音老师朗读，包括《春江花月夜》《离骚》等知名篇目。《历史上的TA》是《王者荣耀》针对王者英雄出品的英雄故事介绍栏目，通过讲述电竞玩家经常使用角色英雄的背景故事，加深受众对王者英雄的认识，包括后羿、鬼谷子等知名英雄。《王者音乐课》是制作团队打造的《王者荣耀》世界观与多元化艺术美学相结合的重要板块，包括胖达荣荣的川剧唱腔等游戏原声背景音乐揭秘。

此外，《王者荣耀》积极携手相关机构，推广中国传统文化。2018年，《王者荣耀》和央视综艺《国家宝藏》合作，在游戏中制作并且上架英雄李白的免费星元皮肤部件“上阳台帖”（李白目前存世的唯一真迹，也是国家一级文物）。2020年5月，《王者荣耀》和国际著名作曲家谭盾老师合作，为宣传国风音乐，创作出《五虎上将交响曲》，并在其中还原了敦煌壁画中的五件失传乐器。2021年12月23日，腾讯和四川省乐山市人民政府签署合作协议，《王者荣耀》英雄角色云缨被授予“峨眉文化推广大使”身份。

## 二、《王者荣耀》的国际传播

北京大学文化产业研究院在其发布的《中国文化产业年度报告（2022）》中指出，“数字文化出海力度加大”是“2021年文化产业十大特征”之一。2021年5月31日中共中央政治局就加强我国国际传播能力建设进行第三十次集体学习，中共中央总书记习近平在主持学习时强调，讲好中国故事，传播好中国声音，展示真实、立体、全面的中国，是加强我国国际传播能力建设的重要任务。要深刻认识新形势下加强和改进国际传播工作的重要性和必要性，下大气力加强国际传播能力建设，形成同我国综合国力和国际地位相匹配的国际话语权，为我国改革发展稳定营造有利外部舆论环境，为推动构建人类命运共同体作出积极贡献。[①]紧接着2021年11月，商务部、中宣部等17部门更是联合印发通知，大力支持国家文化出口基地的高质量发展。以电竞、网络文学等为代表的数字文化产业，因依托于移动互联网媒介的特殊性质，加大了出海的力度，成为中国文化对外传播的新载体与新表现形式。各类原创性的、具有中国特色的作品与IP源源不断地涌向海外，有效提升了中国文化在海外地区的影响力。在这样“文化出海”的时代背景之下，各大电竞游戏厂商纷纷加大了海外市场的投入力度。Sensor Tower最新数据显示，2022年4月中国出海手游TOP30中，三七互娱、米哈游、腾讯游戏、灵犀互娱等公司的多款产品赫然在列。其中具有明确中国文化符号的国民游戏《王者荣耀》（海外名：*Age of Origins*），海外下载量连续多月稳步上升。从商业价值上看，它是中国电竞市场有史以来最成功的现象级产品；从文化价值上看，它背靠中国传统文化，打造出独特的具有中国文化内容的电竞产品；从社会价值上看，它是一个兼具社交属性，让用户通过电竞观照现实的产品。在此基础之上，《王

① 习近平. 加强和改进国际传播工作 展示真实立体全面的中国［EB/OL］.（2021-06-02）［2022-08-10］. http: //politics.people.com.cn/n1/2021/0602/c1024-32119745.html.

者荣耀》也进入了一个全新的发展时期——探索海外市场。

#### 1. 作为文化输出的《王者荣耀》

有关东西方文化中“英雄”及“英雄性”的差异，在传统故事以及流行文化之中可见一斑。以好莱坞或者漫威的套路为例，西方的英雄大多展现拯救地球的“个人英雄主义”，他们英勇、威猛、武力强大、性格强悍甚至拥有半神之躯。但是一旦深入研究其角色面对战争的意义，会发现大多数是因为个人的理由参战，又或者通过战斗的胜利证明了其个性尊严。在这其中，无法通过其行为方式更加深刻地探讨战争的意义、道德的义务等信息。中国文化研究学者贾行家在文章中将这类英雄称之为“性格英雄”。在中国历史人物之中，《史记》中记载的项羽就是一个典型的性格英雄。在巨鹿之战中，项羽一举击垮秦军主力，奠定了反秦战争的胜利。而项羽下令破釜沉舟，被认为是这场战争胜利的主要原因。但破釜沉舟并不是出于策略的考虑，因为没有后路不是策略，而是赌博。在司马迁看来，项羽是个没有心机的人，而且没有遵守秩序的习惯，不知应事，纯然靠直观感觉接近目标，即宋义所谓“猛如虎，狠如羊，贪如狼，强不可使者”（《史记·项羽本纪》）。在此人物特征之上，“王者”设计团队就把项羽的武力技能设计成了“横扫千军的匹夫之勇”的形态。

**【知识窗】**

**中国传统故事中的英雄模式**

而中国传统故事里的英雄大多不同于西方的“性格英雄”，而是“文化英雄”。通过传统故事可见，黄帝的功绩不在于打败蚩尤，而是播种五谷，教人生活；大禹的功绩不在于力量强大，而是治水良田；唐太宗的功绩不在于战绩辉煌，而是开辟贞观之治，也因此，李世民要求自己身后的谥号是“文帝”。即使是战争中的中国英雄，也大多以守护者、维和者的姿态出现，比如岳飞、霍去病、郑成功等，几乎没有西方式的征服者、冒险家式的英雄。由此可见，中国传统文化中对英雄的定义不在于强大的武力值、突出的个性化，而在于对文明的贡献程度。考古学家将其称之为“仁义的英雄”，儒家的话语体系之中称之为“圣贤”，充分体现了中国“仁”的价值观。

在“王者”世界观之中，设计师也把这一层含义融入其中。比如《王者荣耀》中的英雄角色鲁班、墨子、扁鹊等，这些人物在传统历史视角中并非通常意义上具有武力值的英雄，他们在不同的行业都作出过非比寻常的贡献，甚至是某个行业的祖师爷，然而他们是真正的“文化英雄”，他们被赋予了全新的能力，在“王者”之中成了具有建设者、守卫者身份的英雄，而这同时也是中国“仁”文化的宝贵之处。

然而，伴随《王者荣耀》影响力的增加，传统文化的情绪认同同样成为产品发展的制约。首先，具有明确文化符号传统IP的人物数量有限；其次，在原本的创作背景下每一个角色都必须符合史实；最后，中国传统人物虽然可以在国内产生情绪共鸣，在国际市场上却未必能产生情感认同。基于以上原因，制作团队在《王者荣耀》的全新发展阶段将重点转移到了原创人物的塑造上。

“云缨”是《王者荣耀》2021年推出的原创人物角色，这个角色在历史上没有真实的人物对照，经过一年的设计，她成为一名生活在长安区域，擅长中国古枪法，常年代表大理寺的执勤守卫。美工设计以及台词“美好的一天，从巡街开始”等信息塑造了风风火火的元气少女的人设形象。而设计团队在其中插入了一个微妙的姿势差异：云缨在战斗的时候，握住枪尾，大部分的枪杆用于攻击。当进入守护姿态时，变成握枪中部的稳定姿势，让自己有余力回旋和守护。这个微小的设定恰好印证了设计团队的初衷，对应的真实人物是“一个初入职场的年轻姑娘，一往无前，不过在懂得了接受现实不如意的时候，要退半步坚守自己的目标和初心”，也让玩家以此理解“守护”的意义。“守护”也正是中国式“文化英雄”的内在价值之一。

中国文明的发展在数千年的岁月中，始终有不间断的国家实体、自成体系的哲学思想传统以及世界上唯一从上古时期使用至今的文字系统。从文化的传播、交流、发展进程来看，中华文明崇尚和平友好，倡导互惠互利，所以受到其他国家或地区的尊敬与信赖。在历史发展进程中，中国通过广泛的包容性，不间断地与不同文明之间产生交集。正如赵汀阳先生所提出的“旋涡模式”的理念：“由于华夏文明的传播发展过程里，具有一种奇特的旋涡模式，因而华夏文明是一个不断生长甚至无边生长的概念，其旋涡式向心运动不断把中国周边的各种文化卷入到一起而成为一体。”

《王者荣耀》在其全新的发展阶段，也将“中国旋涡”的概念融入其中。设计团队并未因电竞运动主打中国传统IP而固步自封，对设想的世界观中依然保有“天下大同”的理念。不仅在视觉、形象的设计上，而且在内在气质上，都尝试将不同文明的英雄和元素融入其中，例如具有西方大航海时代背景的“马可·波罗”、日本江户时代背景的“宫本武藏”。任何玩家都能够在短短十几分钟的电竞娱乐之中感受到设计团队的开放，对于海外电竞爱好者而言则能在无形中感受到中国文化的包容性。

伴随电竞产品进入全新的阶段，“王者”团队以“让国创走得更远，创造一个更考究、更值得推敲、承载着中国文化的王者世界”为目标，开展了“IP内核共创”计划，分别从“专业共创”“行业共创”“用户共创”三个维度出发，以电竞为中心打造多维度文化生态，在电竞出海过程中进行多维度文化输出。

2021年《王者荣耀》与重庆白鹤梁水下博物馆合作，通过制作英雄皮肤将“白鹤梁”人格化“再现”为聆听丰年祈愿、见证了重庆1200年历史变迁的神女。同时展开重庆文旅跨界品牌联动旅游项目，丰富重庆文旅的内容，传播重庆传统文化的魅力。

上文所提及的原创英雄“云缨”，同样是“王者”研发团队就地取材的作品。“云缨”在《王者荣耀》里的招式，是专程邀请峨眉派的师傅做的动作捕捉，设定为其技能特效。2021年12月23日，四川省乐山市峨眉山政府授予“云缨”为“峨眉文化推广大使”，以此助力乐山旅游文化推广。

近年来，“王者”在设计上与地方戏曲、苏州刺绣、佛山醒狮等多地方文化都进行过深度推广合作。通过电竞与地方文化的融合，打造数字文旅维度的中国地方文化符号。数字文旅是数字经济的重要组成部分，在互联网信息大爆炸的年代，地方文化、文旅项目的成功出海并非易事。然而通过与电竞的组合拳——以IP构建为核心、数字技术为依托、传统文化为内涵，线上线下联动的新模式，任何地方文化都可以以这种全新的形式，通过电竞互动的方式，将自己与世界上每一个玩家产生互联，让传统文化在全球的新生代浪潮中诞生新的活力。

### 2.《王者荣耀》海外版：《传说对决》

国风电竞项目是国际文化传播的新兴载体，也是重塑国际形象的重要媒介之一。相比其他的媒介作品，电竞在国际传播中有着天然的优势。一些通用的规则和普世的协作理念，降低了国际传播中的文化折扣。2015年以来，中国电竞产业作为文化产业中的朝阳产业，出海发展迅猛，一系列富有中国特色的竞技游戏在海外市场中崭露头角。在《王者荣耀》推出一年后，2016年10月13日，腾讯互娱天美工作室和新加坡开发商Garena共同开发了*Arena of Valor*，即此前公认的王者荣耀国际版（《传说对决》），并以16种语言在东南亚、日本、北美等全球85个国家和地区发行。从发行初期，《传说对决》就秉持着国际化的理念，并进驻了任天堂Switch平台。富有中国传统文化风格的《传说对决》收获了全球玩家们的喜爱。随即，《传说对决》成为泰国、越南、新加坡、马来西亚、菲律宾等地下载量最高的电竞游戏之一。在竞技模式上，《传说对决》和《王者荣耀》都是5V5对战，以摧毁敌方水晶为获胜标志。在背景设定上，考虑到海外玩家的使用习惯，为了提升国际传播效果，《传说对决》修改了架空背景，设定在艾森诺世界，将英雄分为起源城堡、魔能深渊、光明圣殿、暗影森林四大神魔阵营，在技能定位上依然是按照坦克、战士、刺客、法师、射手、辅助来分类。尽管在国际市场上面临诸多竞争，《传说对决》在出海的六年中，不断探索，不断创新，积极向海外拓展市场，保持着非常不错的手游市场月活。App Annie的报告显示，《传说对决》霸占了2021年泰国和越南手游市场的月活冠军。

在文化层面，《传说对决》在吸引海外受众关注和传播中华传统文化方面也做了很好的平衡。《传说对决》中貂蝉、赵云、吕布、孙悟空等大量英雄形象都来自中国传统文化，并保持了中国传统文化中的美术风格，配乐也特别注重使用中国传统音乐元素，包括笛子、手锣、板鼓等中国特色乐器。[①] 这些带有东方元素的英雄在海外也很受欢迎，并吸引了许多海外玩家了解中国神话及历史人物故事。《传说对决》以竞技娱乐为入口，以国风元素为线索，成为海外玩家自发了解中国文化体系、中国故事的窗口。让世界听见中国电竞的声音一直是《传说对决》前进的方向。2021年11月，《传说对决》4.0英雄主题曲作为好莱坞音乐传媒大奖（HMMA）参赛作品中唯一的由中国作曲家原创的音乐作品，荣获最佳手机游戏原声音乐奖。此外，《传说对决》主办方时常举办书法、写春联活动，传播中华传统文化。不过总体而言，《传说对决》的受众主要集中在东南亚地区。2022年6月7日，腾讯海外发行品牌Level Infinite宣布将推出面向全球玩家的《王者荣耀》国际服。这是《王者荣耀》从中国走向世界，传播中国电竞和中华文化，打造中国电竞体系的重要一步。

在“文化出海”的宏观政策与移动互联网蓬勃发展的时代背景下，《王者荣耀》迎来了全新的文化出海机遇期。中国文化注重“和”的理念、“仁”的精神。“和谐”理念是中国文化宝贵的遗产，传统文化中儒家所谓“天人合一”、道家所谓“道法自然”，均充满了“和谐”的因子。而“仁者爱人”“仁义礼智信”又充分表达着“仁爱”在中国文化中的价值。在《王者荣耀》的设定中，“和”与“仁”的文化因子随处可见。

① 赵新利，宫效喆，陈曦.作为国际传播媒介的游戏[J].青年记者，2020（06）：80-81.

面对世界文化需求，任何一种文化作品的设计都不可能完全迎合用户，“迎合”的作品会在当下产生“舒适”的快感，却永远无法在用户的心中埋下文化的种子。“王者”团队有能力更有必要以更快的速度走在美学与文化的前列，将更深层次的中国传统文化融入产品之中，引领世界玩家体验“中国美”。就像文化之于游戏的融入并非仅仅是点、线、面的构图方法，也不是服、化、道的视觉冲击，而是来自文化底层的“气”与“韵”。这份“气”与“韵”是真正深挖了文化底蕴以后的冰山之底，而用户看到的是海面之上的冰山一角。就如同“王者”团队一直在研究拥有千年历史的“敦煌文化”，只有通过不断的挑战与进步才能更加巩固自身的美学地位，将中国文化融入作品之中，将中国文化送入世界之林。

过去，文化的传播通过文字和故事，在世界各地留下符号；后来，文化的传播通过电影和音乐，在世界各地留下记忆；今天，以《王者荣耀》为代表的电竞产业作为“第九艺术”或将承载着全新的责任，在世界各地、在玩家的自我叙事中留下感动。相信这些优秀的国产电竞作品，作为新时代的新媒介，有能力也有责任在世界的每一个角落“讲好中国故事，传播好中国声音”。

## 三、《王者荣耀》的群体智慧

### 1. 竞技团队

MOBA类游戏的兴起，不断增强了团队在竞技游戏中的重要性。和以往射击、策略类竞技游戏不同，MOBA类电竞结合了战斗和塔防，需要两队玩家互相攻击对方主堡，团战在取胜环节显得尤为重要。《王者荣耀》作为MOBA类手游，在整个竞技运动过程中，需要团队的通力协作。在《王者荣耀》团队精神宣传片中，官方提炼出“TEAM”团队精神核心，即Together Everyone Achieves More。无论是想要逆风翻盘时的“稳住，我们能赢”，还是胜券在握时的“别浪”，都传递出《王者荣耀》“团队成就更多”的核心理念。《王者荣耀》中共有对抗路、中路、发育路、打野、游走五个位置，战士、坦克、刺客、法师、射手、辅助六类英雄都有各自适合的位置。为了更好地发挥每个英雄的优势，在团队作战开始前，玩家需要合理地配置英雄。在5V5的竞技模式中，为了整体增益，玩家经常需要放弃自己擅长的英雄，来换取更多获胜的可能性。在团队作战中，庄周等辅助类的英雄需要在前方为射手等血量不厚的英雄开路，抵挡对方的进攻。背景音也反复出现“不是一个人的王者，而是团队的荣耀”口号，来提醒玩家们共同进退。就整个电竞而言，团队胜利的价值远高于个人的表现，玩家的成就感也与团队的胜利息息相关，因此“为大家牺牲小我”成为“王者”玩家们的共识。

### 2. 社群论坛

以《王者荣耀》用户为核心搭建的社区，成为玩家们交流电竞体验的阵地。《王者荣耀》App打造以“团在王者聚在营地”为口号的电竞社区，并进一步完善了社区文化，社区中有“攻略”“发现”“视频”“我的”四大板块。玩家可以在《王者荣耀》App中分享自己对电竞的独到见解，还可以成为话题发起人或者主持人，在社区中发布电竞教学视频、进行留言与互动。[①] 在社区中，玩家可以学到许多电竞运动时卓有成效的攻击妙招，也能学到许多英雄配合时团队增益的技巧。当然，社群的交流也不仅仅局限于电竞本身，更多关于社会生活的话题也是玩家们关注的焦点。在“众人拾材火焰高”的社群教学交流中，《王者荣耀》“TEAM”（团队）的价值取向呈现出新的社会意义。作为拥有庞大用户规模、覆盖各类人群、影响力极大的国民手游，《王者荣耀》在传递团队正向价值观的道路上功不可没。

# 第三节　《王者荣耀》与用户培养

## 一、《王者荣耀》的粉丝经济

作为国内目前热度最高的竞技手游，《王者荣耀》在中国电子竞技行业内占有巨大市场。随着电竞产业的逐渐成熟，电竞用户也逐渐成型。在逐步迈入全民电竞时代的同时，电竞的受众从以往的职业选手变成了每一个手机使用者。《王者荣耀》2021年电竞战略发布数据显示，2020年王者荣耀赛事内容总观看量达730亿次，同比去年增长66%，全国大赛参与人次达600万。2021年，《王者荣耀》在赛事奖金、俱乐部扶持、内容生态、全民参赛、赛事制作等方面投入10亿元人民币建设全民电竞生态。

亨利·詹金斯（Henry Jenkins）将粉丝经济定义为一种情感经济。“粉丝经济”

---

① 牟帅.《王者荣耀》游戏文化研究［J］.文化产业，2021（09）：58-59.

泛指架构在粉丝与被关注者信任关系之上的经营创收行为，并通过提升用户黏性、优化口碑营销来获取经济收益和社会效益。① 随着互联网技术的不断发展，人们的社交方式发生了极大的改变，以往单线的粉丝经济（由被关注客体到粉丝）也不再适用。粉丝的话语权不断被强化，依托于互联网逐渐形成的粉丝群体开始相互作用，并产生巨大能量。《王者荣耀》的粉丝生态是基于《王者荣耀》的游戏、赛事、直播等营收体系建设的。《王者荣耀》的收入来源根据常规的活动可分为英雄皮肤收入、赛事门票收入、广告赞助收入、赛事版权收入、周边产品收入、直播打赏收入六大类，其中主要部分来源于赛事IP。

### 1. 王者IP

同其他电子竞技一样，《王者荣耀》打造的虚拟架空世界，也吸收了一部分二次元粉丝群体。在"王者"世界中，官方给每一位英雄设定了人物背景和特有的故事情节，制作精美的CG动画，将英雄角色打造为一个个二次元偶像。粉丝们真情实感地喜欢"王者"中的虚拟角色，并基于这种喜爱情感产生了购买英雄和皮肤的行为。在粉丝群体压力的影响下，许多粉丝开始追求"全英雄全皮肤"的硬件配置。作为社交电竞运动，英雄皮肤可自行购买或转赠他人，这是电竞的一大收入来源。近年来，《王者荣耀》又开发出电竞之外的多种泛娱乐形态，包括番剧、综艺节目、文化课堂、虚拟偶像等多种尝试。2017年，《王者荣耀》首次在腾讯视频推出IP衍生真人秀《王者出击》，节目邀请了林志玲、贾玲、杨颖等娱乐明星扮演"王者"中的角色，并参与实景对抗赛。2019年5月，《王者荣耀》选取了五位头部人气英雄（李白、诸葛亮、赵云、韩信、百里守约），推出了虚拟偶像团体"无限王者团"，成团不到一个月便成功在综艺节目上通过高级ACG-AR晚会系统亮相，并以AR技术为观众呈现了精美的舞台。"无限王者团"的首支单曲*Wake Me Up*在发行首月即收获2760万播放量，并登上Billboard中国音乐单曲榜。而像大乔、貂蝉等人气女英雄也早早地完成了原始粉丝积累。她们拥有自己的个人超话，超话帖子阅读量均破亿，大批粉丝为她们产出，进行二创。粉丝在虚拟的英雄形象上完成了自己的情感投射，甚至会为了她们采取维权行为。

此外，《王者荣耀》自2018年开始同诸多品牌联名，产品大致分为三大类：一是依托英雄形象设计的产品，典型代表是完美日记与"王者"合作的四大美人系列眼影

① 李文明，吕福玉."粉丝经济"的发展趋势与应对策略［J］.福建师范大学学报（哲学社会科学版），2014（06）：136-148.

盘，与英雄形象主色调吻合；二是依托英雄皮肤设计的产品，典型代表是猫王推出的鲁班星空梦想皮肤联名音响；三是结合“王者”电竞元素设计的产品，比如美特斯邦威的联名战服。当然也有“海鸥表”“稻香村”等老字号携手《王者荣耀》寻求自身转型，想要实现年轻化破圈。品牌方和“王者”联名的双赢体现在：“王者”为品牌方搭建了对话年轻群体的桥梁，与此同时，在联名中强化了自身游戏IP在玩家生活中的渗透率。[①] 较为有代表性的联名是2019年《王者荣耀》同MAC口红的合作，大乔色、木兰色、貂蝉色、阿离色、露娜色等多款联名口红色号一度爆火，甚至脱销，至今为止仍是一次相当出色出圈的联名活动。

表6-6　《王者荣耀》联名汇总

| 联名品牌 | 类型 | 联名英雄/皮肤 | 合作时间 |
|---|---|---|---|
| G-shock | 手表 | 亚瑟/妲己 | 2018年11月 |
| 派克 | 钢笔 | 庄周/狄仁杰/诸葛亮/李白 | 2018年12月 |
| MAC | 彩妆 | 貂蝉/花木兰/大乔/露娜/公孙离 | 2019年1月 |
| 周生生 | 珠宝 | 妲己等多位英雄 | 2019年4月 |
| Adidas neo | 运动 | 诸葛亮/铠/李白/公孙离/大乔 | 2019年7月 |
| AMERICAN TOURISTER | 箱包 | 诸葛亮等多位英雄 | 2019年8月 |
| 招商银行 | 银行 | 鲁班电玩小子皮肤、庄周云端筑梦师皮肤 | 2020年3月 |
| 优益C | 饮品 | 诸葛亮等多位英雄 | 2020年4月 |
| 名创优品 | 生活百货 | 李白等多维英雄 | 2020年7月 |
| 小电科技 | 充电宝 | 诸葛亮/大乔/李白/花木兰/后羿 | 2020年9月 |
| 稻香村 | 糕点 | 大乔/后羿/诸葛亮/李白/花木兰 | 2020年9月 |
| 泡泡玛特 | 盲盒 | 梦奇 | 2020年10月 |
| 猫王 | 音响 | 鲁班七号星空梦想皮肤 | 2020年12月 |
| 欧莱雅 | 美妆 | 貂蝉 | 2021年4月 |
| 顺祥陶瓷 | 陶瓷 | 蔡文姬等多位英雄 | 2021年5月 |
| 不二生活 | 文创 | 五岳系列皮肤 | 2021年6月 |
| 吉列 | 剃须护理 | 李白/后羿 | 2021年6月 |

① 《王者荣耀》成为联名“巨无霸”［EB/OL］.（2022-05-21）［2022-08-10］. https://mp.weixin.qq.com/s/I5NrLLSETxI-_jy7XQTQng.

续表

| 联名品牌 | 类型 | 联名英雄/皮肤 | 合作时间 |
|---|---|---|---|
| 美特斯邦威 | 服装 | 联名战服 | 2021年6月 |
| 陌森 | 眼镜 | 李白/花木兰/诸葛亮/大乔/韩信 | 2021年8月 |
| WE COUTURE | 高定 | 瑶/貂蝉/小乔/王昭君 | 2021年11月 |
| 完美日记 | 彩妆 | 貂蝉/西施/杨玉环/王昭君 | 2021年11月 |
| 蕉内 | 服装 | 猫狗日记等多款皮肤 | 2022年1月 |
| 十三余 | 汉服 | 嫦娥/蔡文姬/西施/王昭君/虞姬 | 2022年1月 |
| 鸿星尔克 | 运动 | 虎年限定系列产品 | 2022年1月 |
| 海鸥表 | 腕表 | 李白/妲己多款皮肤 | 2022年4月 |
| 可啦啦 | 彩瞳 | 大乔/貂蝉/妲己/公孙离/孙尚香 | 2022年5月 |
| I DO | 钻戒 | 貂蝉/孙尚香/瑶/大乔/孙策 | 2022年5月 |
| 气味图书馆 | 香水 | 大乔/孙策情侣皮肤 | 2022年5月 |

来源：镜像娱乐

## 2. 赛事IP

电子竞技赛事是指以电子竞技比赛为主题、一次性或不定期发生的、具有一定期限和周期性特征的群体性活动。一方面，主办方能通过举办电竞比赛获得一定收益，满足赞助商的利益需求；另一方面，电竞比赛还承担着传播电竞文化、促进电竞产业发展的关键作用。

**表6-7　电竞赛事分类**①

| 分类标准 | 分类结果 | 分类标准 | 分类结果 |
|---|---|---|---|
| 举办时间<br>（频率和次数） | 定期电子竞技赛事<br>一次性赛事 | 比赛地点 | 室外<br>室内 |
| 比赛项目与内容 | 单一赛事<br>综合性赛事 | 影响范围 | 国际性<br>全国性<br>区域性 |
| 举办性质 | 商业性质<br>娱乐性质<br>公益性质 | 持续时间 | 短期锦标赛<br>长期联赛 |

① 恒一，钱浩.电子竞技赛事运营与管理［M］.南京：江苏人民出版社，2018.

续表

| 分类标准 | 分类结果 | 分类标准 | 分类结果 |
|---|---|---|---|
| 参与主体 | 观众主导<br>参与主导 | 规模 | 超大型赛事<br>标志性赛事<br>小型赛事 |
| 专业程度 | 专业型赛事<br>业余型赛事 | 主办方性质 | 第一方赛事<br>第三方赛事 |

在全民电竞的推进目标下,《王者荣耀》打造了世界冠军杯、挑战者杯、KPL、KGL、全国大赛、高校联赛六大赛事IP,持续推进地域化战略,将城市主场扩张至11城(北京WB.TS、深圳DYG、佛山GK、广州TTG、武汉eStarPro、南京Hero久竞、上海EDG.M、杭州LGD大鹅、西安WE、重庆QGhappy、成都AG超会玩)。同时,围绕这些俱乐部主场,《王者荣耀》建设了主题乐园模式的本地电竞生活圈,玩家仅需一张门票,即可玩转战队场馆、社区便利店、电竞影院、奶茶店、餐厅等电竞生活圈业态,实现"产品功能赋能+场景营销支持+本地商户打通"愿景。此外,《王者荣耀》携手虎牙直播等直播平台,共同培养职业选手、打造衍生赛事、谋求战队合作;在深圳DYG电子竞技俱乐部正式落地后,同斗鱼直播、深圳市政府通力合作,共同将深圳主场打造为国内王者荣耀职业联赛全国性标杆模范主场,打造深圳电竞文化城市新名片。依托于天美研运实力,《王者荣耀》构建以赛事IP为核心的全民电竞产业生态,打造全球领先的电竞制播和办赛生态。

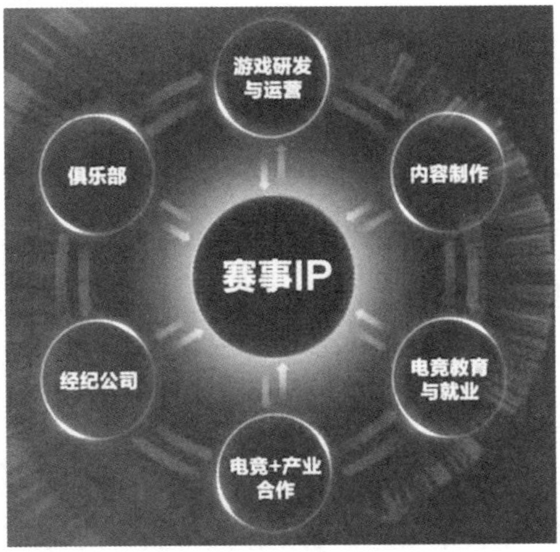


图6-5　《王者荣耀》电竞产业生态

来源:2021年《王者荣耀》电竞战略发布

## 二、《王者荣耀》的用户体验

腾讯数据显示，2020年《王者荣耀》日活跃用户数达1亿。作为一款现象级的社交电竞产品，《王者荣耀》一直以来领跑互动类手游行业，拥有广泛的受众群体和极高的用户黏性。《王者荣耀》之所以能取得如此大的成功，很大程度上是因为天美工作室团队牢牢抓住了用户痛点，不断创新，不断提升玩家的用户体验，从而不断地维护和拓展庞大的用户群体。

### 1. 情感体验

人是社会化的动物，社交是人不可或缺的情感需求。《王者荣耀》的社交属性相当显著，尽管主体是竞技运动，在组队、团战中仍然促进了一系列交友行为。依托于腾讯强大的社交软件系统，《王者荣耀》可以轻松地实现电竞社交同社交软件社交的相互转化，这为电竞中的社交活动提供了极大的便利。当然，有部分用户接触《王者荣耀》也是出于社交需求，为了和身边的同伴找寻共同话题，融入其中。在当前部分年轻群体回避现实人际交往的趋势下，《王者荣耀》一定程度上满足了年轻用户的社交需求，实现了远距离情感共筑。当前，《王者荣耀》内的交友机制主要有三种：一是用户与自己的电竞团队好友进行一对一的交流，如电竞游戏内的文字交流、语音交流以及组队团战等；二是用户可以自己组建或者加入电竞战队，同时战队会拥有自己相应的QQ群或者微信群，用户可与自己的群成员进行交流；三是用户在电竞App中的社区可以同全服务器的用户进行交流。虚拟社交和现实社交的内爆，让青年人的社会形式变得更为多样。此外，《王者荣耀》推出了亲密关系这一机制，可以通过组队团战、赠送金币、赠送英雄皮肤等方式来提升亲密度，组建亲密关系，目前包含恋人、基友、死党、闺蜜四种关系模式。无论这段关系最初是基于现实人际关系还是网络电竞娱乐搭桥，亲密关系机制都会不断加深双方的羁绊。①

### 2. 奖励机制

《王者荣耀》有十分成熟的用户成长体系，包括用户等级体系、积分体系、任务体系、勋章体系等。用户等级是用户在电竞作战中获得的最显著的电竞反馈。玩家可以通过签到、团战、分享等活动获得积分、铭文、金币、成长值以提升用户等级。在

---

① 张亚星.《王者荣耀》的传播策略及用户维系机制［J］.新媒体研究，2021，7（15）：115-117+121.

排位赛中，玩家获胜后会得到星级奖励，整体的段位等级分为“倔强青铜”“秩序白银”“荣耀黄金”“尊贵铂金”“永恒钻石”“至尊星耀”“最强王者”七大段。段位越高意味着实力越强，某种意义上，“王者”段位是玩家在“王者”电竞中的名片，不断提升段位的过程也是不断获得情感激励的过程。当玩家的某位英雄熟练度相当高时，《王者荣耀》会授予其荣誉称号，如“北京朝阳区第十庄周”，代表玩家在该区域的英雄排名。这种不同等级的差异化体验，能激励玩家不断升级。① 玩家在排位竞技时会匹配到段位接近的队友和对手，以保证电竞的相对公平，鼓励玩家继续深入电竞运动。面对新手用户，《王者荣耀》为玩家提供沉浸式引导体验，由英雄妲己语音引导，搭配文字箭头等功能界面引导和系统提示，快速带领玩家熟悉电竞规则和技能应用，降低理解成本。通过为用户设置成长奖励，《王者荣耀》不断提高玩家的积极性和参与度，激励电竞用户的斗志。不同于以往的MOBA类游戏，《王者荣耀》的操作更加简单便捷、灵活自由，比起其他电竞项目也更受女性用户欢迎。数据显示，《王者荣耀》里超过54%的用户均为女性。《王者荣耀》的不同竞技模式也满足了各类人群的需求，王者峡谷的平均单局时长为15—25分钟；深渊大乱斗的平均单局时长为10—15分钟②，地图也更加简洁，便于玩家利用碎片化时间。

### 3. 审美需求

《王者荣耀》凭借精美的音视觉呈现受到用户玩家的广泛好评。全景沉浸式的大厅，国风配色、传统饰形、山水云纹，整个界面都具有东方神韵，极大地满足了玩家的文化认同和审美需求。超高清画质和峡谷地图让用户有更优良的电竞体验。用户登录前，电竞游戏载入过程中，界面会呈现出精美的CG动画来引入英雄人物故事；用户登录后，界面会呈现出动态的当季英雄人物壁纸。游戏中，除了英雄的肢体细节和技能展演，王者峡谷里的草木野怪都经过了精心的设计。精致入微的画风，鲜活灵动的角色，优雅动听的音乐，是《王者荣耀》从诸多电竞游戏中脱颖而出的法宝。《王者荣耀》持续的艺术体验在于定期更新人物CG和英雄皮肤，避免玩家的审美疲劳，在不断的更新迭代中提升用户黏性。而每一款英雄皮肤都蕴含着丰富的美学设计和情感表达。如“山河志·五岳”系列皮肤是以东方美学为核心，将东岳泰山、西岳华山、

---

① 聊聊王者荣耀的用户成长体系［EB/OL］.（2021-02-21）［2022-08-10］. https://baijiahao.baidu.com/s?id=1692284674902177097&wfr=spider&for=pc.

② 解颖.传播游戏论视域下移动电竞游戏用户体验及未来发展路径研究——以《王者荣耀》为例［J］.新媒体研究，2019，5（14）：109-110.

南岳衡山、北岳恒山和中岳嵩山的“五行”“五色”特点融入英雄的皮肤中，并烘托出“虚”与“实”、“动”与“静”、“形”与“神”的和谐统一意境。[①]

图6-6 “山河志·五岳”系列皮肤

## 三、《王者荣耀》的竞技精神

电子竞技运动是人借助电子设备进行公平的智力对抗。参与者可以通过科学、系统的训练提高自身的思维能力、反应能力、脑眼和四肢的协调能力、意志力以及团队沟通能力等。[②] 一般来说，电子竞技运动的操作难度要高于其他类型的网络游戏。作为现代体育中的一个组成部分，电子竞技运动以信息技术为核心、软硬件设备为器械，用户之间通过信息技术营造的虚拟环境，完成单人或团体的对抗。尽管电子竞技消解了传统体育的“身体支柱意义”（anchor of physicality），但竞技运动的竞技精神一脉相承。《王者荣耀》作为MOBA类电子竞技，玩家在公平对抗中，实现了对尊重对手、团队协作、平等公正、向上突破、锐意进取、开放共赢、奋勇拼搏和追求卓越等竞技精神的追求，并通过竞技对抗来获得满足感。

① 李依格.“山河志·五岳”服饰设计的东方美学探究［J］.中国民族博览，2021（03）：157-159.

② 王萌，路江涌，李晓峰.电竞生态：电子游戏产业的演化逻辑［M］.北京：机械工业出版社，2018：4.

### 1. 全民电竞中的竞技性

《王者荣耀》的类目分为竞技、娱乐、人机对战三种模式，其中竞技模式是主打的模式，也是大多数玩家的选择。《王者荣耀》秉持“拥有手机，你就是电竞选手”的设计理念，极大地发挥了电竞运动中的竞技性。王者峡谷的整体设计理念围绕团体对战展开，主要的进攻行动有“清理兵线”“打野怪”“推塔”“进攻敌方水晶”“攻击敌方英雄”，最终的获胜标准是攻破敌方水晶的团队为获胜团队。这款通过移动终端设备进行的智力对抗竞技运动深谙用户心理。电竞全程，玩家需要反复开拓视野、灵活移动、巧妙进攻，拼眼力、拼手速、拼脑力，以谋求最终胜利。尽管是虚拟世界中的对抗，没有物理体感，但对战中产生的紧张刺激等心理变化仍然体现了这类电竞运动特有的竞技性。《王者荣耀》针对排位赛，设置了奖惩机制，获胜的一方有星级奖励、段位升级和金币奖励，并在精神上获得满足感与自我价值肯定。《王者荣耀》的对战模式为用户带来了积极刺激的电竞体验，用户在冲突中获得奖励或受到惩罚，同时也获得竞技挑战的快感。[①]

### 2. 专业赛事中的竞技性

同一般的现代体育项目一样，《王者荣耀》也有职业性质的竞技赛事。王者荣耀世界冠军杯、王者荣耀挑战者杯、王者荣耀职业联赛、王者荣耀甲级职业联赛构成了《王者荣耀》专业赛事体系。参与这些赛事的职业选手主要从北京WB.TS、深圳DYG、佛山GK、广州TTG、武汉eStarPro、南京Hero久竞、上海EDG.M、杭州LGD大鹅、西安WE、重庆QGhappy、成都AG超会玩这些俱乐部中选拔。职业选手们有着严格的竞技要求和培养标准，“巅峰赛胜率和评分”“当前国服”“历史国服”“历史分数”“大赛经验”“俱乐部经验”等都是职业选手的硬性考核标准，而“操作水平”“反应协调能力”“全局意识”也都是选手们需要持续训练把控的能力。在每一场职业大赛中，观众们都会通过直播或转播技术，跟随职业选手们一起体验惊心动魄的竞技之旅。时常有人用“英雄来来往往，传奇永不落幕”来概括这项竞技运动的残酷性，这亦是《王者荣耀》的魅力所在。

---

① 解颖.传播游戏论视域下移动电竞游戏用户体验及未来发展路径研究——以《王者荣耀》为例[J].新媒体研究，2019，5（14）：109-110.

## 【思考题】

1.王者电竞全民化的出现有何时代必然?

2.王者荣耀女子公开赛对王者全民电竞赛事体系的搭建有何意义?从公开赛发展成为职业联赛有何可能?

3.《王者荣耀》出海对我国传统文化国际传播有何推动?

## 【延伸阅读】

1.徐丽，曹晟源.电竞简史[M].北京：中国经济出版社，2020.

2.恒一，钱浩.电子竞技赛事运营与管理[M].南京：江苏人民出版社，2018.

3.恒一，查天奇.电子竞技发展史[M].北京：机械工业出版社，2019.

4.超竞教育，腾讯电竞.电子竞技职业生涯规划[M].北京：高等教育出版社，2019.

5.张小平.腾讯电竞：抵达梦想的另一种道路[M].北京：机械工业出版社，2020.